U0605082

浦江县政协文史资料第41辑

# 消逝的村落

浦江县政协教科卫体和文化文史学习委　编

黄河出版传媒集团
阳光出版社

**图书在版编目(CIP)数据**

消逝的村落 / 浦江县政协教科卫体和文化文史学习委编. -- 银川 : 阳光出版社, 2024.12.
-- ISBN 978-7-5525-7637-5

Ⅰ. K295.55

中国国家版本馆CIP数据核字第2024TS0563号

**消逝的村落**

浦江县政协教科卫体和文化文史学习委　编

责任编辑　朱双云　赵维娟
封面设计　龙翔文化
责任印制　岳建宁

黄河出版传媒集团
阳光出版社　出版发行

出版人　薛文斌
地　　址　宁夏银川市北京东路139号出版大厦（750001）
网　　址　http://www.ygchbs.com
网上书店　http://shop129132959.taobao.com
电子信箱　yangguangchubanshe@163.com
邮购电话　0951-5047283
经　　销　全国新华书店
印刷装订　杭州嘉业印务有限公司
印刷委托书号　（宁）0031478

开　　本　710 mm × 1000 mm　1/16
印　　张　19.75
字　　数　354千字
版　　次　2024年12月第1版
印　　次　2024年12月第1次印刷
书　　号　ISBN 978-7-5525-7637-5
定　　价　138.00元

## 《消逝的村落》编委会

# 序

一处断垣，几片瓦砾，几根木柱支撑的厅堂，挺立于风雨之中，似乎正在诉说着历史的悲凉和沧桑。

山路不长，却曲曲折折，荆棘丛生。一路磕磕绊绊，行至山路尽头，映入眼帘的是几处坍败的断壁残垣，石头垒砌的墙面有的只剩下一角，周围杂草丛生，了无人迹，隐藏着无边的悲欢和离合。

身处于社会发展大潮之中，无论是农村还是城市，都必须要经受社会发展所带来的冲击。随着城镇化建设的“村退城进”，从群体到个人，“成长中的烦恼”左右着我们的生存生活状态。

对年轻的后代来说，关于老家的乡村的记忆已逐渐模糊，甚至完全消失，已经没有真正意义上的老家或故乡。然而，无论走多远，在他的出生地，始终还有一片故土，哪怕她早已荒芜。

你是哪里人？从哪里来？每每被问到这个问题，来自农村家庭的往往会想起自己出生的自然村。跟行政村相比，自然村是我们通常意义上的村落，它是历史沉淀的产物，承载着中国农村的历史变迁。受水库建设、地质灾害、饮用水源保护、下山脱贫、城镇化等因素影响，不少自然村的原住民迁居异地，许多蕴含历史文化故事的村庄正以肉眼可见的速度消逝。

那些承载着童年美好回忆的故乡，对于很多人来说，已经回不去了，但那些童年生活过的村庄是很多人心中永远的故乡，不会消逝，值得回忆与记录。

一个个古村落就是一段段历史，一幢幢古建筑就有一个个故事。每一个自然村落大多经历了数百年甚至更长时间的岁月沧桑，承载着厚重的历史文化积淀。

《消逝的村落》作为文史资料，力争准确记录消逝村落的地理环境、姓氏源流、建筑风貌、历史人文、民俗民风、传说故事和经济生活等方面的内容，为后人留下一份珍贵的史料。这些村落随着岁月前行的步伐，已然消逝，然而，每当我们走进消逝的古村落，看着展现在眼前的断壁残垣，唤醒的不仅仅是世代相传的人文记忆，更是历史前进发展的城乡烙印。将这一历史变迁，以文字的形式展现于读者面前，不失为一件有意义的事情。

归山深浅去，须尽丘壑美。

从社会发展的角度而言，老村与老屋的变迁乃至消逝或许是一种必然。老村老屋寄托着人们对往昔生活的眷恋，是远离故土的人们的根脉所系。相信总有人会在城市的某个角落里想念森林、河流、乡村和田野。

倒塌的房子，曾经的家园，村落消逝了，一份难以割舍的情感会触景而生。但从另一个层面而言，当年曾经生活在这里的原居民，他们的离开，意味着向环境艰苦的原住地的告别，意味着在条件相对较好的地方开启新的生活。他们的后代，融入了新环境，安居乐业；而后代的后代，又或许迁往县城，迁往更远的异乡。这就是生活，这就是社会的发展，历史前进的必然。

不灭的记忆，永远的希望！

浦江县政协教科卫体和文化文史学习委

2024 年 10 月

# 目 录

## 浦阳街道



## 浦南街道



## 仙华街道

## 杭坪镇



## 檀溪镇



## 前吴乡

## 花桥乡



## 虞宅乡

## 大畈乡



## 中余乡

浦阳

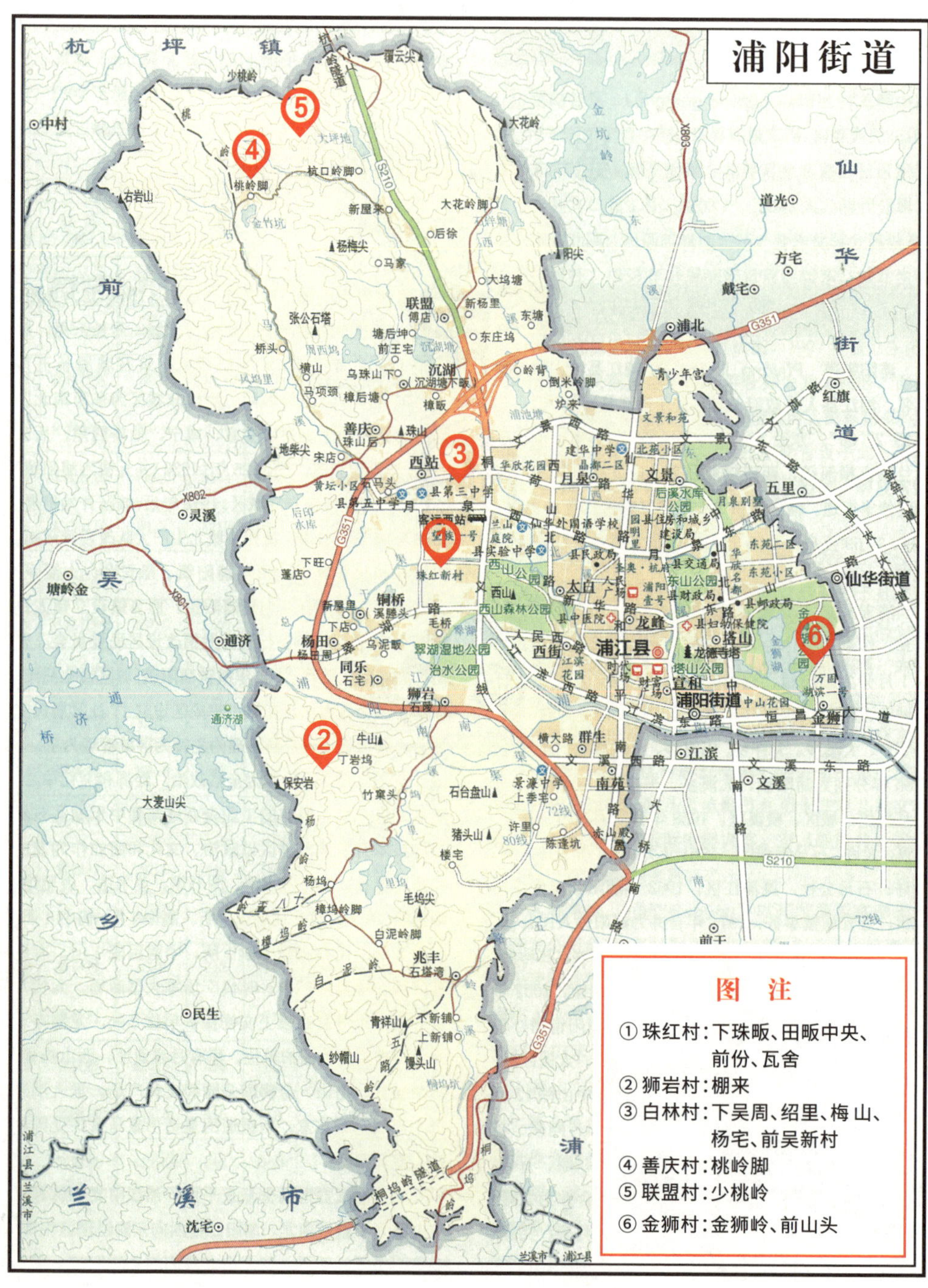
浦阳街道
杭坪镇
前吴乡
兰溪市
仙华街道
浦江县
图注
① 珠红村：下珠畈、田畈中央、前份、瓦舍
② 狮岩村：棚来
③ 白林村：下吴周、绍里、梅山、杨宅、前吴新村
④ 善庆村：桃岭脚
⑤ 联盟村：少桃岭
⑥ 金狮村：金狮岭、前山头

# 珠红村：下珠畈、田畈中央、前份、瓦舍

浦阳街道珠红村位于浦江城区西郊，距离城区中心仅 1 千米，北靠汽车西站，南临翠湖生态湿地公园，村口即为 20 省道，跨过 20 省道就是西山公园，地理位置十分优越。珠红村耕地面积 284 亩，其中水田 274 亩、旱地 10 亩、山林 753 亩。现有人口 684 人。珠红新村建成前共有 4 个自然村，分别为下珠畈、田畈中央、前份、瓦舍（新屋自然村）。

珠红村是一个被商品楼盘所包围的城郊村，村中水晶企业虽已全部入园，但村中还有 30 余户小五金经营户。村内出租房走俏，最多时外来出租人口有 1500 余人。启动签约工作后，村党支部书记吴爱民立下军令状，把签约工作作为头等大事，积聚力量，带领村“两委”领导班子开展签约攻坚战。短短三天三夜，珠红村城中村改造 328 户拆迁户 100% 完成签约！涉及的所有征迁户全部自愿签约，整个签约工作无冲突、无上访、无“钉子”户。而后七天七夜完成 100% 资料审核和完善，24 天完成 100% 腾空，创造了浦江最快速度！《金华日报》等媒体纷纷对此进行报道。

如今美丽宜居的珠红村，农村变高楼，环境在改善，品质在提升。

## 下珠畈

下珠畈村一直是珠红村委驻地，它是珠红村的政治文化、娱乐活动中心。据说，“珠红”这个名字来历颇有一番渊源。“珠”是珍珠，代表着极其珍贵，“堂上三千珠履客，瓮中百斛金陵春”，古代诗人都对缀有珠宝的鞋子、帽子等物品赋诗赞美。“红”是颜色，具有丰富的象征意义，不仅代表着喜庆、繁荣、祥和，还象征着勇气、斗志和革命。当时几个村干部，除了沈显成上过初中、经济保管员杨金法读过私塾之外，其他人如书记朱耀龙、社长沈毛伙等人几乎目不识丁。可以想象得到，他们能取出“珠红”这个好听、易记的名字，费了多大的心思啊！

下珠畈村有朱姓、黄姓、杨姓、沈姓。四个姓氏家族和睦相处，守望相助。

像什锦班、迎灯等文体活动，组织者都会顾及每个姓氏。各姓氏村民都是纷纷响应，踊跃参加，以集体为荣。

下珠畈村最有名的古建筑属前明堂。前明堂是黄、杨两姓聚居地，占地面积为1197平方米，居住面积为705平方米，北与新屋里相通，西紧靠后朱，南与新屋下相连，东面是石马溪，溪流像一条玉带向南飘动，汇入浦阳江。前明堂分为下明堂、上明堂、后明堂，历史悠久，最早是祝姓人氏居住，称“祝宅”。前明堂厅堂为三进式，木结构，距今约500年，上中间三间在前明堂厅堂当中，是最高建筑，站在门前，展观整个上明堂、下明堂，颇有居高临下之感。上中间两边厢房稍低50～80厘米。后明堂是一个完整小庭院，由两间楼房、两个矮舍、一个楼台门、一个天井组成，环境很幽雅。后因岁月变迁，几经后人翻修、拆建，早已不复原貌。整体拆迁后，如今的万固文华园就是所在地。

前明堂主要姓氏是杨姓，由石马头下杨宅迁入，距今已有360多年，现在的石马卫生院是下杨宅二进祠堂的遗址。其始祖于明弘治（1488—1505）初客居于此地，后正式置办田产安居，几代下来，财丁兴旺。但屡遭火灾，家境每况愈下，遂重新选址，迁入下珠畈。杨姓迁入后渐渐恢复兴旺，但祝姓人口渐渐凋稀，几近断代，少数后裔迁回长陵祝，田产由杨姓人延承。

## 田畈中央

田畈中央以张姓居多，张姓太公原先居住在前吴乡袅溪源柴树坞。袅溪源曾经作为浦阳江源头，和“浦阳江上大儒”吴莱有关，“深袅江源”是浦阳老十景之一，就是证明。袅溪源长7.5千米，重峦叠嶂，峭拔千仞，山溪潺潺，有海拔高788米的吴莱峰和三间一进的吴莱殿。张太公虽没有像吴莱等乡贤著书求功名，但三百六十行，行行出状元，他以屠宰为业，手脚极为利索，刀功了得，处理内脏、猪毛快速又干净，名声逐渐

浦阳街道珠红村田畈中央

传至西门外。家里场地不能满足需要后,张太公大胆向外扩张,并在西门外立下脚跟。

钱有了,置办田地就顺理成章。此时的张太公早已成家立业,生下五子。他在西门外田畈中央买了几亩田。平原地比山区地肥沃多了,耕作省力又收获颇丰。一家人尝到甜头后,又购置了几亩。几年后,周边一大片田成张家的了。

张太公为何发心迁居此地?其间发生了一件事情。有一年,张家人收割稻谷后,在田中铺开席垫晾晒稻谷。邻村的农户挑着粪水路过田塍,竟恶意将粪水洒落在谷子上。张太公虽然愤懑,但想到自家在此处仅购田耕种,尚未定居,这些田在当地人眼中不过是客田,便忍了下来。经历此事,张太公决定在田中建房,这样既可以解决收种和管理不便的难题,又能为儿子分家提前做好准备。于是在朝东的方向建起了三间楼房。

张太公留了两个儿子在柴树坞,三个儿子迁居于此。三个儿子中,一个是木匠,其余两个子承父业,把屠宰行业干得更加红火,并在短时间内成了家,渐渐繁衍成了一个大家族。张家人并没有给自己建的房屋取村名。因为他们的房子建在田中央,“田畈中央”这个名字应该是外村人叫出来的,一直沿用至今。

## 前　份

前份自然村在下珠畈东边,前明堂正对面,直线距离 200 米左右。房屋建筑十三间头坐东朝西,为砖木结构,外围砖墙,内部全是木板隔间。上横头有三间,中间为堂头。在上横头三间的两边各有两间塞角屋,塞角屋过去又是各三间房。屋檐下是天井,天井的底部离地面约 50 厘米,设计十分合理,屋檐水流向天井,有下水道通往外面。

童坞十二世四房茂槐公(1796 年生)和茂棫公(生卒年不详)迁居此地,为前份黄姓始祖。前份早前叫“园来”,可能建造房屋时,此地是一处菜园。《浦阳童坞黄氏宗谱》上有记载。前份村的形成有以下几种推断:

一是据黄姓后人称,童坞黄姓有一祖先在外地任知府,他看中了沉湖塘下这一大片肥沃田地。旱有沉湖塘水,涝有旁边一条小溪泄水。传说塘内有台金钟沉在塘底,需要有兄弟十人的家庭才能合力把金钟抬上来。这位知府大人共在此地购置了 120 石田地。一到收种,必定需要大量的人力居住和堆放器具、作物之地,十三间头因此而造。

二是茂槐公和茂棫公未迁下珠畈前，童坞已有祖先埋葬于下珠畈东南周边。童坞第八世文捐公（1690—1767）与其妻吴氏合葬于园来（今前份）东边，西面 50 米左右，文迎公和其妻葬于此，妻赵氏坟墓规模恢宏，造型独特，彰显其身份高贵。还有几位始祖陆续葬于村南乌龟山，不一一赘述。

三是到知府大人的孙辈茂槐公这代，应该是黄氏家族最兴旺之时。沉湖塘周边大范围农田是黄家的，为管理方便，需要一个居住点，又有很多先辈埋葬于此，远道而来扫墓，祭拜也需休憩。据说，茂槐公的祖父廷翼公到处找宝地，为自己的归宿不遗余力，他死后葬于大东门外金狮岭下乌山。而茂槐公的父亲和三个叔叔均葬于下珠畈村南乌龟山。亲人都在城东城西地带内，在园来建房理由就成立了。

前份村若按茂槐公 25 岁时正式迁居下珠畈算，也不过 160 年左右。斗转星移，物是人非。如今此处已建成美丽的嘉毅花园和东方蓝郡别墅区。

## 瓦舍（新屋来）

瓦舍在下珠畈村的西南边约 200 米。瓦舍造型独特，是一排一层矮房间，约 7 间房。砖墙结构，坐西朝东，靠北有 6 间房成“7”字形，外围是围墙，内有较大明堂，围墙外也有较大的空场地。门口有走廊直通样式的洋房，靠北的 6 间门口也是走廊，与 7 间房相连，另成一排。围墙靠北边是一台门，台门下有一块正方形的避雨台。原先，这里是酱油坊，内放许多七斗缸，缸内放豆豉等酱油原料，上盖一顶大竹笠帽，防止雨淋。

瓦舍先有施村石宅人迁居于此，后因建造通济桥水库，有前吴村移民迁居至此，把矮房改成楼房，几经修建，瓦舍村貌更新，所以瓦舍也叫“新屋来”。

1949 年前后，此地虽没有砖瓦厂，但蕴含丰富的制作砖瓦的浆泥。大约在合作社成立之际，集体经济初步形成，大队在青塘下办起了砖瓦厂，报酬按工分计算。泥是就近农田里的，剔掉上层肥泥，下面就是韧性较强的黄浆泥。砖瓦厂办的时间不长，“大跃进”时期停办。但瓦舍这个村名倒越叫越响亮了。

（朱思莹）

**珠红村坐标位置：**

东经 119° 52′ 11.114″，北纬 29° 27′ 44.417″，海拔 90.62 米。

# 狮岩村：棚来

棚来村位于浦阳街道南侧狮岩村西南的山坳中。《浦江县地名志》(1986版)记载原大溪乡狮岩村,以驻地石陵村口狮岩亭得名,下辖5个自然村,分别是石陵、竹窠头、丁岩坞、楼宅、棚来。据采访村中老人得知,狮岩村在1949年前有十几个自然村。本文要说的是棚来村三户四姓形成和消失的前因后果。

第一户居住棚来的是1916年出生的周忠青,是原石马乡杨田周村人,因家境困难,十几岁就到棚来给村里看山守山。村里在山中给他搭了一个草棚,棚来、棚来就是这样叫出来的。

周忠青,如同他的名字一样忠于青山,在棚来看山一看就是一辈子。就连娶媳妇、生孩子,也是把草棚当新房做产房,只是后来条件改善了,草棚改成了泥瓦房,但因为习惯了,还是叫棚来。

周忠青唯一的儿子周文木,抗战时期曾被国民党军抓了壮丁,这是现在在通济湖管理处工作的周学理(周文木第二个孙子)讲的,这个真实的故事很感人。

正值1938年6月武汉保卫战前夕,18岁的周文木被抓了壮丁,有幸安排

浦阳街道狮岩村棚来旧址

到同县人手下当通信兵,在会战中从死人堆中爬出来,因找不到部队,自己潜回来,过起了安心日子。

周文木也是单传,到儿子周光林时,生了四个儿子,除大儿子已故外,其余三个儿子都于20世纪80年代移居丁岩坞自然村。

第二户居住棚来的是吕庆模。据村党支部书记赵建英介绍,吕庆模是狮岩行政村楼宅自然村人,以制作木莲豆腐、观音豆腐为生。一次,来到棚来采摘观音柴,发现此处比楼宅好,就迁到棚来居住。

吕庆模迁居棚来是否和他是二婚有关不得而知,但吕庆模和前妻有个叫吕元林的儿子,二婚的老婆也带了个叫寿元炳的儿子,等到两个孩子都成家后,棚来就有三个姓了。吕元林两个儿子现都移居丁岩坞;寿元炳有四个儿子,两个在杭州发展,一个移居丁岩坞,一个已故。吕庆模的第三代出了个大学生吕逸山,现在杭州工作。

第三户居住棚来的是前吴村建通济桥水库的移民吴自良,与同为前吴村的中国科学院院士、"两弹一星功勋奖章"获得者吴自良(1917—2008),不仅同姓同名,还是同时代人。据村党支部书记介绍,吴自良是光棍一个,因和棚来的周光林是亲戚,通过周光林才迁居棚来的。没想到迁到棚来后,时来运转,四十几岁的他竟娶上了媳妇,还生了个女儿。吴自良夫妇早已亡故,女儿吴凤仙也早已嫁到平安金星赵宅村,吴姓在棚来就人去楼空了。

棚来距丁岩坞虽然只有约500米,但山路崎岖狭窄,与处在县城到兆丰行政村公路边的丁岩坞相比,也算是一个山里、一个山外了。

改革开放后,随着个体私营经济的发展,大大地刺激了居住在山里的人,除了纷纷外出打工经商挣钱外,改善居住条件、迁居到山外也成了山里人追求幸福生活的选择。在这样的环境下,居住在棚来的几户人家,就选择就近的丁岩坞迁居,村里也鼓励他们,提供给他们很多的方便。就这样,棚来自然村在20世纪80年代中期就消逝了。

(何金海)

**棚来村坐标位置:**

东经119°86′363″,北纬29°44′107″,海拔116米。

# 白林村：下吴周、绍里、梅山、杨宅、前吴新村

从浦江县城出西门不到2千米，有一行政村名白林，由下吴周、绍里、梅山、杨宅、前吴新村等5个自然村构成，村民委员会驻地下吴周。县城到前吴花桥和杭坪中余方向的车在该村呈丁字路分岔。

白林村，原为白麟村，因村中的白麟古庙而得名。1949年后，由白麟村到白麟高级社、白麟大队，均称“白麟”。后因“麟”字笔画多，不易写，与“林”同音，改写为“白林”。

白林村所在地原名叫下吴周。据下吴周家谱载：始祖姓周名涓，排行同十，俗称“同十公”。明洪武年间从浦阳县城来此向一位吴姓名医学医并以诗会友。后来，功成名就，就定居于此繁衍生息，为“下吴周”周姓始祖。直至20世纪50年代，村中仍有三间矮屋，传为明代同十公所建，破“四旧”时被毁。

这位吴姓名医因为没有子嗣，断了香火，就让同十公以传承人的身份继承了衣钵和家产，他死后葬于郭山头周姓坟地边，并把那个地方称为“吴师坞”。没想到同十公在此生息后，子孙繁多，逐渐集聚成一个大家族，因感恩吴姓名医，就尊称他为“吴法师”，此地也演化成为“下吴周”了。此后，又相继迁入赵、潘、叶、杨等姓，也就是赵里（先是赵姓人迁入名赵里，叶姓迁入后改称绍里）、梅山（潘姓）、杨宅（杨姓）等自然村。1959年，通济桥水库兴建，前吴村有一支吴姓根据政府安排迁入该村，他们不忘祖地，名为前吴新村。

浦阳街道白林村下吴周（江东放摄）

白麟古庙建于何时，无从考证，但采访村里91岁的周思荣老人得知，关于白麟古庙有两个传说流传至今。

白林村北面有一沉湖，传说沉湖有一蛟龙要往东海赶考，即民间所说

浦江口腔医院
西站门诊部

白麟景苑(何敏摄)

浦阳街道白林村绍里庭院(江东放摄)

的“出龙”。蛟龙“出龙”之日,所有虾兵蟹将、田鸡蛤蟆都要助他一木勺水,汇成一股巨大洪流,助蛟龙向东奔腾而去。所过之处,房屋淹没,庄稼损毁,生灵遭殃。下吴周一带地势低洼,又是从沉湖往东海必经之路,蛟龙屡次向白麟庙中的观音和白麒麟借道,均未得到应允。因观音、白麒麟驻此扼守,才确保了下吴周一带百姓的平安,白麟庙因之成了下吴周和周边几个村庄共同信奉和祭祀的庙宇。

白麟庙两边壁画的八仙,是浦江先民神仙崇拜的表现,也是浦江县域大多数村庙的传统。传说在白麟庙即将完工之日,画师正在考虑如何画八仙时,来了一位陌生人,口称讨杯茶喝,画师遂去住处拿茶水。片刻之后,等他端来茶水,就不见了那个陌生人,却见两边墙壁上已画好了八仙。只见这些八仙个个行云驾雾,活灵活现,画师自感不如,就向村民说起此事,村人一传十、十传百,被说成是神仙所绘,保存至今。

正殿中,观音佛像左右两旁,各有一把小轿,左边小轿内坐着一尊披戴甲胄、文武兼备的将军,人们称之为“千胜王”;右边轿内坐着一位衣着颇似诸葛亮的人物,村人称为“吴法师”,就是前面所说的吴姓名医。

至于“千胜王”的来历,在《浦阳西皋周氏宗谱》中《重修千胜王庙记》一文,记载有“千胜王永为周族香火”之句。早先,在县城南侧,即现和平南路和环城南路交叉口西北角,有关帝庙、刘王庙和千王庙三庙并列,其中千王庙说的就是这位“千胜王”。

传说，周族先祖在南迁途中，途遇贼寇，在劫难逃之际，先祖梦中得到仙人指点，要他在面临贼寇劫匪时，可按标有“千胜王”灯笼指引的路线逃跑，果真得以脱险。从那时起，周族子孙就把“千胜王”视为恩人。定居浦江后，建庙塑神，永为香火。下吴周周氏发迹后，继承了祖先这一传统，每10年一次，都要从城里的千王庙迎接“千胜王”神像到村里。迎接那天，周姓所有男丁，尽皆出动，以一对高于2丈的旗杆顶头两旁高悬两盏标有“周千胜王”的灯笼，俗称“高灯”，由几名壮汉撑着，走在队伍最前面，作引路先锋；其他人手把着锣、鼓、旗、伞，镜、枪、刀、锤等，浩浩荡荡，将“千胜王”神像迎到村中大厅，饲养3年的全猪和全羊，“摆祭”在“千胜王”坐像前，以示至诚；并邀来3个戏班，在白麟庙前的广场演“斗台戏”3天。将神像送回城中大庙之日，下吴周周姓又按一丁一灶一灯之习俗，以长（龙）灯相送。据说，“龙头到达城门口，龙尾还在下吴周”，可以说是浦江第一长灯。为确保安全，城内周姓人家自发组织年轻力壮的男丁，在险要处看守监护。

因这个礼仪10年一次，过于隆重繁杂，下吴周人便在白麟庙中增“千胜王”神像1座，方便族人日常祭拜。

到21世纪，随着月泉西路的延伸，汽车西站、浦江三中、浦阳第五小学、月泉花苑、东方蓝郡等先后建成投用，白林村的改造提升迫在眉睫。在浙江省委

浦阳街道白林村杨宅（何敏摄）

省政府推出“千万工程”后，白林村审时度势，积极响应县委、县政府号召，在街道党工委的重视支持下，于2017年10月，白林村作为城中村改造全面启动，所属下吴周、绍里、梅山、杨宅、前吴新村等5个自然村910户全部纳入征迁改造范围。仅仅10天时间完成征迁户100%签约；又10天时间完成征迁户100%房屋腾空，创造了城中村改造的“白林速度”。

三年后，14栋高楼拔地而起，鳞次栉比，成为县城西郊一个具有现代化气息的城市小区，农村变城区，村民变市民，原来5个自然村组成的白林(白麟)村整合成一个小区，取名为“白麟景苑”。

采访过程中，听社区和小区负责人说要办两件事：一是小区内要建一处能陈列原5个自然村的文史资料和村容村貌照片的展览馆，意在告诉后人白麟景苑原来的样子；二是拆迁中虽保留了白麟古庙，也是村里唯一保留的建筑，但依据规划，白麟古庙要易地安置，建在小区东侧的一座小山中，此小山也要规划建设成公园，与西山公园和月泉书院遗址公园成为三角之势，建成后将大大提升县城西北角的城市品位。

(何金海)

**白林村坐标位置：**

东经119°87′4.31″，北纬29°46′9.60″，海拔98米。

# 善庆村：桃岭脚

浦阳街道从县城西出经石马头村到珠山村后，有一条泉溪。在泉溪的尽头有一个村名叫桃岭脚，因地处桃岭山麓，故名。

桃岭脚村民姓楼，据《浦阳文溪楼氏宗谱》记载：清康熙年间，浦南文溪村楼启祥迁居桃岭脚。为什么叫桃岭，无从查出。但采访村中老者，有说早时叫“陶岭”，有山脚的“陶然亭”为证。有说叫“逃岭”，传说，太平天国军（浦江人习惯叫“长毛”）打进浦江时，城里人都往这里逃进山里，故名；抗日战争时日本兵进犯浦江时，城里人也往这里逃命。有说，此山多野桃、樱桃，“逃”字难听，“陶”与“桃”又同音，就叫“桃岭”了，村子在岭脚，就叫“桃岭脚村”了。

其实，这桃岭是一条古道，是古时县城通往西门外廿四都一带的官道，再经截界岭古道可以通往严州府；也是“程家五家村，三日没有两夜酣”历史的见证，廿四都源头老一辈人对此可谓记忆犹新、历历在目。

至于“陶然亭”，《民国浦江县志稿》载：“陶然亭县西十五里，在陶岭脚。民国十八年（1929）楼凤起、张三星等捐建。”亭中立有《茶路会碑记》，可作证明。碑文如下：

今有缺点而为优点、恨事而成快事者，陶然亭茶路会是也。浦西桃岭又名陶岭，为小西乡出入要道，向由砾石砌筑，凹凸难行。清季，石锦仁独铺石级，集会岁修，贵亦尝司其事，然于路未追暇及。民国十八年（1929），张序模可芝倡修路政，东起古佛堂，西至岭脚，凹者填之，凸者铲之，辟狭补缺，均铺砥石。楼凤起复于岭之东麓购基量度，造亭三间，高爽宽朗，余子式书其匾曰“陶然”。此非一乡之优点、一乡之快事乎？未也，当夏秋之际，肩负竹木柴薪入市者络绎不绝，汗如雨，心如焚。薰风虽可解愠，望梅终难止渴，缺点也，恨事也！幸矣，而凤起乐善不倦，又与张三星等磋商施茶之举。诸善士助产输金，不遗余力，共得四十七人合成一会，名曰“陶然亭茶路会”。盖以施茶之余，继续修路。是役也，行者便、息者便、渴者便，一举而得三便，吾故曰：“缺点而为优点、恨事而成快事者，陶然亭茶路会是也。”抑又闻之子舆氏有言“人能扩充四端，足保四海”，诸君果能扩而充之，将不止为一乡之幸福也！功既彰，将勒诸石碑，人嘱余为记，余嘉诸君之事有始终，余犹能乐观厥成也，故叙其大旨如此。若夫捐造亭路已登匾额，兹不复赘。是为记。

庠生　张贤贵撰

民国二十八年(1939)岁次己卯九月立

文中的张序模，是石马头村一位乐善好施的人；楼风起是桃岭脚村的。碑记撰文者张贤贵，谱名咸贵，号香山，邑庠生，杭坪镇中村人。此人精于经典医籍，善竹木雕刻，擅草书，喜棋弈。中村在桃岭西头，桃岭是中村通往县城的必经之路。据说，每年的农历十月二十三，“茶路会”董事们要聚餐一次，共商茶亭、道路修葺事宜。这种善举，年复一年，持续不断，直至20世纪50年代中期，县城到杭坪、石宅的公路通车以后才中止。

桃岭这条千年古道，历朝历代走出了一批又一批浦邑历史文化名人：明末清初诗人、医学家张燧（中村人）；文化部原副部长、浦江历史文化名人石西民（石宅人）；国民党中将、军界名人陈玉辉（东岭人）；造桥专家张狮岩（石狮头村人）；民国时期诗人于国祯（程家五家村人），等等。石西民女儿石晓华，当年沿着父亲的足迹翻越桃岭古道时，受古道边凉亭内一泓叮咚泉水的灵感而创作了她的处女作《泉水叮咚》，一炮打响，成为著名导演。

浦阳街道善庆村桃岭脚

桃岭脚村，何时改为“善庆村”，没有人能讲得清楚。据《浦江县地名志》记载：以桃岭脚村下祠堂的“善庆堂”得名。合作化时期，与泉溪合建为“善庆高级社”。1958年，又从泉溪分出，为善庆大队。1983年，政社分设，改为善庆村。据此判断，桃岭脚村改为善庆村，应该在1949年后。善庆村作为行政村名存在和使用，但大多数人特别是廿四都人依然叫“桃岭脚”，而不叫“善庆”。

《周易·坤·文言》中说：“积善之家，必有余庆。”指修善积德的个人和家庭，必然有更多的吉庆。善庆村名，作此解也未尝不可。这一点，还可以与村南侧的佑岩寺沾点边。佑岩寺始建于明洪武初年，因地处佑岩山脚而得名。清道光年间重修过一次，毁于何时没有记载。20世纪末年，释达缘法师慕佑岩寺之名，重建佑岩寺于原址之上方一山坳中，2006年取得宗教场所合法登记。2017年由释会济法师接管，并于2018年4月26日，举行隆重的续建开工仪式，在原来的基础上再进行扩建和装修，现已成为浦江众多寺庙中规模最大、管理最完善的宗教场所。

2018年底，在浦江县行政村规模调整中，撤销珠山、泉溪、善庆3个村民委员会，设立善庆村村民委员会，村办公地址设在珠山后自然村。无论是之前合作化时善庆与泉溪合建为善庆高级社，还是这次撤村并村时善庆与珠山、泉溪合并成善庆村委会，都取名“善庆”，是否都和“善庆”之名中隐含的“积善之家，必有余庆”有关呢?！因为，相比于珠山和泉溪两个村，善庆村不仅村小，而且地处也偏，按惯例合并后的村名是不可能以善庆村来命名的，这在浦江县属于首例。

后来，根据发展规划，桃岭脚自然村列入拆迁易地安置范围。2020年，善庆村被征迁，109户（按公示户数）村民按协议要求腾空了房子。2021年，所有民房被全部拆除，安置在珠红二期，以桃岭脚自然村存在的善庆村一去不复在。

这正是：前世今生桃岭脚，名存村亡是善庆。

（何金海）

**桃岭脚村坐标位置：**

东经119°85′0.17″，北纬29°49′3.30″，海拔239米。

# 联盟村：少桃岭

少桃岭自然村位于浦阳街道联盟行政村最西端，因地处少桃岭得名。虽然只有 8 户人家，还分上篷、下篷、炭灶坪三个小地名，最多时有 30 余人，现如今只有地处半山的炭灶坪还有一个人留守。

8 户人家中，年龄最大的是炭灶坪的葛武荣，出生于清末光绪三十二年（1906），1949 年前从杭坪镇寺坪村迁居于此。他先后生了四个儿子，按寺坪村葛氏“就”字辈，分别取名就一、就二、就三、就四。葛武荣最大的能耐是先后给四个儿子每人建了两间共 8 间泥房。1949 年后，就一、就二先后娶了平安店来和牛车头的两个姑娘，就三也娶了一个钟村的姑娘，四兄弟各自分家立业，炭灶坪就发展为 4 户人家了。后来因为炭灶坪实在是生存条件差，就一、就二都先后到妻家居住生活了，名字也改成就许、就来，现在他们的下一代就成了浦南街道人了；就三在 20 世纪 80 年代老婆意外去世后，带着一个女儿到桐庐分水做了上门女婿，留下一个儿子葛燕生在炭灶坪和爷爷、就四一起生活。

1956 年出生的就四，曾经与一个平安的姑娘结过婚，后来离婚了。此后，葛就四一直单身，直到父亲葛武荣过世后，葛就四才开始外出打工赚钱。先后在县花边厂、湖南等地打工，2017 年起在县人民医院做护理工至今。侄儿燕生也长年在外面打工。

炭灶坪的老房子

2016 年，因老房子破旧，不适合居住了，就四与侄儿燕生商量拆了重建，叔侄两个共花了六十几万元靠辛辛苦苦打工积累的钱,建了四间红砖房。

现年69岁的葛就四,尚在人民医院做着护工,早出晚归的,一辆电瓶车就是他进进出出的交通工具。那段崎岖坎坷的山路,一般人走路都觉得难,但就四哪怕深夜进出,他都习惯如常了。

年龄第二大的是民国十年(1921)出生的童炳寿。据联盟村现年92岁的退休干部傅明炉介绍,童炳寿是前吴乡罗塘童宅村人,因为家境差,13岁时就为下吴周村看山守山,地点就是后来居住的下篷。采访时,傅明炉老人说起此人突然来了精神,说他曾经为地下党做过联络,因为不满村里一富霸敲诈村民的行径,向县府告发,富霸被抓后还狂妄自大,结果被枪决了。这件事在村里传开后影响很大,他知道自己在村里是无法待下去了,就躲在下篷看山守山了。后来娶妻生子建了房,先后生了两个儿子、三个女儿。土改时,童炳寿所在的下篷就地划为联盟村。两个儿子成家后,昔日的看山棚也成了有3户人家的小村落了。

农村实行联产承包责任制后,大儿子童和庆一家回迁祖地童宅居住,小儿子童和水买房子在下吴周居住,老两口先后去世后,下篷村就自然而然地没有了。

第三个数上篷的傅茂良了,一户人家就一个人,主人就是民国十八年(1929)出生的傅茂良。他是联盟村所在地傅店自然村人,也是给村里看山守山而居住在一个叫上篷的地方的。他本是傅店村人,老婆和六个子女都住在傅店,只有他一个人住在上篷。时间长了就自然而然作为一个地名存在了。20世纪80年代,上篷那里不适合居住了,五十几岁的傅茂良选在炭灶坪的一个山坳里建了两小间红砖房,一直居住到去世。带去看时,红砖房还屹立在山

浦阳街道联盟村上篷傅茂良最后的住处

坳里，虽然历经风雨，而且门楣上的红纸还挂着，看看应该还是两年前的样子。

说起联盟村，是20世纪50年代合作化时，以最大的自然村傅店为中心，将周边大大小小13个自然村联建而成的一个大村子，有400多户人家、1700多人口，所以叫联盟村，村委驻地傅店。县城出西门或仙华门到杭坪的杭口岭古道，先后经过该村的岭背、东庄坞、傅店、马家、新屋来、杭口岭脚等6个自然村；从杭口岭脚向左拐，就是少桃岭自然村，经下篷、上篷，上少桃岭，就可以与泉溪、善庆方向走的桃岭古道会合；炭灶坪则在下篷、上篷之间靠右侧的一个山坳里，那里有很多山地。据就四说，这里曾经有过一个大寺庙，地里挖下去还有砖瓦器皿等东西。改革开放前是杭口岭脚村民和炭灶坪村共有的，后来荒芜了。

去实地采访时，开车到杭口岭脚村后，一年轻的村干部用三轮车载着大家开了约2千米路，又走了约2千米山路，翻过一道山岗才到炭灶坪的地方。村口有三四条狗守着，不远处就是葛就四住的红砖房，再不远处就是一排老房子，就是葛就一、就二两兄弟留下的房子。想不到的是，在两个山坳里看到有挖掘机在整理那些山地。据村干部介绍，这些山地荒芜了可惜，现在政府重视，要重新开发出来耕种。

（何金海）

**少桃岭村坐标位置：**

东经119°87′0.52″，北纬29°48′4.34″，海拔251米。

# 金狮村：金狮岭、前山头

金狮村，清代属德政乡一都，民国时期属仙南乡，新中国成立后属大许乡。合作化时建立金狮高级社，1958 年为大许管理区金狮生产队，1961 年为大许公社金狮大队。1983 年政社分设后改为金狮村民委员会，辖金狮岭、前山头两个自然村。1992 年属浦阳镇，1997 年改设金狮居民委员会。2001 年属浦阳街道。2003 年改设金狮社区居民委员会。

1956 年，村西建造了金狮岭水库，蓄水量 78 万立方米，建有水电站。改革开放初期，县属化肥厂、丝织厂、花边厂、皮鞋厂、家具厂等设此。

2015 年底，金狮湖保护与开发建设工程启动，金狮岭村、前山头村整体拆除。2017 年，村民全部搬迁到班班大道南段西侧的金狮新村，金狮岭水库及两村旧址改造提升为金狮湖公园。2018 年，金狮新村属浦阳街道金狮社区。

金狮岭村坐落于金狮湖水库东侧。浦郑公路以北，以地处金狮岭而名，又

金狮岭村旧影（江东放摄于2016年）

名“厚山”。有金、朱、吴、费、陈、杨、楼、周、罗九个姓氏，以金姓为主。《浦阳厚山金氏宗谱》载：“明洪武年间，金绍祖从浦江前吴市目迁居金狮厚山。”朱姓迁自杭坪镇石明堂村和里朱村。吴、费两姓迁自前吴乡前吴村和费宅村。《浦阳沙城陈氏宗谱》载：“陈继溻于明隆庆间自沙城迁居金狮岭。”杨姓迁自仙华街道蔡横塘村。楼姓迁自浦南街道大溪楼村。

前山头村位于金狮岭村前的山头上，故名。有张、花、朱三姓，张姓迁自城北八房厅，花姓迁自前吴乡后坪村，朱姓迁自杭坪镇里朱村。

（罗肇峰）

**金狮村坐标位置：**

东经 119° 54′ 26.57″，北纬 29° 27′ 03.24″，海拔 75 米。

# 浦南

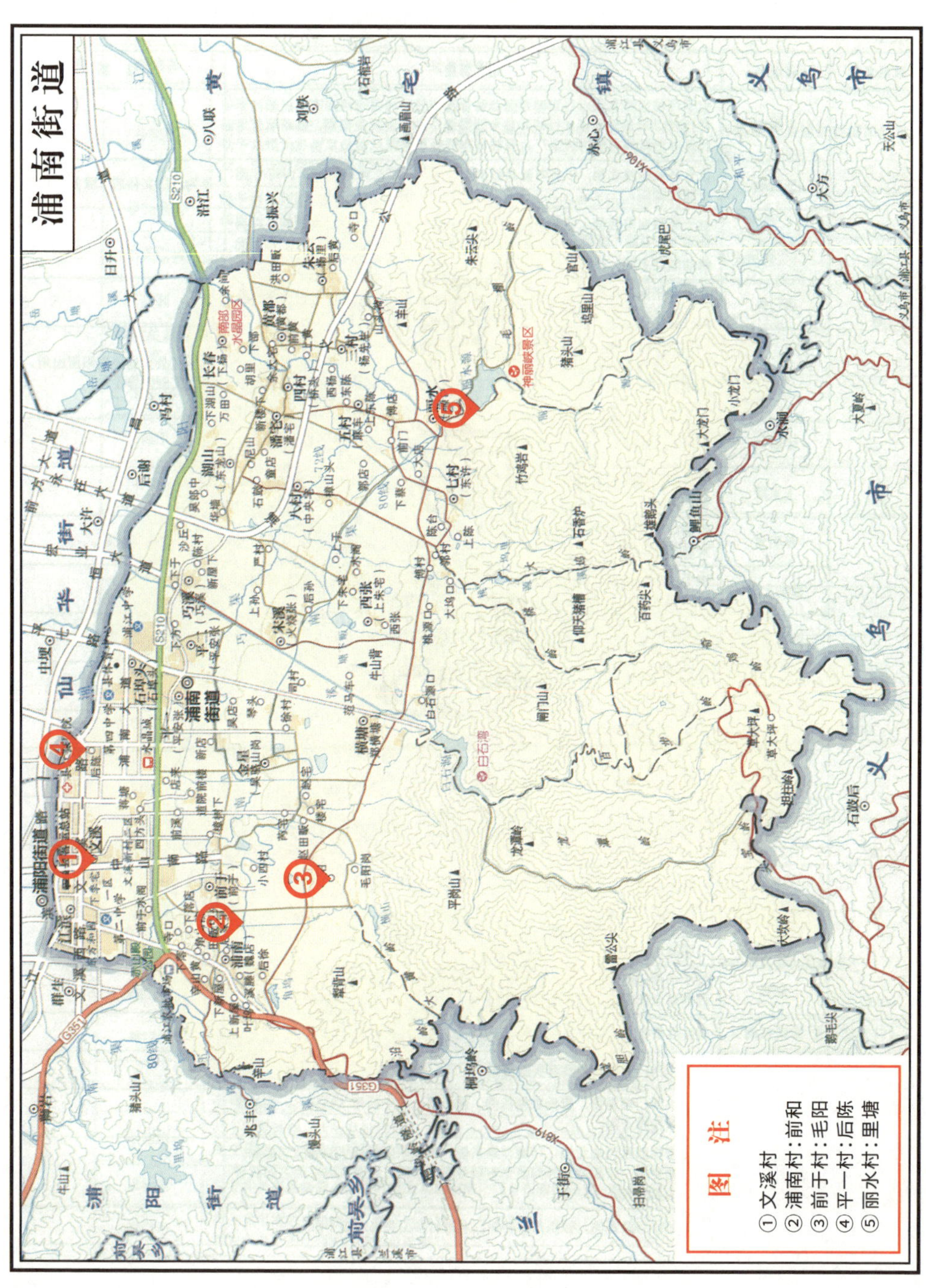
浦南街道
图注
①文溪村
②浦南村：前和
③前于村：毛阳
④平一村：后陈
⑤丽水村：里塘

# 文溪村：大溪楼、牛车头

文溪村位于浦江县城区东南部，浦阳江南岸。村委会驻地大溪楼旧称“文溪”，故名。东接后陈、平安张，南邻前于，西至陈逢坑、长地，北依浦阳江，是一个集工业、商贸、文化、交通、居住和农业示范园区于一体的城郊型村落。

据史书记载：北宋开宝三年(970)，楼全携子德乌由义乌迁居浦江白石源。到南宋嘉泰三年(1203)，楼益顺(温州永嘉主簿)同子斌由白石源定居文溪官桥，至今已800多年历史。

1950年建大溪乡，大溪楼为大溪乡政府驻地。1992年浦江县撤区并乡扩镇，大溪乡并入浦阳镇，设大溪办事处，文溪村隶属大溪办事处，划入县城范围。2002年3月划分行政区域后，隶属浦南街道办事处，设文溪社区居民委员会。2005年7月，文溪村有大溪楼、牛车头、下季宅、毛都4个自然村，1149户3230人，是浦江县内千户大村之一。

文溪村有22个姓氏，楼姓最多，占全村总人口数的70.5%；其次是季姓，占总人口数的8.4%；其余20个姓氏占总人口数的21.1%。1958—1972年，因兴建通济桥水库，接纳前吴乡及库区移民19户118人。

早先，文溪村是个以农业为主的村庄。改革开放后，文溪村依托相邻县城优势，实施工业开发。1992年7月，文溪提请上级部门批准成立文溪工业开发区，先后引进民营企业260余家。江南住宅区、江南新村、丰安花园小区、体育场、浦江汽运中心、江南电信等相继落户文溪村，使全村形成了一个总开发面积800余亩，集工业、商贸、文化、交通、居住于一体的开发新区。

“大溪楼的戏”声名远播，蜚声县内外。1949年前，文溪村有剧团1个、什锦班5班，每年要演出各种名目的戏剧三四十场。1949年后得以延续，有文溪剧团、东风俱乐部、文二俱乐部及什锦班，每年都要演戏。

1983年春节为庆祝农业丰收，连演23天。1995年投资55万元建成文溪仿古戏台。至2005年7月，村里有老年活动中心和青少年文化活动中心，组建有舞狮队、舞龙队、奶奶秧歌队、妈妈腰鼓队、青年妇女舞蹈文艺宣传队，她们表演的节目多次在县、市举办的比赛中获奖。据统计，全村有36人次获县级以上个人体育竞赛优胜荣誉，1人参加全国举重比赛。2004年8月，文溪舞

浙江中正工程项目管理有限公司浦江分公司

文溪新区（何敏摄）

龙队一行16人应法国蒙图瓦尔市政府邀请，参加第32届蒙图瓦尔国际艺术节，精彩的表演赢得当地观众的称赞。

（张以进）

## 大溪楼

大溪楼，1953年有340户1361人。至2005年7月有817户、2290人，是文溪村的中心村。1974年前为大溪乡人民政府驻地。县城至治平的下胜公路穿村而过。东连牛车头，西接下季宅、毛都，南临本村农业示范园区，北濒浦阳江（旧称“大溪”）。以大溪和楼姓祖居得名，为县城南部最大的村落。在南宋嘉泰三年（1203），楼氏七世祖益顺（温州永嘉主簿）携子斌自白石源迁入官桥（今大溪楼）。至明景泰年间（1450—1457），楼氏第十六世孙楼和之二子潭、浣分居。潭为东房祖，浣为西房祖。东房始分为元、亨、利、贞四房，分居于村东边，后亦分称为乌厅来（旧厅）、五份头、水明堂、后退、新厅来（包括新殿）、官埂沿、埂路下、三份头。西房始分为一房、二房、三房、四房、五房等五个房头，分居于村西边。西一房后将原址卖给西四房，后大部分迁居蒋塘店来。西二房由新屋里、新屋外两大部分组成。西三房以厅、堂楼为中心，围绕居住四周，在西三房西边，1973年建有坐南朝北4排8间，中有明堂结构的前吴移民民居。西四

大溪楼金狮塘（2001年摄）

房，亦称“花厅来”，由第一房的旧址与四房原址组成。西五房，分前明堂、后明堂、石明堂、大份。大溪楼村历经800余年世事变迁，陆续迁入其他姓氏有吴、黄、陈、张、赵、项、周、盛、费、胡、谢、金、余、夏、袁15个姓氏，组成了一个多姓氏的大村。

2002年实施中山南路延伸工程，拆除房屋占地面积1.6万平方米，新建的中山南路自北向南从村中心穿越而过，并与2004年建设完成的47省道交会。在大溪中心小学四周建起大溪楼新村。

从2017年开始，大溪楼村再次实施城中村改造，而今，全部完成签约拆迁。在文溪东路县消防大队南侧新建文溪新区高楼大厦群，原大溪楼村就消逝了。

（楼生土）

## 牛车头

牛车头，文溪社区居民委员会所辖自然村之一。位于文溪行政村东面。东与丰安花园相邻，西与大溪楼村相连，北靠浦阳江。县城至治平的下胜公路绕村南而过。据《浦江县地名志》记载：“相传该地古时曾设有牛车戽水，村以此得名。”

明永乐八年至十年（1410—1412）间，楼氏十六世孙立迁居牛车头，为牛车

旧村改造前的牛车头（2005年摄）

头村楼姓始祖。清光绪八年(1882),郑氏若森自廿四都东坞转住建德梓州、浦江城里,再迁入牛车头,为牛车头郑氏始祖。光绪二十一年至二十五年(1895—1899),张姓十九世邦凑由七里曹村迁入牛车头,为牛车头张姓始祖。该村在近500年来由楼姓始迁后,陆续迁入了郑、张、石、陈、施、吴、邵7姓。

1953年,牛车头村有39户182人。至2005年7月有157户472人。

2018年,因城中村改造,牛车头村拆除。于2021年,村民安置到文溪新区。

(楼生土)

**文溪村坐标位置:**

东经119°52′45″~119°54′49″,北纬29°26′7″~29°26′59″,海拔74米。

# 浦南村：前和

前和村坐落于南山周公山下，西与后徐自然村毗邻，东与前于村隔溪相望。地貌极像鲤鱼，东边前于的西井，西边石八塘双井为鲤鱼眼睛，形态逼真，活灵活现。《乾隆浦江县志》《光绪浦江县志稿》《民国浦江县志稿》均载有其名。

前和村盛于明朝，曾经建过镇，街巷纵横，市场繁荣，人口众多，为南山脚一大村坊。到清朝中后期已衰微。

传说村中有一帮村民，人称“十八瘌痢”，非常强势，到处打架斗殴、闯祸闹事。农历九月十六为后徐村庙会，村内陈老相公庙举行开光拜斗，前往周公山下殿山处接水，为菩萨点光。“十八瘌痢”闻讯赶来强行阻拦，不准接水开锣。不由分说，双方大打出手，伤害无辜。类似这样仗势欺人的事时有发生，他们的恶劣行径引起周边群众的强烈愤慨。面对强势暴力，百姓敢怒不敢言，但心有不甘，不可强攻便采用智取。

附近村一老先生深知百姓想法，便去前和村游说，大赞前和村，怎样强盛，但话锋一转说：“前和美中不足，看村境鲤鱼形虽好，但缺水少了灵动，如鱼得水方可鲤鱼跳龙门。”先生慢条斯理地说，“若要前和出帅，除非鲤鱼切背。”前和人信以为真，便在鲤鱼形背上挖了一条深水沟，引来山溪水。

若干年后，前和村渐行渐衰，经济萧条，人口慢慢稀少，强势的“十八瘌痢”也先后死于非命。至20世纪50年代初，一场大火将全村烧光，成为一片废墟。

前和，顾名思义，以和为贵，和气生财，睦邻兴村。然而前和繁华的落幕，偌大一个村镇竟然消失得无影无踪，不能不令人唏嘘！

火灾后，仅有3户人家仍落户在村边，即现浦南行政村内。据《浦南村志》载：施木伙系施国绶儿子，父殁后，母蒋氏带其转后家里村前夫家，与同母异父的兄魏永成同居，成人后自立门户居住后家里村。施木苟、施小苟胞兄弟，20世纪50年代末迁居后徐村。陈元雨的祖父原是浦阳城北陈家人，为前于村夏屋的上门女婿，因病不受岳父欢迎，于20世纪30年代租住前和村。前和村失火后，在后徐村买下房屋定居。

（魏开垒）

**前和村坐标位置：**东经119°53′15″，北纬29°25′23″，海拔95米。

# 前于村：毛阳

毛阳亦名“茅阳”。据《前于村志》记载：茅阳原系山地名，1962 年 2 月，前吴移民 18 户迁入后为自然村，位于南山脚下茅（毛）阳岗上，距前于行政村 1 千米余。这里原是黄土丘陵，草木不丰，水利条件差。20 世纪 50 年代末，县商业局曾在此办过畜牧场。1973 年，横山水库建成后，首先受益，灌溉便利，三面良田环绕，村旁竹木果树成林，环境幽雅，村里广播、有线电视畅通，水泥公路直通县城，交通便利。2002 年，毛阳村有 24 户 93 人。

2023 年 5 月间，笔者走访暂住浦南魏店女婿家的原毛阳村民吴兴祥。老吴现年 79 岁，初中文化，退伍军人。据老吴回忆，村民迁来这里，主要是建造通济桥水库。1958 年，他们从前吴村移民至石马公社沉湖大队前王宅、樟畈自然村。1962 年，因落实政策，移民入住的原属地主、富农被村集体没收的房屋，归还原户主，而转迁至大溪公社前于村南毛阳岗。该地原是浦江县畜牧场。村民所居处毛阳岗，故名毛阳。移民共 18 户，其中张姓 3 户，其余均为吴姓。

2018 年 12 月 18 日，毛阳村房屋全部腾空，共 34 户 103 人。2019 年入住文溪社区。这时老吴若有所思，也有些感慨：“1958 年，我们从前吴移民到 2018 年毛阳房屋腾空，整整 60 年，一个花甲，三次乔迁。”“从山里到平畈，又从平畈入住城区高楼，真是莺迁乔木、燕入高楼哇！”老吴饱经风霜的脸上露出了幸福的笑容。

（魏开垒）

**毛阳村坐标位置：**

东经 119° 53′ 43″，北纬 29° 25′ 7″，海拔 123 米。

# 平一村：后陈

后陈村，该村始居者为陈姓，据传因建居于当时的横宅村之后，故名后陈。位于村民委员会驻地平安张西北 1.4 千米处，浦阳江南岸，即现亚太大道与文溪东路交叉口东南侧。1986 年《浦江县地名志》载：有 81 户 305 人。

据《民国浦江县志稿》载，陈棠于明末自塘卜（花桥塘波村）迁居后陈，至今有 300 多年历史。2014 年，因建设亚太大道，整体搬迁至亚太大道与文溪东路西南侧。

后陈村旧貌（江东放摄于2012年）

2022年4月8日《金华日报》刊登一则新闻《新发现！上山文化遗址群数量增至 21 处》，报道说：浦江县浦南街道后陈村发现浦江县第二处上山文化遗址，至此，上山文化遗址群数量增至 21 处。浙江省文物考古研究所研究员、上山文化主要发现者蒋乐平说："著名上山遗址所在的浦江县，发现第二处上山文化遗址，很有意义。"后陈村新发现的上山文化遗址，地处城乡接合部，后陈村以东、浦江四中以西处，距上山遗址 7 千米左右。

（何金海）

**后陈村坐标位置：**

东经 119° 54′ 59.54″，北纬 29° 26′ 29.35″，海拔 63 米。

# 丽水村：里塘

《浦江县地名志》(2021 版)载：里塘旧称鲤塘。据《浦阳华墙潘氏宗谱》载，潘志狮于清康熙末(1722 年左右)自桥头迁鲤塘。

据今年均已 88 岁的潘根土、潘绍来回忆：里塘村内有一大塘称里塘，村以塘名。穿村而过的百步岭古道通义乌市鲤鱼山、水涧。

传说百步岭有一处地下宝藏，藏有大量银子，坊间有谚“上百步，下百步，银子落在百百步”，多少人挖空心思寻找，百步岭被挖得百孔千疮，结果水中捞月一场空。机智过人的潘某别出心裁，“百百步”理解为“拜拜步”，在焚香烧纸、顶礼膜拜的踏步(台阶)下挖到了宝藏，一锅端拿走了银子。

原里塘村由上屋、下屋、新屋三个地段组成，上屋张姓于康熙年间自张官迁里塘。据潘绍来老人讲述，解放战争时期，这一带曾是金萧支队第八大队革命活动区域。在他 15 岁那年，他与父亲同去万田村看戏，目睹金萧支队第八大队开进里塘，召集村民开会，开展形势政策宣传教育，并与村民一起扭秧歌搞联欢。盘踞在县城的国民党部队闻讯，立即纠集队伍，从老虎山头冲下去，持机枪疯狂扫射，第八大队迅速绕过乌珠岗扔手榴弹袭击。国民党部队见势不妙，抱头鼠窜，落荒而逃。

1958 年，因兴建丽水源水库，里塘迁移并入源口丽水村，其时上屋张姓 13 户，下屋及新屋潘姓 100 余户，其中有 36 户潘姓迁往江西。

（魏开垒）

**里塘村坐标位置：**

东经 119° 57′ 27.9509″，北纬 29° 23′ 56.7416″，海拔 101 米。

# 仙华

街道

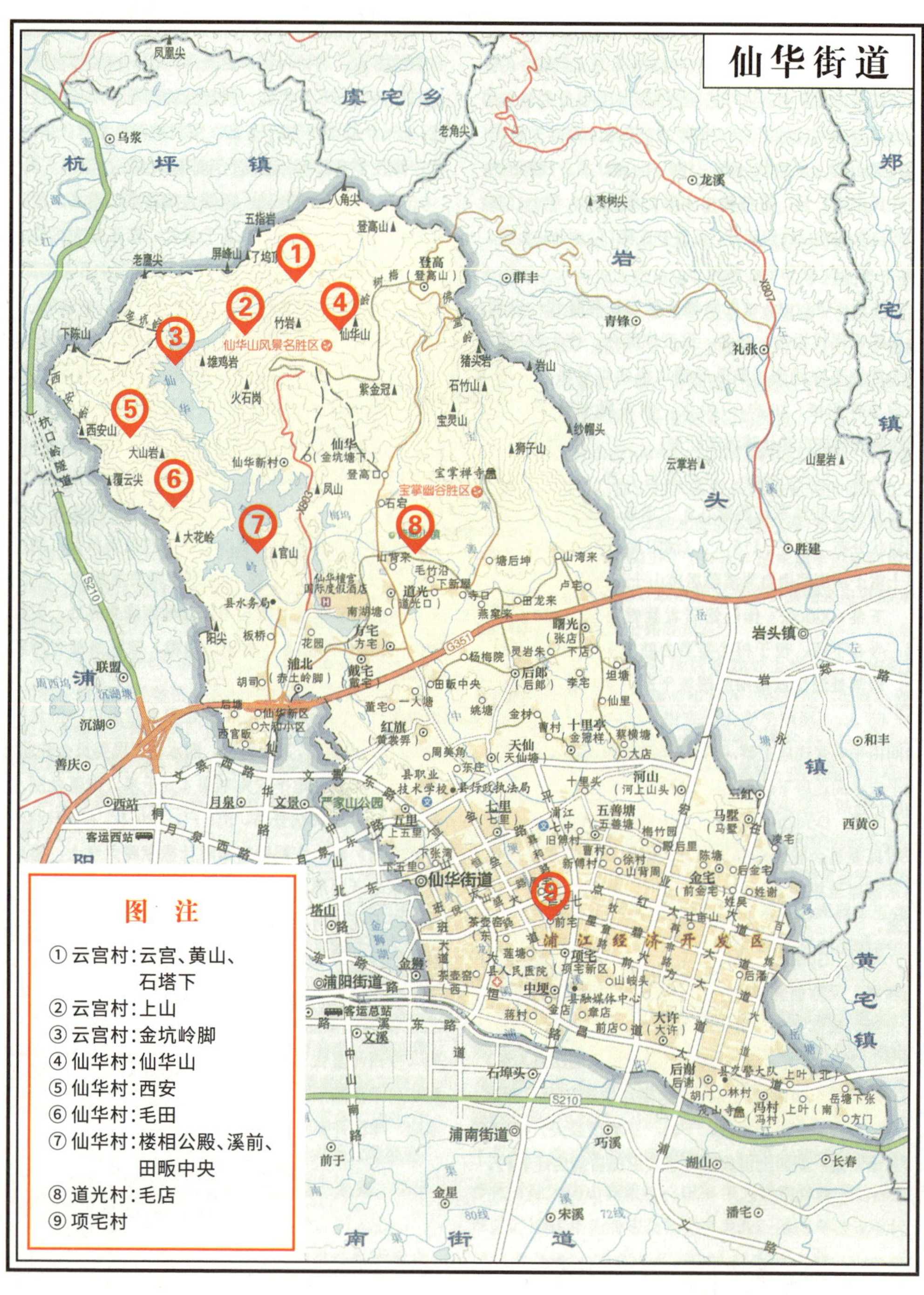
仙华街道
图注
①云宫村：云宫、黄山、石塔下
②云宫村：上山
③云宫村：金坑岭脚
④仙华村：仙华山
⑤仙华村：西安
⑥仙华村：毛田
⑦仙华村：楼相公殿、溪前、田畈中央
⑧道光村：毛店
⑨项宅村
仙华山风景名胜区
宝掌幽谷胜区
虞宅乡
杭坪镇
郑宅镇
岩头镇
黄宅镇
浦江经济开发区
仙华街道
浦阳街道
浦南街道
南街道

# 云宫村：云宫、黄山、石塔下、上山、金坑岭脚

## 云　宫

云宫村，距县城 10 千米。坐落浦江仙华山西北、八角尖南坡，东接壤石塔下村，西与笔架山面对，依山势呈阶梯状分布。据《浦江县地名志》(2021 年版)记载：云宫村因地势高峻，云雾迷茫，故名。亦称"银宫"。

对于村名，66 岁的村民蒋金塘则对笔者说，云宫村是从东北面相邻的黄山村匀(浦江话有分点下来的意思，匀与云同音字)下来的，两个村是同一个太公(老祖宗)，所以很自然地叫云宫村了。而且原黄山村前后的枫树、樟树、苦槠树等古树，自古云宫村就占有六分之一，过去云宫村盖房子用的大(栋)梁，都是把黄山村前后的古树砍下取来，就好像是兄弟，虽然分了家，但还是一家人，你的财产我也有一份。据《浦阳官岩蒋氏宗谱》记载，蒋明尧于清雍正末自黄山迁云宫，以蒋氏姓为主。

蒋金塘说，从他懂事起，虽然没见过爷爷，但从箩筐等农具上看到有曾祖父、爷爷的名字。他的曾祖父蒋启初、爷爷蒋贤凑，父亲蒋永成，到他这已四代了。他听老人说，从村里廿四间头的厅堂看，云宫村大约有 150 年历史了。蒋金塘说他是地地道道的云宫村人，从 20 岁开始就饲(养)蜂了，如今有 45 年了，日子过得还可以。

云宫村家族中有大房与小房之分，过去，每年正月里都会在村里厅堂，用香烛、纸钱、食品、酒等进行祭祖，非常热闹。随着时代变迁，村子里掌管家族大事的大房中长子或长孙等大多在外工作、创业，反而小房其他子孙多，故村里大房两年一次祭祖，小房一年一次祭祖，以此来表达对祖先的一种敬意和感恩之情，同时也祈求祖先保佑家庭平安、事业顺利、家族昌盛等愿望。

据《浦江县地名志》(1986 年版)记载：云宫有 24 户 92 人。清季属德政乡四都，1949 年前属仙北乡，解放初属方宅乡。合作化时建立高级社，取名群联，辖云宫、黄山、石塔下、上山、金坑岭脚 5 个自然村。1958 年为方宅管理区群联生产队，1961 年为七里公社群联大队。1981 年地名普查时，因与黄宅乡群联大队重名，更名为云宫大队。1983 年政社分设后改为村，辖 5 个自然村，10 个

黄山村(上)、云宫村(左下)、石塔下(右下)三村远景(江东放摄)

生产队，168 户 618 人。地属山区。有山林 3786 亩，耕地 369 亩，种植以稻、麦、薯类为主，兼营林业。

采访中，笔者获知，云宫村走出了蒋永田、蒋生辉、蒋东红、蒋贤华、唐彩英、蒋琤琤等一批教授专家、复员军人、退役士兵、人民教师及优秀学子。

2007 年，为了金坑岭、仙华水库的饮用水安全，政府启动云宫村整体搬迁工程。2011 年，云宫村整体搬迁至六和小区。2018 年 12 月 24 日，撤销仙华、云宫 2 个村民委员会，设立仙华村村民委员会。下辖六和小区（西安、毛田、云宫、石塔下、上山、黄山）、仙华新村、塘下村、仙华新区（仙华山村部分居民）。总户数 426 户，总人口 1184 人。属仙华街道管辖。

（孔繁强）

**云宫村坐标位置：**

东经 119° 53′ 24″，北纬 29° 31′ 55″，海拔 346 米。

# 黄 山

黄山村距浦江县城 10 千米。聚落处八角尖南麓山腰，西南与云宫相接，南与石塔下村相邻、与仙华山对望，背靠八角尖山、五指岩（笔架山），与杭坪镇交界。据《浦江县地名志》（2021 年版）记载：黄山村有 110 户 240 人。

黄山，原名王山。《光绪浦江县志稿》称王山，谐音作黄山，传说与轩辕黄帝有关。

今年 75 岁村民蒋贤有说：大约 4400 年之前，浦江地处蛮夷之区。轩辕黄帝与神农炎帝联合打败蚩尤后，南巡到北山（后改称仙姑山、仙华山）时，与负隅顽抗的地方武装打了一仗。轩辕黄帝不幸受伤，就在北山以北的八角尖疗伤。

八角尖，下临深壑，周围群山耸峙，林木参天，地势险峻。这特殊的地理环境是轩辕黄帝在此驻跸的原因，黄山地名也由此而来。

黄山村周围的地名或山名的命名，很大部分与黄帝有关。

黄山村北面有一处开阔地称“黄老坪”。传说黄老坪是黄帝当年疗伤的地方，至今仍有人类居住的痕迹。据老人说，那时，随着人口的增多，需要开垦更多的土地种粮来生存，村民就从黄老坪、上屋基、白岩坪等逐步往西南面迁移了，有部分移到了云宫村。

黄老坪东边有座山岗叫“来鼓岭”，再往东又有一处开阔地叫“紫印堂”。

黄山村远景（蒋有金摄于2016年）

黄山村的祖辈传说，黄老坪为当年黄帝住处。当有重大之事发生时就令人去来鼓岭击鼓，通知下属到紫印堂集会议事。

黄老坪西北的八角尖是座高耸云天的山峰，是个盛产中草药的宝库，也叫“百宝尖”。以前，仙华山昭灵宫中的金和尚就是靠在仙华山和八角尖采药治病闻名遐迩的。八角尖半山腰地势陡峭，有处地名叫“灶基”，传说黄帝前往八角尖采药，就在灶基建灶炼丹。紧挨其旁的“护万驾”也因护卫所得此名。黄山有险可依，有药可采，有丹可炼，进可攻，退可守，当年黄帝南巡来此驻跸，不失为明智之举。

黄山村周围的地名或山名还有部分以地形命名。如“猪头岩”形状如猪，“白岩坪”有大片的白色岩石，“笔架岩”酷似笔架，“屏风岩”似屏风屹立。这些从旁印证了与黄帝有关的一些地名山名并非空穴来风。

民国十七年（1928）以来，黄山村厅堂上挂有一块红底金字“开国勋高”牌匾。传说牌匾由明代开国皇帝朱元璋敕封。那么一个小小的村子为何有这块“开国勋高”牌匾呢？

从县政协退休的干部蒋有金说，他有幸收集到浦江人黄竹生写的部分资料，又找到今年62岁的村民蒋红财，目睹他家中保存至今的牌匾，才弄清这牌匾的由来。

相传，元朝末年，明太祖朱元璋尚未发迹，曾在金华一带与元兵作战。一天，朱元璋在义乌到浦江的古道上行进时，突然发现元兵铁骑追来，因敌众我寡，便急忙逃到古塘村后山脚小路上。元兵铁骑紧随而来，眼看就要被追上，朱元璋灵机一动，闪身跑入西侧山坞密林里。当朱元璋一路狂奔，气喘吁吁，精疲力竭时，忽然看到密林中有一小屋，于是便叩门而入。

此时，屋内有一老妪，身着拖地长裙，左手牵棉线，右手摇纺车，悠然自得。

朱元璋便急告其实情。老妪一愣,不慌不忙,捋起长裙,让朱元璋蹲踞胯下,覆以裙幔,随后便镇定自若,纺织如故。

少顷,两元兵破门而入,搜遍屋中,不见踪迹,便询问老妪。老妪用手指指西面,元兵便向西面追捕而去,朱元璋化险为夷。

1368 年,朱元璋建立明朝,年号洪武。他不忘浦江老妪相救之恩,视之为再生之母,便敕封其“开国勋高”牌匾。这位老妪就是蒋氏太娘。为彰显蒋氏太娘救驾之荣耀,县域内多个蒋姓同族村庄纷纷仿制“开国勋高”牌匾,并悬挂于村中厅堂等醒目之处,以作纪念。

仙华街道黄山村“开国勋高”牌匾(洪国荣摄)

采访中,今年 72 岁的村民蒋胜朝对笔者说,黄山村以蒋氏姓为主。对此,《浦阳官岩蒋氏宗谱》记载,祖先蒋道卫于明正统年间(1436—1449)自蒋宅(现黄宅镇)迁黄山。

1949 年 5 月,浦江县解放后,黄山村由仙华乡管辖。

2007 年,为了金坑岭、仙华水库的饮用水安全,黄山村启动整体搬迁工程。2011 年整体搬迁到六和小区,属仙华街道管辖。

蒋胜朝说,2016 年村子搬迁后,他仍耕耘着这块土地,并守护着八角尖山顶上的县广播电视差转台至今。黄山村民历来勤奋好学,尊师重教,1949 年后,涌现了蒋贤珍、蒋贤斌、蒋贤有、蒋胜吾、蒋永芳、蒋根兴、蒋银土、蒋长捷等人民教师和高级工程师。

(孔繁强)

**黄山村坐标位置:**

东经 119° 53′ 38″,北纬 29° 31′ 60″,海拔 430 米。

# 石塔下

石塔下村，聚落在仙华山北麓山谷中。村西南有竹岩，南面是仙华山，东与梅雨岭毗邻，北靠八角尖，并与云宫村、黄山村接壤。石塔下村后有一巨大岩石，形如石塔，故名。

仙华村党支部书记张利伟告诉笔者，石塔下村以张氏姓为主，祖先来自县城姓张祠堂大房分支。还有1户姓卢，3户姓任。笔者查阅《浦江县地名志》（2021年版）获知，据《浦阳龙溪张氏宗谱》记载，张邦志于明成化年间（1465—1487）迁此。《浦阳横街任氏宗谱》记载，任大荣于明万历年间（1573—1620）自任店迁此。1983年属云宫村民委员会。

村里90岁卢显忠说，石塔下村原来只有40户，他家是村里唯一一户姓卢的。因他爷爷是虞宅卢家村人，祖先是东阳过来的，后父亲兄弟5人又去了枫树下村。卢显忠兄弟5人，老大在14岁时没了，他是第二个，后面还有3个弟弟。1944年，他11岁，被石塔下村的外婆家舅舅叫去看牛，后来土改分田时，就此落户了，24岁结婚成家。

石塔下村景（江东放摄于2009年）

石塔下村拆迁前（张利伟摄于2017年）

2007年，为了金坑岭、仙华水库的饮用水安全，政府启动石塔下村整体搬迁工程。2011年，整体搬迁至六和小区。2018年12月24日，撤销仙华、云宫2个村民委员会，设立仙华村村民委员会。下辖六和小区（西安、毛田、云宫、石塔下、上山、黄山等

村)、仙华新村、塘下村、仙华新区(仙华山村部分居民)。总户数426户,总人口1184人。属仙华街道管辖。

(孔繁强)

**石塔下村坐标位置:**

东经119°53′32″,北纬29°31′50″,海拔349米。

# 上　山

上山村坐落在仙华山西北麓山腰,距县城约10千米。村南有火石岗,东与仙华山西面对望,北靠牛栏坞山和五指岩,西与金坑岭脚村相邻。

上山村拆迁前照片(张利伟摄)

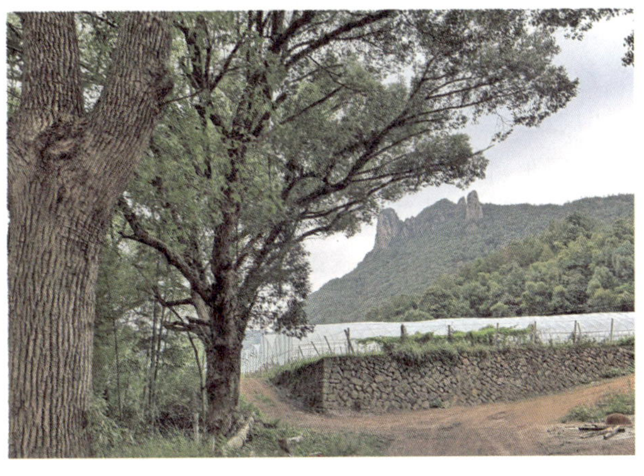

上山村村口景观(孔繁强摄于2023年)

据《浦江县地名志》(1986年版)记载,上山村地处半山腰,外人进村就得上山,故名。现年83岁村民张松柏对此另有一番说法,上山最早叫象山,至于为什么是这"象"字,他也不知缘由,但有村里自古以来就有的一座象山庙为证。这座庙至今已有三四百年历史了,庙内供奉有周宣灵王、关公、财神爷、土地爷等。每逢三月三,村民都会从三月初二夜开始前往祭拜周宣灵王。听老人说,长期以来,浦江话叫着叫着,就成"上山"了。

上山村以张氏姓为主,是从浦阳姓张祠堂的八方厅分支而来,对此,《浦阳龙溪张氏宗谱》有记载，张元曾于明万历年间（1573—1620）初迁上山。村子里还有1户姓董，1户姓黄，分别来自红旗董宅村和大畈乡。

据《浦江县地名志》（2021年版）记载，上山村有24户80人。1983年属云宫村民委员会。2007年，为了金坑岭、仙华水库的饮用水安全，启动上山村整体搬迁工程。2011年整体迁移至六和小区。

（孔繁强）

**上山村坐标位置：**

东经119°52′50″，北纬29°31′26″，海拔321米。

## 金坑岭脚

原金坑岭脚村，早已淹没在仙华水库中。

金坑岭脚村，离浦江县城有7.5千米，从前因为交通落后，人们外出来往都以步行为主，因此，该地历来为县城到西北山区杭坪、石宅、虞宅、大畈和建德、桐庐、宁国等地的必经之地，也是官道。

民国十年（1921），由虞宅西塘苟伯伯发起并牵头，浦阳肉商张恒泰捐助1400块白洋，以出售布匹为主的陈缵周（陈普生商号）捐助400块白洋，众多村民“有钱出钱、有力出力”共同捐资新铺了一条从大北门起、经胡司、过楼相公殿、翻金坑岭、到杭坪薛下庄村，长达10千米的石板路。其中，从现仙华水库尾，经金坑岭，至杭坪薛下庄方向冷泉亭段的台阶（都是石板），至今仍保存完好。

金坑岭脚村坐落于群山环抱、古木参天、风景秀丽的金溪源中段，北侧一支名为白岩溪的水源从浦江北山最高峰、海拔806米的八角山尖涓涓而下，经黄山、过云宫、穿石塔下在村前与南边一条源自金坑岭的小支流汇合，再沿金溪源向东，合西安村一股溪水，成为县城东溪的源头。20世纪70年代建造金坑岭水库和2001年建造仙华水库后，源头的溪水就断流了。

据《柴氏宗谱》记载：乾一公谓阳圣于元至正十九年（1359）从严州城东的城隍后宅迁至浦之北地的仓上安家，因村民皆姓柴，又称柴村，是为浦阳第一世祖，延至第十四世。因避时局战乱，先人又择地再迁至县城西北处金溪源中的金坑岭脚安家落户。

村口路中有一座东西走向，名为“金坑亭”的骑路凉亭，占地面积80余平方米，共3间，左右双侧砌有两排石凳，供南来北往的过路客商休息停顿，为方

便路人应急之需，当时的凉亭里除了配备草鞋、烟杆（晚上用于照明的火把）等一些日常必备用品外，旁边还建有一座由内室、伙房和茶间组成的施茶室，二尺见方的一只大茶缸内，冬储驱寒暖胃的野生茶，夏盛消暑祛乏解渴的六月雪，1 节小竹筒、2 个提水罐，充分体现了当地村民们对每位过路客商的一片浓浓亲情和厚厚乡意。

原先金坑岭脚村里最为醒目的应数坐西朝东、气势雄伟的一幢十三间头，左右两边各五间房屋与上首三间（中间为公共合用的堂楼）连为一体，既方便邻里之间的相互走动，又免受风吹雨淋的昼夜侵蚀。据说这幢建筑系十四世太公迁居此地后为自己和两个儿子所建，于是，柴氏子孙就在这方地处偏远的世外桃源中繁衍生息。

因受地理限制，该村耕地不多，但勤劳的村民牢记"靠山吃山"的祖训，在劳作之余，为途经金坑岭东来西往的客商代肩挑货，村民们今天挑出去的是浦江人辛勤耕种、精心制作的烟草、茶叶、木炭，明天换回来的是杭州的白糖、海宁的食盐、台州的海货，不仅方便了客商的交易，促进了南北货的交流，更繁荣了浦江的经济，搞活了市场的流通。

金坑岭脚村（江东放摄于2004年3月）

20 世纪 50 年代，北部山区虞宅供销社生意红火，当时虞宅中学（现壶江中学）筹建所需的一砖一瓦，都是靠勤劳的柴氏村民用双肩和双脚挑出来的。

后来，随着拖拉机、汽车等交通工具的发展和普及，县内四通八达的公路网不断延伸和扩展，浦阳镇经杭口岭到虞宅，大畈到平湖、中余乡的公路建成通车，曾经人声鼎沸、川流不息的官方要道——金坑岭古道也逐渐远离了人们的视线。但金坑岭脚的村民却依然秉承了先祖"愚公移山、吃苦耐劳"的可贵精神,三五成群地组团走出小山村,前往浦江县城、邻县诸暨、安华、牌头及金华的湖海塘等地闯荡江湖、打拼事业。

跨入新千年之际,随着人民生活水平的提高,城乡居民渴望解决饮用水的呼声十分迫切。在多方探测、几经筛选的基础上,经省发展计划委员会批准立项,决定在金坑源入口处筹建仙华水库。该工程规模设计总库容为1158万立方米,集雨面积达10万平方米,蓄水位为238米的中型水库,并分拦河大坝、引水隧洞、堰坝、泄洪、发电、道路等六大工程。

该工程不仅涉及淹没区的土地、山林征用,最为关键的是金坑岭脚村位于淹没线下,因此,该村必须实行易地搬迁安置。

2002年1月8日,县人民政府出台《仙华水库移民安置及征迁补偿政策处理办法》,集中安置于浦阳街道城北社区炉来村的东侧。2004年4月10日全部搬迁、腾空完毕。至12月,四排八幢共计86间三层半安置房全面竣工,全村47家农户、108个人全部搬入新居,新的安置区命名为"柴村新区"。2005年1月,柴村新区划属浦阳街道月泉社区管辖。

(张根庆)

**金坑岭脚村坐标位置:**

东经119°52′40.3860″,北纬29°31′14.5308″,海拔223米。

# 仙华村：仙华山、西安、毛田、楼相公殿、田畈中央、溪前

仙华村位于仙华街道北部，以仙华山得名，驻地金坑塘下自然村。仙华山、西安、毛田、楼相公殿、田畈中央、溪前等都是仙华村所辖自然村。

## 仙华山

从年近八旬的村民方上大提供的家谱获悉：仙华山村的最早始祖为朱姓，后一曹姓从黄宅曹街来此落户。1735 年前后（雍正末、康熙初），田畈中央村方文齐公之子方有美、方有完，因年幼父殁，在生母改嫁仙华山村曹家时，随母前来仙华山，并成家立业，后成为该村方姓始祖。到方上大父辈时，全村仅 8 户人家，因地处深山，且泉水丰富、池塘较多，村民们历代以来均以农忙时务农、农休时砍柴为生，每逢农历一、四、七的七里集市，村民们要早早挑担相约从村东赶五华里的石宕岭（石宕古道）赶往七里集市交易；二、五、八则是浦阳镇“市日”，大家则挑柴从村南穿三华里的塘下岭（仙华古道）下山至县城买卖，换回布匹、油盐等日常必需品，生活虽算不上富裕，但只要勤劳肯干，小日子倒也过得有滋有味。

仙华山，又名仙姑山，位于县城以北 7 千米处，主峰少女峰，海拔为 720.8 米，相传因轩辕少女元修在此修真得道升天而得名。据 1990 年版《浦江县志》记载：仙华山为浙婺名山，浦邑第一胜景。

据史料记载：印度高僧宝掌和尚（传说公元前 414 年出生），魏晋时东游中国。周游两浙后，至仙华山，对其奇秀幽绝之景色赞叹不已，颂有“行尽支那四百洲，此地偏称道人游”之绝句，遂结庐为庵，于此修行，直至唐显庆二年（657）1072 岁而终，这是仙华山宝掌寺的来源。

昭灵宫位于崖壁高 100 米、长 400 米的昭岩前，原有仙姑庙建于仙华山巅，奉祀轩辕少女玄修，后改筑于山麓。南宋宁宗嘉泰元年（1201）江南大旱，知县莫若拙到仙华山祷雨有应，上奏朝廷，嘉泰三年（1203）正月，宋宁宗敕赐庙

额为“昭灵”。明万历三十年(1602),知县须之彦复于昭灵岩麓平夷处建观三进十四间,后又七次重修,并增建文昌祠、山门和莫、须二公祠,历来香火甚盛。“浦阳十景”之一“昭灵仙迹”即指此处。

20世纪70年代,仙华山村民发扬愚公移山的精神,在村庄西侧自发修筑了一条从金坑塘下到村中的简易机耕路。

20世纪90年代,为发展经济、振兴浦江,县委、县政府提出了“做浦江人、建仙华山、有钱出钱、有物出物、有力出力”的口号,掀起了仙华山旅游开发的热潮。与此同时,仙华山村的村民也顾大局、识大体,将原来的村庄位置腾空建设昭灵宫,整个村一分为二,搬迁到了老村(现昭灵宫及广场位置)的东西两侧。

经过近三年的建设施工,仙华山发生了天翻地覆的变化,高压的输电线路通电了,宽阔的盘山公路完工了,高大雄伟的昭灵宫建成了,仙华山的旅游开发迎来了春天。

1994年2月25日,昭灵宫开宫典礼,来浦参加全省旅游工作会议的代表和县内民众数万人参加。此后,陆续建设了仙华苑、易苑、山门和昭灵宫广场等。

浦江仙华山的成功开发引来了金华、杭州、上海和全国各地游客,他们纷

仙华街道仙华新区(何敏摄)

纷慕名而来休闲、避暑、旅游、观光，每天成群结队、络绎不绝的八方来客，激发了仙华山村民开办农家乐的热潮。根据工商、消防部门的工作要求，家家户户审批了营业执照，配备了消防设施，改造了住房结构，开起了农家乐、唱起了卡拉 OK。游客高峰的旅游旺季，全村停放的大巴多达 30 辆，每日旅客的住宿人数超过 1500 人，其中方孟生、方玉山等十多家农家乐的每日居住游客均达 30 人以上，并长期聘请了专业的厨师和小工为其帮忙。仙华山农家乐，除了吃农家菜、干农家活、住农家房，享受农家淳朴热情的民风外，部分农家还开辟了休闲娱乐、篝火晚会等特色项目，深得都市游客尤其是上海游客喜爱，游客的重游率相当高。全村共发展农家旅社 41 家，拥有 1200 余张床位，形成了“家家办旅馆，户户迎宾客”的繁荣局面。2006 年全年接待 10 万余人次，营业收入 1800 多万元，是浙江省内最大的农家乐区域之一。

2015 年后，县委、县政府审时度势，作出了“进一步开发仙华山风景区”的决策，仙华街道办事处根据县政府关于改造“棚户区”“城中村”的文件精神，决定对仙华山村实施整体搬迁拆除。2016 年 3 月，仙华山全村 42 户、180 余位村民迁至浦阳城区。随后，整个仙华山村被拆除。

（张根庆）

**仙华山村坐标位置：**

东经 119° 53′ 24″，北纬 29° 31′ 20″，海拔 445.4 米。

## 西　安

西安村，又名“西庵”，距浦江县城 7.5 千米。因坐落于西安岭北下谷地得名，又作西庵村。原聚落处呈点状散布。西安村西通往杭坪镇有西安岭，该地有西安山，西安山又名“西庵山”。北距金坑岭 2 千米许，东与仙华水库相邻，南与西安岭南、杭口岭东相伴。一条蜿蜒山道连接着东南的龙门峡谷和红岩水库。

西安村共有缪氏和张氏两姓村民，以缪氏姓为主。缪氏原籍山东省东平州，始祖讳镇，字元裕，由乾隆三十五年（1770）出生的太公缪思富居住到西庵。《浦阳缪氏宗谱》记载，缪思富于清乾隆末自县城内析居北门外西庵龙门里。张氏原籍本县浦阳街道大坞塘村，由清末出生的太公张咸煊在此看山后定居下来，至今已延续至第五代了。

87 岁的西安村村民缪锡堂告诉笔者，村山脚西南的殿湾湾口处平地有一庵堂。庵堂是为女性修行者居住的寺庙，当时在仙华山一带享有盛誉，后随着家族的繁衍，便有了西庵村的叫法。庵堂不知何时倒塌，儿时在掘地时已见过倒塌的瓦砾。1949 年后，西庵村改成了西安村，西庵岭也叫成了西安岭。西安村与楼相公殿村、溪前村、田畈中央村、塘下村、毛田村、仙姑山村一起，原归属仙华大队。

继续朝山里走就到了西安村与金坑岭脚村岔道口，再往前就是红岩洞。洞其实就是一个天然形成的岩洞，里面有过路人用石头垒起的简易锅台，可以烤烤番薯、马铃薯之类的。

过了红岩洞，地势渐渐开阔，有一片田地，再走大约 1 千米，山口收窄，就到了龙门岩，这里地势险要，峡谷宽 6 ~ 20 米，长约 500 米，两边岩石耸立，仅剩一线天，俗称龙门谷。此处，便是明开国文臣之首的宋濂在入明前入道仙华山隐居处。元至正十年(1350)辞了翰林院国史编修之召，入道仙华山，在此结庐避居，写下了《浦阳人物记》《龙门子凝道记》《孝经新说》《周礼・集说》等书。

龙门岩再往里走，可见大片良田，这是西安村祖祖辈辈赖以生存的土地。因此，村里人习惯以龙门岩为界，分称“龙门外”“龙门里”。龙门里的田野种有水稻、小麦、大麦、油菜、棉花等作物，两侧山脚则种植番薯、玉米等杂粮作

仙华街道西庵村(何敏摄)

物,一片生机盎然。过了龙门岩,远远便可看到西安村的房子,此时喊一嗓子,村里人都能听到。

原先的西安村村舍集中在一起,后来随着人口增加,分成上下两部分,均背靠西安岭。翻过西安岭就到了杭口坪村。

20 世纪 70 年代中期,由于先后修建红岩水库、仙华水库,进出西安村的青石板路沉入水底,失去了往日的悠闲小道。再后来因建造金坑岭水库,淹没了楼相公殿村、溪前村、田畈中央村,从此世外桃源般的景色不再。

1949 年 5 月,西安村由仙华乡管辖。据当年 12 月《仙华乡各行政村所辖村庄》记载:第十四行政村下辖 20 个自然村就包括西安。1983 年属仙华村民委员会。2011 年,为了金坑岭、仙华水库的饮用水安全,全村整体搬迁到六和小区。据《浦江县地名志》(2021 年版)记载:西安村有 24 户 50 人。

缪锡堂对笔者说,西安村也许沾了大文豪宋濂的才气,无论从前还是当今都有勤耕种、勤读书的好民风。在西安村,他爷爷缪必瑗于清同治十三年(1874)十二月出生,读书用功刻苦。清朝时期,经过乡试、县试、府试等层层考试,成了浦江远近闻名的秀才。因家境贫穷,便常常偷偷替人代考获取银子。因代考次数多了,被金华府官人发现,秀才荣誉被取消,被他代考过的人,秀才也一律被取消。

1977 年恢复高考后,当时只有 9 户人家的西安村,一个被人称为"豆腐嫂"的陈尺珠家庭培养了 4 个孩子成才的故事轰动全县。她的大儿子缪永根成为我国第一个蚕桑博士,其余 3 个全都是大学生。如今从西安村走出的有缪永根、缪永法、缪永伟、张序芝、缪永兴等 20 位学者、教授、机关干部等。

(孔繁强)

**西安村坐标位置:**

东经 119° 51′ 27″,北纬 29° 31′ 8″,海拔 306 米。

## 毛　田

毛田村,距浦江县城 8 千米左右,坐落于仙华街道覆云尖山脚处。

据《浦江县地名志》(2021 年版)记载:毛田村,原名桃花岭头,以所处山岭得名。后以所处山地改为毛田。原聚落处覆云尖东麓山谷间,呈块状散布。

毛田村西紧挨着覆云尖山,又名"富润尖山"。(覆云尖山在石马乡后徐村北,与七里乡交界,西溪支流发源于此。)东与金坑岭水库、楼相公殿村相对望。

毛田村原址留存的房屋(张利伟摄于2024年)

北靠红岩水库,南与石马乡联盟桃花岭脚村相距2千米。

58岁的浦江县旧城拆迁指挥部法规科原科长潘怀法对笔者说,毛田村,以潘氏和蒋氏姓为主。潘氏家族是潘宅四村桥头迁至石马梅山,后来又迁至毛田村的。蒋氏家族是云宫村村民迁至毛田村的。

潘怀法说,虽然我不知爷爷名字了,但可以肯定爷爷辈就在毛田村的。父亲兄弟三个,父亲潘忠锦,二叔潘忠行,三叔赵时根(从小过继到前吴乡罗塘村)。我兄弟三个,哥哥潘怀文过继在联盟傅店村,还有个弟弟潘向锋。

潘怀法说,毛田村子小,只有9户30人,但也出了潘若岚、潘峰、潘晨、蒋宏昀等一批机关干部、教师、大学生和经商能人。

1983年属仙华村民委员会。2007年,由于金坑岭水库和仙华饮水工程的建设,给村民带来生活不便,浦江县对云宫、西安、毛田村进行脱贫下山,启动整体搬迁工程。2011年整体迁移至六和小区。

(孔繁强)

**毛田村坐标位置:**

东经119°52′6″,北纬29°30′24″,海拔314米。

## 楼相公殿

楼相公殿村位于浦江北乡,距县城5千米,坐落于仙华山脚现仙华新村南侧的金坑岭水库底。

据《梅陇朱氏宗谱》记载:第八世达二十二公是为迁浦之始祖。据传始祖当年因避难从义乌市义亭镇陇头朱来到金坑溪楼公家,楼公赐女为其妻,朱氏家族从此人丁兴旺。至乾隆丙申年(1776),十五世祖两兄弟为感恩楼公,在村

金坑岭水库建设工地

下界建造一楼公庙，定每年二月二十五为庙会，接种香火，以示怀念，故殿顶之村落以楼相公殿命名。

楼相公殿，四面秀峰环抱，山清水秀，村口一条石板路与县城西北山区古道金坑岭相连，并贯通至浦江县城——浦阳镇，村前有一金坑溪，水流淙淙直汇浦阳江，村后竹深林荫。全村分上、下两个台门里，除一户蒋姓外，全部姓朱。1976 年因筹建金坑岭水库，楼相公殿实行全村搬迁，共 75 户人家，除 16 户留居金坑岭水库北岸新建的仙华新村外，全部移居他乡，重建家园，其中移居县内浦阳、七里、黄宅等地 27 户，客居县外杭州、上海、重庆等地 23 户，定居台湾、美国等 9 户。

## 田畈中央

田畈中央村，坐北朝南，在今金坑岭水库中央，东临板桥村，南与溪前村的金坑溪为界，西靠楼相公殿，北倚仙华山。

据年过八旬的文史爱好者张若彩介绍：金坑派的始祖叔愠公于明朝永乐年间从西房分迁而至，小时候的记忆中，全村只有七八户人家，20 余人口，集中居住在一个上首为堂楼、中间是厅、下称台门口的大厅堂中。张姓是村里的大姓，仅 1 户蒋氏客姓系 1949 年后从邻村黄山搬移而至的。村里田地较多，人均近 2 亩，村民大都以务农为主，水稻、大小麦、玉米、番薯是大家的主要粮食作物。

# 溪 前

溪前村，因位于田畈中央以南的金坑溪前而得名，与田畈中央系同姓共始祖。

年过九旬的张咸照告诉笔者：父辈时仅 18 户农户，分上台门、中台门、下台门三处散居，除 2 户徐姓外，均为张姓。其父辈亲兄弟共有 7 个，堂兄张振声（亦名张咸金），出生于 1921 年元月，1944 年参加了金义浦抗日自卫委员会，并在浦东办事处从事为前线提供粮食的地下工作，次年 10 月 19 日，不幸被捕，并牺牲于黄宅市的溪滩爿，新中国成立后，被人民政府追授"革命烈士"称号。

除了楼相公殿、田畈中央、溪前 3 个大一点的村庄外，金坑岭水库底还曾有现大坝脚的杨山塘和许村、方都 3 个小村庄，其中遗址位于水库大坝脚的杨山塘村为赵姓，全村不到 10 户人家，人口不到 40 人；位于水库东北角的许村有张、陈、徐三姓，共 15 户 50 人左右；而方都仅 1 户 4 口之家。

据移居在胡司村的九旬老人张兴旺回忆：浦江北山的砩矿是抗日战争时期由日本侵略者发现并开始开采的，砩矿石既是冶炼钢铁的催化剂，也是造飞机、铸大炮等必不可少的重要化工原料，在工业生产中有着无可替代的广泛应用。

建于20世纪80年代的金坑岭水库

因此,金华的金(华)兰(溪)汤(溪)水库于1960年建成并正式投入运行后,全部工作人员移师浦江,参加砩矿采挖,多达上百人,附近楼相公殿、溪前、田畈中央等众多民工、妇女也曾参与其中的采挖、搬运、装卸等工作。因当时采矿设备落后,工人们用铁榔头砸、用铁钎撬,工作量非常大,日产量却相当低,砩矿石从山洞中肩挑出来,装上了木炭汽车送到郑家坞火车站,再转运至祖国的大江南北,为当时全国各地百废待兴的工业生产,作出了积极的贡献!

现存的原浦江县砩矿办公生活区,位于仙华新村西侧,占地面积数百平方,有办公楼、食堂、宿舍区三幢建筑,建于20世纪60年代初,它见证了浦江砩矿当年的辉煌。

1976年10月22日,金坑岭水库动工兴建。该水库是以灌溉、供水为主,结合防洪、发电等综合利用的中型水利工程。大坝高49米,坝顶长300米,宽6米。正常水位170.32米,正常库容量2000万立方米,总库容量2150万立方米。如今成为全县主要的饮用水供水源。

(张根庆)

**楼相公殿、田畈中央、溪前坐标位置:**

东经119°88′20.43″,北纬29°50′56.50″,海拔160米。

# 道光村：毛店

东撑黄罗伞（宝灵岩、黄帝），
西飘大旗伞（仙华山），
将军头顶紫金冠（太子盔、黄帝儿子）。

来到仙华山下的道光行政村，年已九旬的方金山老伯用祖传的一段顺口溜，道出了自己生活了近一个世纪的原毛店自然村的地理位置。

提起该村的来历，还得从邻县永康大名鼎鼎的胡公说起。胡公，真名胡则（963—1039），原名厕，字子正，北宋永康人，系婺州有史以来第一位取得进士功名的文人。及第时宋太宗御笔削去厂，赐名为则。在浮沉宦海的47年间，胡则逮事三朝，十握州符，六持使节，选曹计省，历践要途，是北宋前期政坛一位中高级官吏。北宋明道元年（1032）江淮大旱，饿死者众，胡则上疏求免江南各地身丁钱，诏许永免衢、婺两州身丁钱。两州之民感其德，并立祠祀之，民间就有了"天下胡公殿过三千"的佳话。但却因此侵害了有关权贵的利益，遭人陷害，胡则出走来到浦江北部的仙华山一带避难。后来，浦江百姓为感恩其德，就在仙华山下东北角的宝灵岩上建了一个胡公庙，并亲切地称其为"胡爷爷""胡公大帝"。于是，附近村民纷纷前来烧香拜谢，以求国泰民安、风调雨顺、永保平安。见此地香火热闹，一外地的毛姓商人就前来宝灵山脚搭棚开店。

宋绍兴三十二年（1162），宋高宗赵构应百姓之请求，用"赫灵"两字作为胡公的庙额。从此，胡公被百姓敬若神灵，成为"有求必应"的菩萨，宝灵岩上胡公庙的香火也更加旺盛，并吸引了众多远道而来的善男信女，毛姓商家后代也因诚信经营、循规蹈矩而闻名远近，店里的生意亦从以前单一的烧纸、蜡烛等祭拜用品扩展到后来的集购物、饮食、住宿于一体的综合性店铺，毛店的村名也应运而生，人丁逐年兴旺。

清同治二年（1863）一个冬日傍晚，太平天国溃军路过毛店村，整个村庄被点燃，一夜过后，毛店村民望着眼前的废墟，只得纷纷外出，投亲靠友，另谋生路。

若干年后，附近方宅一大户人家看中了原毛店村靠前的一处左环右抱、山顶厚实，前有一池塘、后拥大平地，形如"毛蟹"（螃蟹）的位置，于是就携妻带子，前来毛蟹形山脚立柱起屋。接着，县城西街的陈氏、北门外金坑岭脚的柴氏和附近的张姓、董姓、赵姓也纷纷慕名而来，安家落户，大家日出而作、日落而歇，用自己勤劳的双手开荒扩种、垒墙盖瓦，并在此地安居乐业，这个曾经被人们遗忘的毛店村又以崭新的面貌呈现在浦江北山脚的版图中。

1949 年，浦江解放后，毛店村先后划归为后郎乡、七里乡、七里公社，直至现在的仙华街道办事处，历任村干部们带领村民发扬“艰苦奋斗、愚公移山”的精神，在种好水稻、大小麦、玉米等主要农作物的基础上，还积极发展粮油、经济、果蔬作物。60 年代扦插过番薯，70 年代试种过烟草，80 年代种植过苎麻，90 年代发展了桃形李，村民的生活犹如芝麻开花——节节高。

毛店村虽然离浦阳镇不到 5 千米，但进城的道路不仅狭窄蜿蜒，而且崎岖不平，村民为此怨声载道。2004 年县康庄工程的春风吹进了毛店村，在政府补助、村民集资的积极配合下，一条宽 6 米的康庄大道终于了却了数代毛店村民梦寐以求的夙愿。

2018 年，县委、县政府审时度势确定在仙华街道石宕村东侧的毛店村位置，开发建设一个以文旅为特色，叠加农旅，依托仙华山、登高村、宝掌寺、“江南第一家”等自然及人文景观的全域一站式休闲旅游体验性坡地村镇项目。是年 5 月 1 日，毛店村的搬迁工作顺利完成，全村 75 户 186 人，根据村民自愿选择的原则，分散居住在仙华和项宅两个新区六幢楼房的 153 套安置房中。

（张根庆）

**毛店自然村坐标位置：**

东经 119° 90′ 44.45″，北纬 29° 50′ 11.75″，海拔 130.6 米。

# 项宅村

据1986年版《浦江县地名志》记载：前宅村，以位于项宅之前得名。早先曾是枣园，故别称“枣园”。有59户234人。而项宅村，以项姓得名。又因位于前宅之后，故也称“后宅”。有124户447人。今属仙华街道项宅社区。

明嘉靖年间，浦江横大路项仕忠合家迁居前宅村，据先辈传言，大约于清乾隆年间改为项宅，沿用至今。

项仕忠，字希敬，号右溪，德高望重，忠厚仁慈，富而好礼，有而能勤。昔日

村边有一片枣林，枝叶繁茂，果大肉厚，色赤味甘，故项宅村又名枣园。由前宅村、山枝头、后宅村、堂楼店、银店5个自然村组成项宅行政村。

项宅村，位于浦江县城东3千米，左首麻栗山，土厚地肥，连绵起伏，状如卧龙蛰踞；右首莲塘山，重峦叠嶂，似猛虎伏卧。村前一马平川，有良田数百亩，其间沟渠井然，阡陌纵横。有溪名为中埂，若银蛇出涧，蜿蜒盘旋，其水终年潺潺，清冽可鉴。

前宅村，现有210户700多人（包括在外地工作、生活和历史上外迁人口）。现住在原旧村27户，其他全部搬到项宅新区高楼。项氏宗族分为三个房头：五房、六房、七房（小房）。除项姓宗亲外，还有张、盛、吴、方四姓，都是近代因继承、入赘及通济桥水库移民而定居于此。

2003年，随着浦江县经济开发区扩建，该村大部分土地被征用。山坡丘地沟壑垅田平整为一片宝地，交通便捷。厂房整齐划一，大路纵横成网、平坦宽敞，车水马龙、川流不息。

仙华街道项宅新村（何敏摄）

2016年,该村被列为浦江县城中村改造的第一期工程。5个自然村的原住宅(除园区建设拆迁返造户外)全部拆除。在原村址以南200米外(原土名黄堪头、朱大塘、军潭等位置)平七路旁建成了"项宅新区"。

2018年12月24日,县政府常务会议通过各乡镇(街道)行政村(社区)规模调整方案,撤销项宅村、徐村等两个村民委员会,设立项宅社区居民委员会。2019年,村民喜迁新居。新区布局合理景致优美,水木清华鸟语花香。前宅村、后宅村、山枝头、堂楼店、银店5个自然村合并混居一处。全体居民笃宗亲之谊,怀睦族之思,继先辈遗志,承乡贤之文理,弘社会之真善,尊孝重德,共展宏图。

从项宅村走出去的项美根(1942年生),参加工作40多年以来,他一直从事阀门行业,现为安徽省黄山良业智能控制股份有限公司董事长。事业有成后不忘反哺家乡,项美根不仅为浦江中学教育基金会捐款20万元,还于2023年5月,提议成立了浦江县项宅(前宅)奖优助学基金会,成功募集金额112万元,用于济困、拥军、敬老等项目,造福全体村民。在前宅老年人协会举行揭牌仪式,同时举行优秀学子颁奖典礼。这是浦江县首家以自然村为单位的慈善组织。项美根曾先后获得"全国优秀民营科技企业家""农业农村部先进工作者""中国通用机械科技创新突出贡献奖"等荣誉。

(黄照)

**项宅村坐标位置:**

东经119°64′8.12″,北纬29°06′2.62″,海拔60米。

# 黄宅

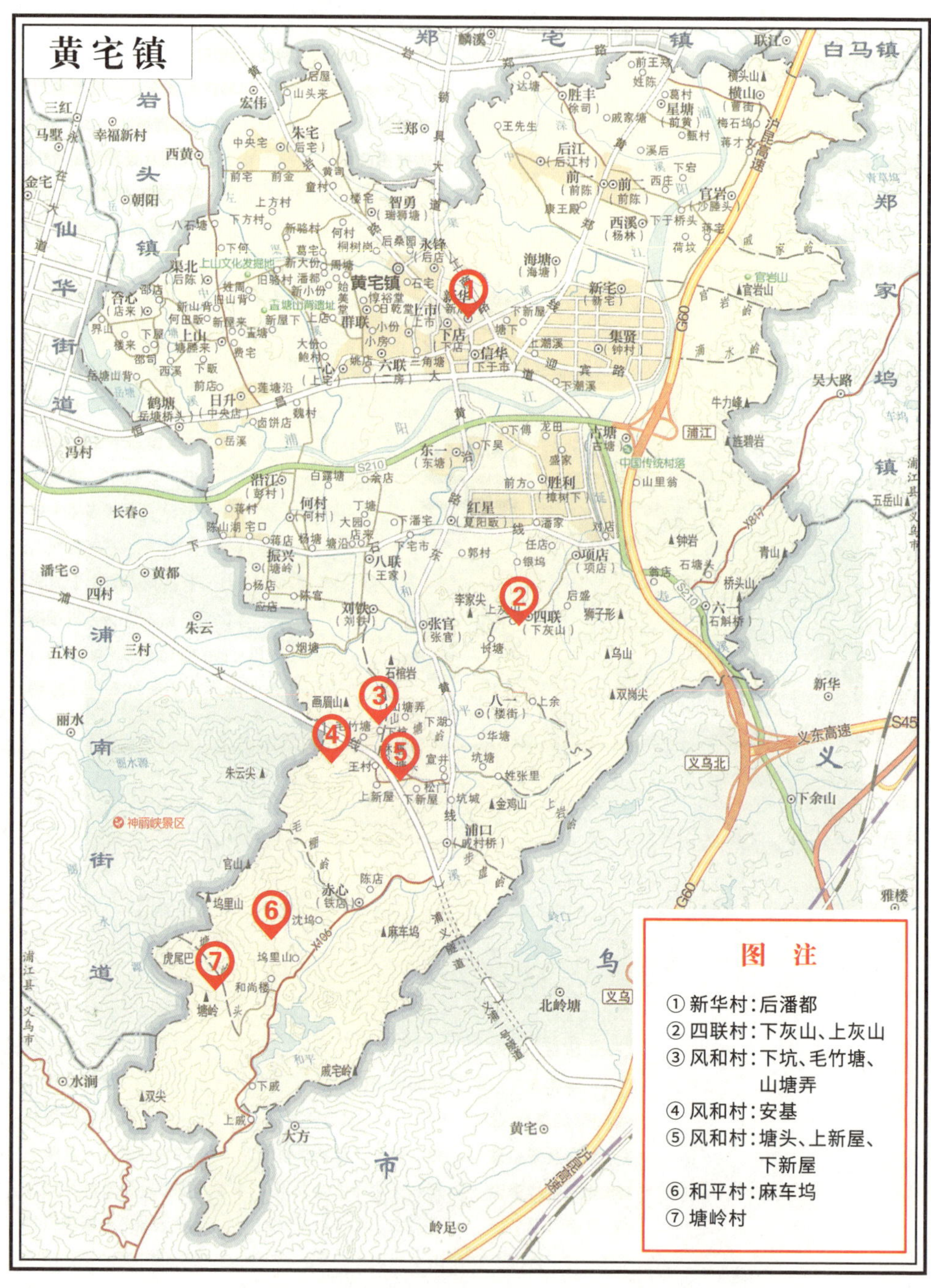
黄宅镇
郑宅镇
白马镇
岩头镇
仙华街道
郑家坞镇
浦南街道
义乌市
黄宅镇
上市
下店
信华
集贤
新宅
前一
前二
胜丰
后江
官岩
横山
星塘
海塘
西溪
永锋
智勇
朱宅
宏伟
群联
六联
一心
日升
鹤塘
上山
合心
渠北
古塘
胜利
盛家
红星
东一
沿江
何村
振兴
八联
刘铁
张官
四联
项店
八一
浦口
赤心
六一
新华
义东高速
义乌北
沪昆高速
S210
G60
S45
X186
浦江
中国传统村落
上山文化发掘地
神丽峡景区
图 注
① 新华村：后潘都
② 四联村：下灰山、上灰山
③ 风和村：下坑、毛竹塘、山塘弄
④ 风和村：安基
⑤ 风和村：塘头、上新屋、下新屋
⑥ 和平村：麻车坞
⑦ 塘岭村

# 塘岭村

塘岭村地处浦江东南边隅，以该村坐落于塘岭的岭头，故名。位于黄宅镇东南 10 千米许，毗邻义乌分水塘。

清代属嘉兴乡十三都。民国时属治平乡。解放初属戚村乡。1956 年农业合作化时建立东塘乡塘岭头高级社。1958 年为戚村管理区塘岭生产队。1961 年属胜利公社(后为治平公社)塘岭大队，辖下坟村。1983 年政社分设，为治平乡塘岭村村民委员会，辖下坟自然村。

下坟村，有 3 户人家，是三兄弟，其父辈在此看山。1980 年，3 户搬迁至老家浦南街道办事处余大宅村。

塘岭村以丁姓为主，源于义乌佛堂一带。明嘉靖甲午年(1534)，十六世恺字辈丁嵩浩从义乌佛堂迁居螗岭头，为塘岭始祖。

2001 年重新划分政区后，并入黄宅镇。

抗日战争和解放战争时期，为金萧支队第八大队革命活动区域。在该村建立首个抗日根据地。1944 年 3 月，中共金义浦县委委员，浦东办事处主任王

塘岭村旧貌

一汶，在塘岭村成立农会。丁志昆为农会长，丁有志为民兵队长，丁荣秀为儿童团团长。参加民兵组织的有丁樟桂、丁老虎、丁金灶等 10 多人。儿童团员有丁根足、丁金满、丁根宝等。村农会、民兵、儿童团的主要任务是为金萧支队第八大队浦东区队站岗放哨，押送俘虏，给部队带路送情报，筹集军粮，提供军需供给，等等。在各战场上，将受伤的人员冒着枪林弹雨连夜抬送到塘岭阳殿进行紧急救治，第二天又将伤员抬到义乌岩下。至今还有几位烈士安葬在黄坞阳殿。

1985 年，浦江县人民政府批准塘岭村为“革命老根据地”。1987 年，金华市委、市政府授予此地“革命老区”称号。

村边曾有 300 多年的樟树、松树、苦槠树、榧树等古木，夏时为村民乘凉避暑之地。1958 年被砍伐。

1971 年后，先后建成了坟头水库、黄坞水库。1998 年 4 月建成了通村简易公路。

塘岭村现貌

2010 年 2 月下旬，塘岭村发生了山体滑坡，部分房屋受损倒塌，村民正常生活受阻。多数村民外出谋生，部分村民到外地买房建房，村内留下老小，塘岭村一时成了空心村。

2013 年 10 月 18 日，塘岭村与宅口村签订了置换土地 32480 平方米(48.72 亩)的协议书。2016 年，塘岭村整体迁移至下胜公路宅口村以南地段，并入振兴村。

（金月红）

**塘岭村坐标位置：**

东经 119° 58′ 17.2349″，北纬 29° 22′ 44.1853″，海拔 99 米。

# 新华村：后潘都

后潘都村位于浦江县黄宅镇中部，又名“下潘都”，村民委员会驻地新店南侧。22 户 50 人。

据传该村始居者为潘姓，为别于西边的潘都村（属群联村），故名“后潘都”。

后潘都清代属灵泉乡十八都，民国属古城乡，解放初期属下店乡，1952 年并入新华村。1953 年低级社时，后潘都为新四社，属黄宅乡。1957 年建立新华高级社。1958 年为下店管理区新华生产队下属生产小队。1961 年为下店公社。1983 年政社分设，为新华村村民委员会十八生产队，属黄宅乡。1985 年属黄宅镇新华村。2022 年，后潘都整村改造，拆除重建。

后潘都原貌

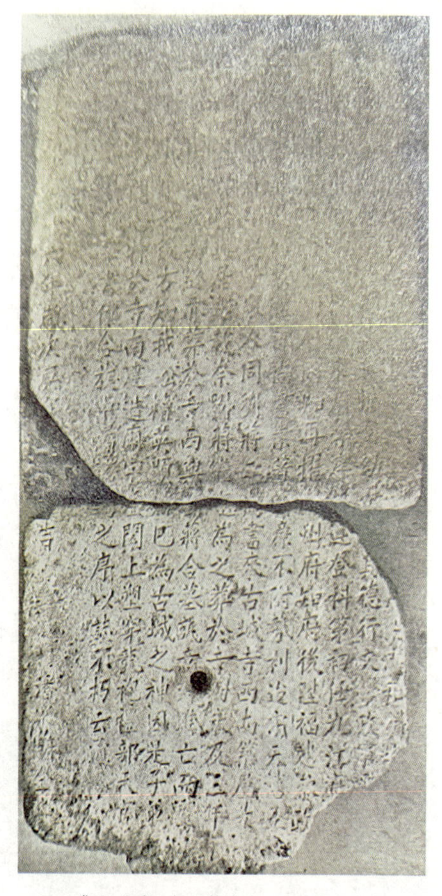
《后潘都碑记》碑文

该村有《后潘都碑记》，碑文如下：

□□□□，□□公之长子也。公姓潘，讳孟阳，字志和，号松川。生于河南开封，卒于浦阳古城。自幼聪颖，其德行、文学、政事，□□家乘云云。公始由开封府府学庠生连登科第，初任九江府□德县知县，又迁饶州府同知，再擢赣州府知府，后升福建参政，转湖广布政，特授礼部尚书。素著清廉，不附势利。迨宋天禧五年避旱乱，率妻子家人，同刘、蒋二簿书来古城寺西南，筑屋□□楹名“三茹蓝”。与居半载，奈刘、蒋继逝，为之葬于寺西。未及三年，公又因寒疾寿终，亦葬于寺西，与刘、蒋合墓。孰意公虽亡而灵不泯，暮年之后方知我公精英显赫，已为古城之神。因是子弟遂合力同心，特于寺南建造庙宇楼阁，上塑穿龙袍礼部天官，欲为塑执簿笔书僮。合族申嘱，□为之序，以志不朽云尔。

大清光绪十六年岁次庚寅（1890） 吉时

潘家椿　潘家梧　仝立

此碑今存黄宅镇后潘都村。

（金月红）

**后潘都村坐标位置：**

东经 120° 00′ 20.2932″，北纬 29° 27′ 10.2420″，海拔 55 米。

# 四联村：下灰山、上灰山

四联村位于黄宅镇东南部，由上灰山、下灰山、长塘、后盛4个自然村组成，故名“四联”。东与项店、西与张官、北与任店诸村相邻。

清代属嘉兴乡（仙峰里）十三都三图，民国时属治平乡，1950年属东塘乡，合作社时建灰山、后盛、长塘高级社，属东塘乡。1958年设东塘管理区灰山、后盛、长塘生产队。1961年设胜利公社四联大队。1981年改属治平公社，1983年改设四联村村民委员会，属治平乡。2001年属黄宅镇。2019年，四村合并为黄宅镇四联村，有黄、项、张、陈、季、庞、朱、赵8个姓氏，其中黄、项为村里大姓。

因浙江交投浦新矿业有限公司在上灰山自然村的村后山上开矿，2019年，上、下灰山自然村集体拆除，现村民委员会设在长塘自然村。

## 下灰山

下灰山村，原名“灰山”，因此地曾生产石灰而得名，分上、下灰山，聚落处犁家尖东麓，有74户231人，曾为四联村村民委员会驻地。

据《黄宅镇志》载，黄宾是梦弼公六世孙，浦阳黄氏惠卿公三十四世孙。在明代永乐年间（1403—1424）由外长塘迁灰山（即今黄宅镇治平四联行政村）。另据《浦阳项氏宗谱》载，项文邦，字明基，于明嘉靖末自后盛迁灰山。

## 上灰山

上灰山村，原为灰山一部分，后分上、下灰山。此居上，故名“上灰山”。位于下灰山西南侧，聚落呈长块状分布，东北与下灰山相接，有41户142人。

上灰山村在群山环抱之中，四围皆是山，远望层峦起伏，重重叠叠，奇峰插天；近山则危石乱矗，松竹满坡。上灰山村村后，有一个天然的溶洞，被一片茂

下灰山、上灰山拆迁前旧貌

林修竹掩映着，人们称之为“西银洞”。

相传，“西银洞”是一个狐仙的洞府。在很久很久以前，洞里居住着一个美丽的狐仙。这个狐仙道行高深，神通广大，会腾云驾雾，呼风唤雨，变化多端。狐仙在洞里修炼，不食人间烟火，能和当地百姓和睦相处。每当出现旱涝瘟疫等灾害时，她还会竭尽所能帮助人们解救危难。所以，人们敬她，把她奉若神明，顶礼膜拜。终于有一天，狐仙得道升天，羽化而去，不知所终。

上灰山村村后的“西银洞”，也就成了上灰山村的别称。1949 年前一些嫌“上灰山”这个村名拗口的人，往往把名医黄维城称作“浦江西银洞先生”。

黄维城(1900—1956)，又名文棠，字生富，维城乃其号，黄宅上灰山村人。擅治急重之症，以针灸术神效赢得“黄一针”美誉。一时慕名延请求治者，踵趾相接。被人尊以“浦江神医”，声名藉甚。其子黄明德亦是民间中医，其孙黄炳炎，秉承家技，弘扬中华传统医术，开设中医门诊部于黄宅。

（金月红）

**下灰山、上灰山坐标位置：**

东经 120° 00′ 46.2421″，北纬 29° 25′ 02.4888″，海拔 100 米。

# 风和村：下坑、毛竹塘、安基、山塘弄、塘头、上新屋、下新屋

下坑、毛竹塘、安基、山塘弄、塘头、上新屋、下新屋原属黄宅镇风和行政村自然村。

风和村，以地处风和山而名。清季属嘉兴乡十四都，1949 年前属治平乡，后属戚村乡。合作化时以驻地为名，建立王村高级社，属东塘乡。1958 年为戚村管理区王村生产队。1961 年为胜利公社王村大队。1981 年地名普查时，因与虞宅乡王村大队重名，更名为治平公社风和大队。1983 年政社分设后，为风和村村民委员会，辖 9 个自然村，属治平乡。2001 年 12 月 26 日，治平乡并入黄宅镇。2018 年 12 月 24 日撤销赤村、风和等两个村民委员会，设立浦口村村民委员会。

2020 年 8 月，因万年上山文化村房地产项目建设所需，下坑、毛竹塘、安基、山塘弄、塘头、上新屋、下新屋 7 个自然村的 107 户拆除，搬迁到浦口村牛屋里、西山安置区及黄宅镇政府对面高楼。

## 下　坑

下坑村，因处王村北侧下首山坑间，故名。位于村民委员会驻地戚村桥西北 1.5 千米处。聚落处画眉山东麓山坑中。22 户 50 人。1983 年属风和村村民委员会。所居龚氏于清末自松门迁此。陈氏清末自前王郑至毛竹塘为人看山，后裔移居下坑。黄氏于清末自前黄迁此。张氏自上新屋迁此。楼氏自楼街迁此。

## 毛竹塘

毛竹塘村，以所居塘边种有毛竹得名。位于村民委员会驻地戚村桥西北 1.5

千米处。聚落处王村西北侧山坞内。13户35人。1983年属风和村村民委员会。所居陈氏清末自前王郑至此地为人看山,遂定居。后裔分居下坑等处。

## 安 基

安基村,所居为庵堂遗址,故名“安基”。位于村民委员会驻地戚村桥西北1.7千米处。聚落处王村西北山坡。1户2人。1983年属风和村村民委员会。所居张氏自上新屋分居。

## 山塘弄

山塘弄村,以所处为山塘垄里得名。位于村民委员会驻地戚村桥西北1.3千米处。聚落处马塘弄山坑内。6户17人。1983年属风和村村民委员会。所居边氏于民国时自诸暨边村来此为人看山,土改时定居于此。

## 塘 头

塘头村,以处道士塘侧得名。《光绪浦江县志稿》作“堰头”。位于村民委员会驻地戚村桥西北1.1千米处。聚落处道士塘东侧。16户45人。1983年属风和村村民委员会。所居黄氏于清初自诸暨里浦分迁,号五桂堂。咸丰辛酉年曾遭屠焚,幸存者清末返回重建。楼氏于清末自下湖迁此。

## 上新屋

上新屋村,原名新屋,传兄弟分家后各居上、下新屋,此居上,故名上新屋。位于村民委员会驻地戚村桥西北1千米处。聚落处山坡间呈长块状分布,西与塘头相接。7户22人。1983年属风和村村民委员会。《浦阳龙溪张氏(八甲)宗谱》载,中房张以金于清乾隆初自相公桥迁十四都新屋,后裔分居下坑、安基等处。

# 下新屋

下新屋村，以居上新屋之下得名。《光绪浦江县志稿》作“新屋下”。位于村民委员会驻地戚村桥西北0.8千米处。聚落处山谷间平畈中，呈块状分布。7户12人。1983年属风和村村民委员会。所居张氏自上新屋分居。

（金月红）

**下坑、毛竹塘、安基、山塘弄、塘头、上新屋、下新屋坐标位置：**

东经120°00′02.5234″，北纬29°23′56.1359″，海拔74米。

# 赤心村：麻车坞

麻车坞村，属赤心行政村自然村之一，以其所处山坞得名。它是一个非常偏僻的小山村，有着200多年历史。

地名调查中，笔者偶然发现有几个小山村早先就是一个看山棚繁衍起来的。现在竟然还有一位单居独守的“看山”老人，叫丁光荣。依山而建的房屋，土墙灰瓦，与自然融为一体。连接村外的唯一通道便是一条崎岖不平且险峻的小路。

浦江县画家金跃进30年前，偶然来到这个村，看见老丁的家，感觉很清静。

房子被四周的山树自然包围着，门前屋后杂草丛生，看上去是一个静谧的山里人家画面，就随笔画了一幅麻车坞的山居图。

200多年前，麻车坞周围的山被义乌后宅上河的一位地主买了下来，为了看山，造了房子，原先是请铁店村的李尚浴看山。李尚浴在看山的同时，又兼做榨糖加工生意，赚了钱后，就不再看山了。

义乌的地主就请了丁光荣的父亲看山。从此老丁一家就在此安顿下来。早时，由于余房多，地处幽静，曾经办过私塾，黄宅的黄先生、和尚楼的方注恕先生等多人来此私塾教书育人。1944年，金萧支队第八大队曾在此办过军服厂，曾有12台缝纫机加工军服，为抗日战争和解放战争的后勤基地。

老丁在麻车坞这里生活了80多年。老丁是麻车坞现在名副其实的“山大王”，也是这里的“末代村民”。他的父亲生了8个儿子、1个女儿，老丁是长子。他又生了5个儿子，老丁的大儿子遭车祸瘫痪在床四五年，二儿子光棍，三儿子意外去世，四儿子入赘义乌，五儿子从小由于没有条件养活而送到风和村一户人家。

听老丁细数生活里的点点滴滴，感觉很自然、很简单、很纯粹。相对于城里人与人之间越来越重的隔阂和戒备，山里人的生活虽然艰辛，但人的本性祖

麻车坞村（金月红摄）

露得更直接，人情味更浓。多年来，镇、村干部多次劝说老丁搬迁到和尚楼，但他始终不愿意搬家。梅雨季节，村书记李寿根多次苦口婆心地劝他，让他到安全住房居住，老丁虽然口头答应，但始终不肯离开老屋。直到看着越来越大的雨，村干部再次上门耐心说服，老人这才同意。村干部经常为老丁送去食用油、大米等，同时与老丁子女进行联系，沟通老丁生活情况，教育引导子女对老人常关心、常问候。老丁说："村干部心挂独居老人，不是亲人胜似亲人！"

（金月红）

**麻车坞村坐标位置：**

东经 119° 59′ 08.4804″，北纬 29° 22′ 56.3916″，海拔 82 米。

画家金跃进画的麻车坞村

白马
镇

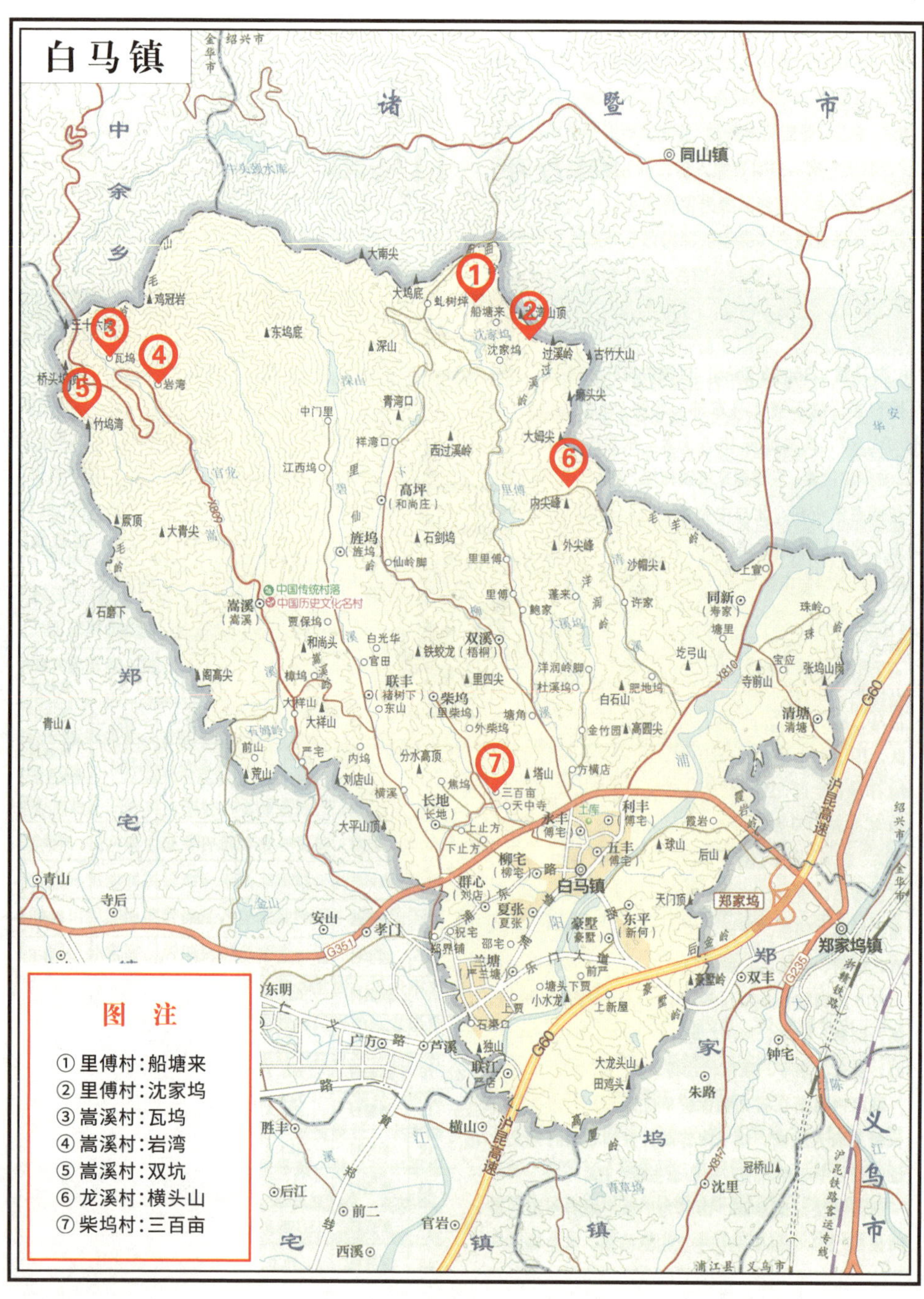
白马镇
诸暨市
同山镇
中余乡
郑宅镇
郑家坞镇
义乌市
大南尖
大坞底
船塘来
沈家坞
过溪岭
古竹大山
鸡冠岩
东坞底
深山
瓦坞
岩湾
竹坞湾
中门里
青湾口
祥湾口
西过溪岭
大蚂尖
江西坞
高坪
（和尚庄）
内尖峰
外尖峰
旋坞
石剑坞
仙岭脚
里里傅
里傅
蓬来
鲍家
沙帽尖
许家
同新
（寿家）
上宣
珠岭
大青尖
厥顶
石磨下
嵩溪
（嵩溪）
中国传统村落
中国历史文化名村
贾保坞
和尚头
白光华
官田
铁蛟龙
双溪
（梧桐）
洋润岭脚
杜溪坞
肥地坞
白石山
宝应
张坞山脚
寺前山
清塘
（清塘）
阁高尖
樟坞
大祥山
联丰
（楮树下）
东山
柴坞
（里柴坞）
里四尖
塘角
外柴坞
金竹园
高圆尖
青山
前山
荒山
严宅
内坞
刘店山
分水高顶
焦坞
三百亩
天中寺
塔山
方横店
横溪
长地
（长地）
大平山顶
上止方
下止方
永丰
（傅宅）
利丰
（傅宅）
五丰
（傅宅）
霞岩
球山
后山
柳宅
（柳宅）
白马镇
群心
（刘店）
夏张
（夏张）
豪墅
（豪墅）
东平
（新何）
天门顶
郑家坞
安山
孝门
祝宅
邵宅
绍界铺
兰塘
塘头下贾
前严
上新屋
小水龙
上贾
石墨
豪墅岭
双丰
东明
广方路
芦溪
独山
联江
大龙头山
田鸡头
钟宅
朱路
胜丰
横山
后江
前二
官岩
西溪
冠桥山
沈里
沪昆高速
沪昆铁路客运专线
浦江县
义乌市
寺后
G351
G60
G235
X810
X817
X809
图注
① 里傅村：船塘来
② 里傅村：沈家坞
③ 嵩溪村：瓦坞
④ 嵩溪村：岩湾
⑤ 嵩溪村：双坑
⑥ 龙溪村：横头山
⑦ 柴坞村：三百亩

# 双溪村：船塘来、沈家坞

## 船塘来

船塘来村，双溪行政村所辖自然村之一。因村形状似船，故名。位于白马里傅水库的深处，与诸暨市同山镇交界。

白马船塘来老房子

民国时期，边锡林（1908—？）从诸暨市同山镇里黄高坎头迁居于此。边锡林生四子：边志龙、边志明、边小明、边山明，至20世纪80年代，人口增至18人。

2011年，因饮用水安全，整体搬迁到白马里傅新村。至今人口57人。

（沈震武）

**船塘来村坐标位置：**

东经120°04′54″，北纬29°50′10″，海拔261米。

## 沈家坞

沈家坞村，双溪行政村所辖自然村之一。旧时有沈姓居此山坞，而得名。又名“新界坞”“新街坞”。坐落于过溪岭下。村西北建有沈家坞水库。2018年行政区域变动前为里傅行政村沈家坞自然村。

《云阳宣氏宗谱》载，宣氏成三七公于明正德年间自界牌迁沈家坞。

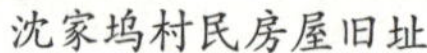

沈家坞村民房屋旧址

村民宣国武家

20世纪60年代，沈家坞有18户人家120人，归属一个生产队，队长宣正银。之后，陆续有村民向外迁居。

沈家坞村衰落的主要原因是1996年的一场特大火灾，当时整个村落化为灰烬。又遇修建里傅水库，大部分村民安置到里傅村。

现沈家坞村仅剩宣国文、宣国武、宣国龙三兄弟及堂兄弟宣国良4户居住。宣国文还有一个弟弟宣国虎现住在夏张。

（宣勇生）

**沈家坞村坐标位置：**

东经120° 2′ 41.45″，北纬29° 33′ 22.50″，海拔190米。

# 嵩溪村：岩湾、瓦坞

## 岩　湾

岩湾村，嵩溪行政村所辖自然村之一，因位于鸡冠岩下山湾中，故名。距村民委员会驻地嵩溪 3 千米。

1941 年 4 月，日本侵略者发动宁绍战役，战火烧到嵩溪。因家中房屋被烧，村人徐永龙、徐永乾兄弟俩由母亲带到岩湾栖居，后徐永乾一家返回嵩溪。

搬迁前的岩湾村

1956 年，中余乡顾家人顾宗海退伍回乡，1957 年入赘岩湾，与徐桂花结为夫妻。育有三子一女。长子顾锡仁，次子顾有仁，三子顾有春，女儿顾茶花。三个儿子各自成家后，自立门户。

因泥石流地质灾害，2018 年岩湾村 4 户 17 人整体搬迁安置在白马镇夏张村腾盛小区。

（宣勇生）

**岩湾村坐标位置：**

东经 119° 59′ 46.93″，北纬 29° 33′ 20.09″，海拔 290 米。

# 瓦　坞

瓦坞，嵩溪行政村所辖自然村之一，亦名“瓦窑坞”。因村处山坞中有瓦窑，故名。

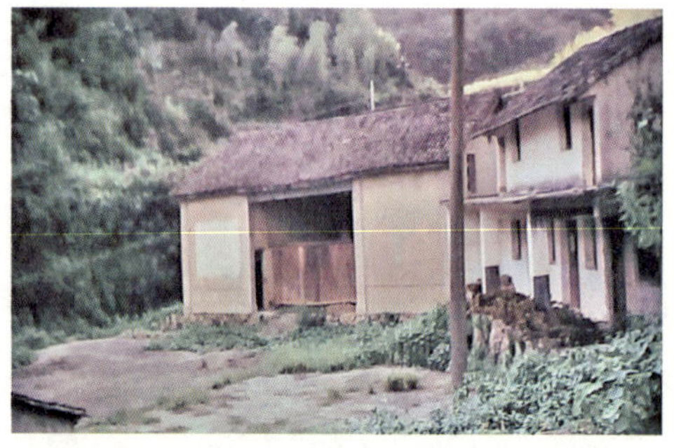

原瓦坞村小学

《浦阳罗源马氏宗谱》载，马荣于明嘉靖年间从永康清渭街迁居浦江感德乡鸡冠岩下瓦窑坞。

1951 年，18 岁的马兴燎当选为旌坞乡人民代表，到 2003 年当了 52 年的瓦坞村村民委员会主任。

瓦坞村最盛时有 63 户 235 人，主姓马。主要种植玉米、番薯，能种植水稻的田有 40 来亩，但土质很差。

20 世纪 50 年代末举全村之力，修建一个小水库，建成蓄水时，一场特大山洪暴发，水库被毁。

2018 年，因地质灾害，瓦坞村全村整体拆除，搬迁安置在白马镇夏张村腾盛小区，41 户 198 人。

（宣勇生）

**瓦坞村坐标位置：**

东经 119° 59′ 31.68″，北纬 29° 33′ 26.55″，海拔 327 米。

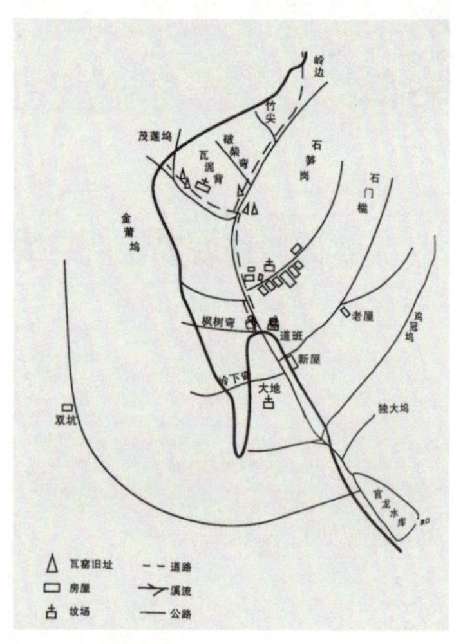


瓦坞村示意图

腾盛小区

# 柴坞村：三百亩

三百亩村，柴坞行政村所辖自然村之一。原为坟庄，旧时有说，葬此地能出天官，能得300亩田地，故名。

柴坞村支书柳木水指认三百亩村遗址

民国时期，柳方杏一家3人，居住在此，受雇给人看坟。1942年6月3日，日军扫荡柴坞村，杀害了9名青壮村人，柳方杏也在其中。1945年，白马镇利丰村何昌泉入赘，育有二子二女。至此，这个小山村有三姓，女主人傅姓，前夫所生子姓柳，后来所生子女姓何。

何祖根1969年光荣入伍，1975年退伍回乡后务农，与哥哥柳青山一样，也在三百亩娶妻生子。最多时，村子人口有13人。

柳青山一家于20世纪70年代搬迁至柴坞村；何祖根一家于1980年搬至柴坞村；两个女儿分别出嫁到后芦金村和蒋宅村；何祖良未婚，1987年入住五保养老中心。

（宣勇生）

**三百亩村坐标位置：**

东经120°2′35.38″，北纬29°30′37.90″，海拔71米。

# 龙溪村：横头山

横头山村，同新行政村所辖自然村之一。村后山坞称“横头山”，故名。

横山头村原属龙溪行政村所辖。2018 年 12 月浦江县区域调整后，龙溪村与塘里村合并后称为“同新村”。

民国初，丽水缙云人刘正归（1896—？），与弟正文迁居浦江横头山。刘正归育有五子一女，次子育有五子，其中第三子居住白马镇小浦东村蓬莱村。刘正文育有一子一女，子茂福又育五子，大畈清溪人吴国仙入赘其女，育有三子一女。由于生存艰难，横头山村刘姓后人于 20 世纪 50 年代，陆续迁居许家村或当兵退伍后安置在浦阳镇等地，吴姓后人迁居肥地坞村。房舍倒塌无存，村废。

横头山村舍倒塌殆尽

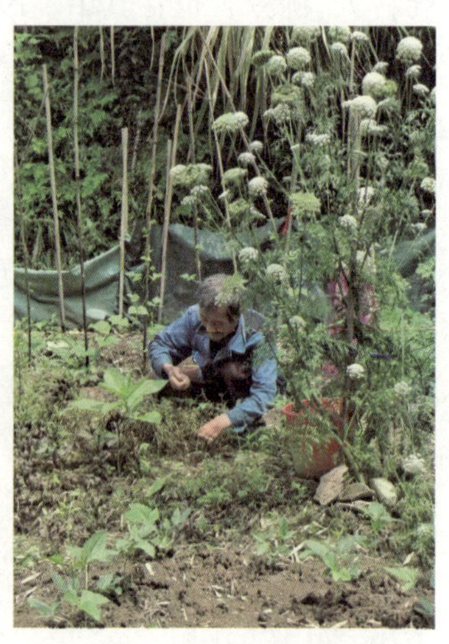

刘文霞在横头山菜地里

居住在诸暨安华的刘姓后人，现年 73 岁的刘文霞隔三差五前往横头山种植蔬菜，故土恋情数十年未曾间断，并在劳作处搭有简易竹棚，供作休息。

（宣勇生）

**横头山村坐标位置：**

东经 120° 3′ 27.65″，北纬 29° 32′ 4.97″，海拔 86 米。

# 郑宅

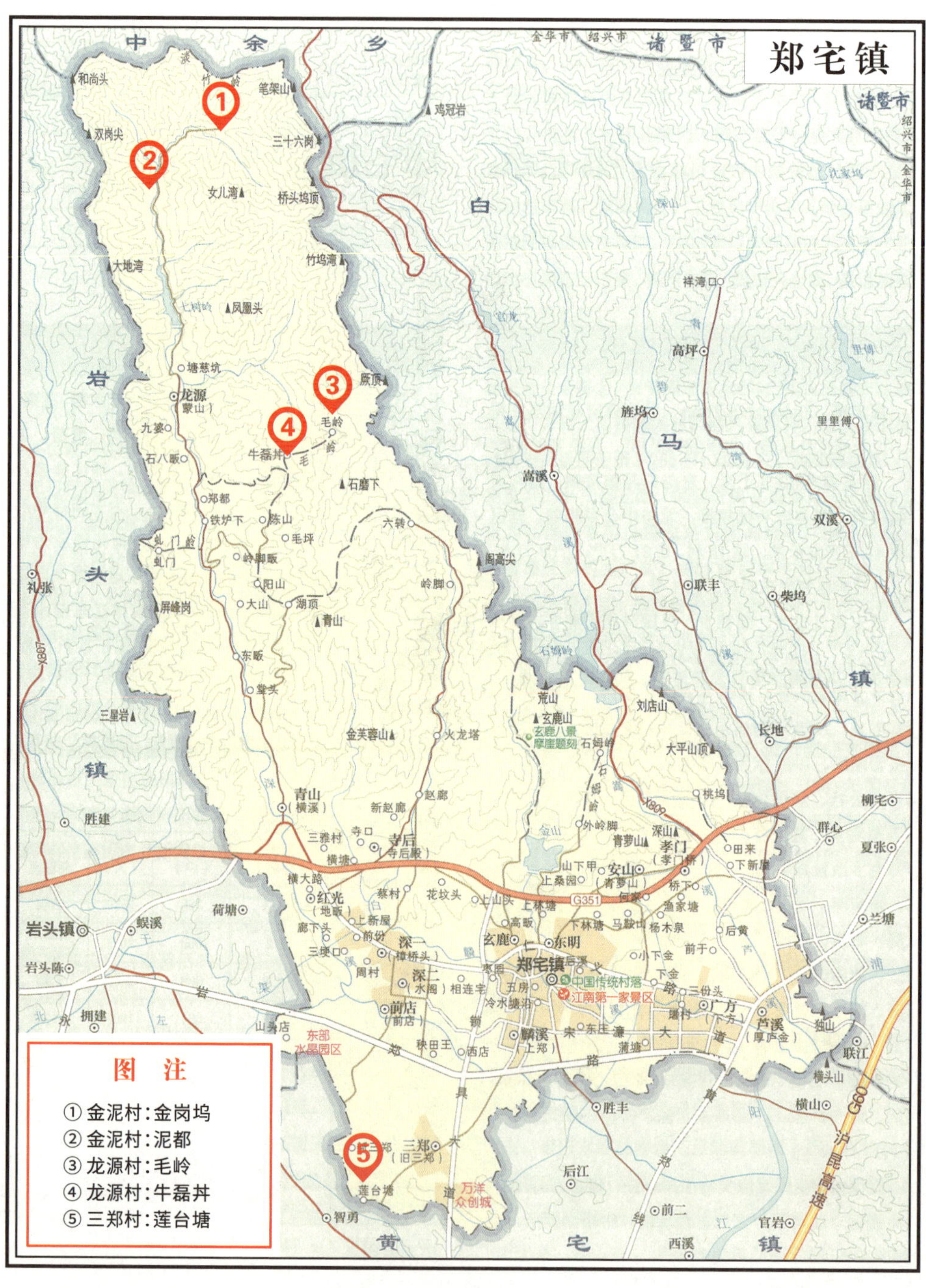
郑宅镇
图注
①金泥村：金岗坞
②金泥村：泥都
③龙源村：毛岭
④龙源村：牛磊井
⑤三郑村：莲台塘
中余乡
白马镇
岩头镇
黄宅镇
诸暨市
金华市
绍兴市
郑宅镇
中国传统村落
江南第一家景区
龙源
毛岭
牛磊井
莲台塘
三郑
东明
玄鹿
孝门
安山
广方
芦溪
前店
深一
深二
红光
青山
寺后
G351
G60
沪昆高速
东部水晶园区
万洋众创城

# 金泥村：金岗坞、泥都

金泥村辖金岗坞、泥都两个自然村，以两自然村各取首字得名。位于郑宅镇北部，东邻白马镇嵩溪村，南接龙源村，西界岩头镇龙溪村，北临中余乡冷坞村。山林3155亩，耕地113亩。

清季属灵泉乡十九都，民国时属圣云乡，1950年属堂头乡。1992年撤乡并镇时，并入郑宅镇。深溪上源石埬源发源于此。

因地质灾害，2018年金泥村208户518人整体搬迁到岩头镇飞轮村（包括非农业户口）。12月24日撤金泥村村民委员会，并入岩头镇飞轮村村民委员会，为飞轮金泥一区。

2020年人口统计（包括非农业户口），飞轮金泥一区共223户552人。

## 金岗坞

因传村北岗上有三十六缸金、三十六缸银而名，分上、下村。《光绪浦江县志稿》中，上村作金刚坞，属兴贤乡（登高里）廿八都一图；下村作金光坞，属灵泉乡（登高里）十九都二图。村北有铁矿，1971年曾进行过开采。

郑宅镇金泥村金岗坞

村西北淡竹岭为旧时县城至中余大道。元代文学家柳贯曾过淡竹岭夜宿，有诗《与戴叔能过淡竹岭夜宿农家》。《浦阳邵氏宗谱》载，北宋时，邵平（1068—？）从处州迁婺州永康丽溪街；南宋孝宗、宁宗间，其五世孙祐（1171—？）迁居金刚坞；宋末，九世孙文贵（1253—？）

迁居金岗坞下村。

2011年6月17日凌晨，暴发泥石流灾害，冲毁民房40余间，造成重大经济损失。2012年6月25日下午，再次遭受泥石流灾害，10余户20余间房屋被冲毁受损。

**金岗坞村坐标位置：**

东经119°58′28.762″，北纬29°33′44.809″，海拔267米。

## 泥　都

原名倪都，有倪氏居而名。讹音作“泥都”，一作“尼都”。清属灵泉乡（登高里）十九都二图。

分为上、下泥都。邵氏居上泥都，建有十三间头1幢。下泥都，早有倪姓人家居住，据传出过一个武进士，至今尚存武进士曾练武骑马的跑马场，遗留着马鞍、马槽等遗物。清咸丰时遭兵火，倪氏迁他处。《浦阳深溪王氏宗谱》载，明嘉靖年间，王文俭（1541—1582）从前店迁居下泥都。清光绪年间始，金岗坞村陆续有人家分迁到泥都村。

（罗肇峰）

**泥都村坐标位置：**

东经119°58′3.166″，北纬29°33′21.755″，海拔292米。

郑宅镇金泥村泥都

# 龙源村：毛岭、牛磊丼

## 毛　岭

毛岭村，原名“茅岭”，村以岭而名，郑宅镇龙源行政村所辖自然村之一。清代，周氏自横山村迁来。

毛岭村原属石源村所辖自然村，5户，户籍人口25人。20世纪90年代后，因地处山顶，地理偏僻，交通极为不便，村民陆续散居到郑都村、岩头镇、黄宅镇和绍兴市等地，周美锦夫妇是最后迁出的，现已无人居住。2018年12月24日，蒙山、石源、陈山3个村民委员会合并为龙源村村民委员会。

20世纪60年代中期，大队在村之上首开辟了近200亩茶园，70年代在茶园边的平地上建造了一座茶厂，驻扎着一支制茶专业队，最多时人数有16人。专业队在茶厂旁还种下了两棵泡桐树，如今已枝繁叶茂，大的那棵则需三人合抱。1972年，全县茶叶生产现场会曾在这里召开。

清嘉庆年间，毛岭村的人口一度达到28人。据传村里的太公在腊月二十八到郑宅集市置办年货。回来的路上，在火龙塔村附近的一个凉亭休息时，一个老人告诉他，今年村里有难。太公生气地说，马上就要过年了，今年哪来的难？说完，太公不再搭理那个老人，头也不回地回到村里。想不到第二天，村里果然燃起一场大火，烧死了23人。

另据1956年出生的石源行政村党支部书记王逢耀回忆，该村在1971年、1974年、1995年先后发生过3次火灾。

1984年，有5户人家。孤寡老人1户；聋哑人1户，生一女，出嫁后无人；周美曹1户迁郑都村；周美锦夫妇1户，居郑宅养老院，儿子亡故，儿媳和孙子居岩头镇；周长春（最后居住毛岭）1户，两个儿子，分别入赘绍兴、黄宅。

（罗肇峰）

**毛岭村坐标位置：**

东经119° 59′ 14.374″，北纬29° 32′ 4.787″，海拔323米。

# 牛磊井

牛磊井村，又作“牛赖井”，郑宅镇龙源行政村所辖自然村之一。村旁有岩石凹陷，传为天上金牛下凡，居岩下滚赖而成，故名。

《民国浦江县志稿》载，清乾隆间王守禄自东畈迁居牛磊井，民国年间周姓从毛岭陆续迁居牛磊井。牛磊井村原属石源村所辖，30户，户籍人口85人。

牛磊井村石刻（江东放摄于2014年）

2018年12月24日，蒙山、石源、陈山3个村民委员会合并为龙源村村民委员会。20世纪90年代后，因地处半山腰，地理偏僻，交通不便，牛磊井村村民陆续散居到县城、岩头、郑宅等地。现仅剩2人居住。

这里的泥土和气候条件非常适宜种植柿子，村子及周边

牛磊井村村民房屋旧址（江东放摄于2014年）

牛磊井村牛心柿

山地种植着200余棵牛心柿树，其中树龄达百年以上的有二三十棵，大的可一人合抱。牛心柿，外形呈陀螺状，色橙红，皮薄如蝉翼，肉质细嫩，入口即化，甜而不腻，无籽。

2020年10月，乡人、著名画家陈琪专程来此写生，创作了一个系列的柿子美术作品。

（罗肇峰）

**牛磊井村坐标位置：**

东经119°59′1.187″，北纬29°31′57.212″，海拔332米。

# 三郑村：莲台塘

莲台塘村，郑宅镇三郑村行政村自然村之一，距三郑村西南里许。

村以塘而名，原名鲢鲐塘，后雅化为“莲台塘”。《光绪浦江县志稿》载：旧为十八都三图。

村中分别有于、周、黄、赵、郑、施姓居住。于姓，民国时期于拜热从黄宅下于桥头迁居。周姓从堂头迁居。黄姓从黄宅迁居。郑姓从三郑村迁居。

20 世纪 80 年代有 20 户，近百人口，后陆续迁到三郑村，至 2018 年全部迁出。

（罗肇峰）

**莲台塘村坐标位置：**

东经 119° 59′ 31.236″，北纬 29° 27′ 55.764″，海拔 58 米。

# 岩头

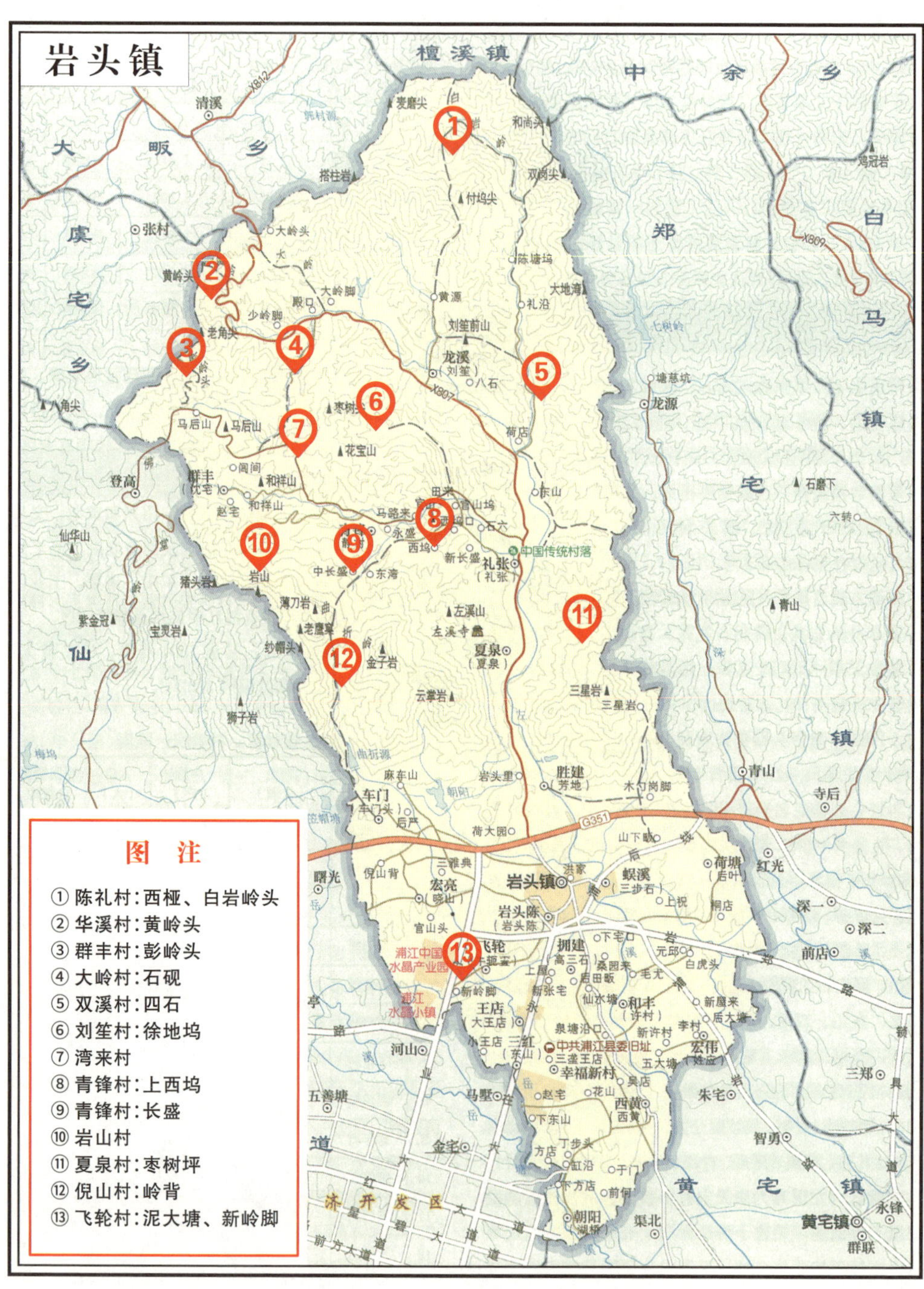
岩头镇
图注
①陈礼村：西椏、白岩岭头
②华溪村：黄岭头
③群丰村：彭岭头
④大岭村：石砚
⑤双溪村：四石
⑥刘笙村：徐地坞
⑦湾来村
⑧青锋村：上西坞
⑨青锋村：长盛
⑩岩山村
⑪夏泉村：枣树坪
⑫倪山村：岭背
⑬飞轮村：泥大塘、新岭脚

# 飞轮村：泥大塘、新岭脚

## 泥大塘

泥大塘，以始祖钟猊居住大塘侧，得名“猊大塘”。后讹音作“泥大塘”。

泥大塘自然村隶属岩头镇飞轮行政村，坐落于飞轮村村民委员会驻地牛轭畲村西北1.2千米处。北邻晓山村，南接新岭脚村，西面是泥塘田畈水田，东依旱地丘陵冈，西北是一口大塘，水面积约3亩。有一条青石板和河卵石铺成的陡岭，从村后东北角丘陵冈处通往泥大塘的西北角的台门。这条路与晓山村到新岭脚村的小路相交会。

泥大塘原有砖木结构的十三间头三合院建筑1幢，坐东朝西，东是正房3间，南北为厢房，各5间，西面是围墙。南北厢房后墙与西院墙间各有1座台门，台门是双扇木门。天井中央水井1口。另外十三间头以南坡地上，钟学才、钟学强两兄弟建造了沙灰墙二层楼房2间，每人1间。

据《浦阳潮溪钟氏宗谱》载，钟猊，字文英，1户2人，于明成化初自钟村迁居泥大塘。原有钟姓8户26人，大多移居新岭脚村。

2014年因建设浦江县中部水晶园区而被征收，腾空迁移。2017年繁衍至11户35人。2021年与新岭脚村、于店村一起搬进飞轮一区的现代化高楼生活小区。

（张锦吐）

**泥大塘村坐标位置：**

东经119°56′24″，北纬29°28′48″，海拔80米。

中联超市
豪荟
云鼎台球俱乐部
中联超市
ZHONGLIAN SUPERMARKET CHAIN

岩头镇飞轮新区(何敏摄)

# 新岭脚

新岭脚村，因处新岭之东麓，故名。隶属岩头镇飞轮行政村，离县城约 5.5 千米，距岩头镇约 2 千米，东接牛轭畲村，南傍河山（和尚山头）村，西邻蔡横塘村，北与晓山村和官山头村接壤。村南紧临一条经过新岭头的浦后（浦江—岩头—横溪—后芦金）公路；村北一道通济桥水库北干渠蜿蜒穿境而过。新岭脚村与于店村原本只有一条东西走向的弄堂相隔，新岭脚村在北，于店村在南，因于店村小，人口少，后来人们把两村简称为“新岭脚村”。

据《浦阳龙溪张氏八甲宗谱》载，张孟昂于明万历初自城内新屋里迁此。而于氏上舍公自前于村入赘十八都大明堂，传十九世于文启在明永乐间再迁新岭脚于店。

新岭脚村（含于店、泥大塘）共有田 276 亩，地 130 亩；新岭脚人姓张，123 户 394 人；于店人姓于，36 户 123 人。

新岭脚村的主要古建筑是两进的厅堂，坐东朝西，一进是新厅，二进为堂楼。新厅是以前村里商议重要事项和举行红白喜丧事宴席、新屋圆工宴的所在，堂楼则是丧事时安放遗体的灵堂和正月供奉祭拜祖宗容像的地方。

村落的古旧楼房绝大多数坐东朝西，砖木或土木结构。村落西低东高，依地形地势而建，直至村顶的丘陵冈，冈顶是用来晒谷物的石灰明堂。明堂之东是朝西的公屋和制米面的加工厂，之东之南则是四五排两层楼房(20 世纪八九十年代建造)。明堂中间是一条宽两米道路，南接浦岩公路，北达宏亮行政村的晓山村和飞轮行政村的官山头村。

新岭脚村过去每年正月十一日要到车门村的山杏殿迎送胡公大帝。迎送时，村里组织长灯表演和什锦班演奏跟随，庄严而喜庆。

2017 年因建浦江中国水晶小镇，新岭脚村整体腾空拆迁。2021 年搬迁至牛轭畲西南飞轮一区新区。新区有 10 幢高楼，共计建筑面积 36880 平方米。

（张锦吐）

**新岭脚村坐标位置：**

东经 119° 56′ 29″，北纬 29° 28′ 43″，海拔 73 米。

# 倪山村：岭背

从浦阳出发，经 351 国道到车门村，行至曲折源水库大坝，走路出发到库尾，登山路过石门头、下佛堂、鸡斗石，约半小时到岭背。现场树木苍天，田里的杂树将近 50 年的树龄，由于太荒，已经很难找到居住的痕迹，只有曾经铺过山石的小路依稀可见，还有那小山沟里的流水不停地流向曲折源水库，根本看不出这里曾经住过几代人。

岭背，东为梨头尖，太祖殿后，翻过岗可到礼张的老长盛；西是李宅山，又名“纱帽头”；北是担柱岩，翻过岗可到岩山、登高山，南是鸡斗石。

74 岁的倪战林介绍道：“当地人只叫它岭背这个地名，不叫岭背村，也不属于哪个村，土改前叫寺山，以前是个庙宇，朝南三间庙堂，为砖木结构，朝东 4 间用房为百子墙，黄浆泥拌稻草粉刷，木柱木梁盖土瓦。庙名叫观音庙，内有观音、罗汉等八尊佛像，住过和尚，‘文化大革命’前还有两处佛塔，但谁也没有看到过牌匾等标志。我是 1951 年出生在倪山村的，爸爸叫倪宪掌，那时刚好在土改，我祖母、父母和哥哥全家 4 人被改到岭背，我还在满月里，妈妈和我被抬到岭背居住，后来两个弟弟也在岭背出生。到 1976 年，倪山村将岭背当作集体养猪场，我们兄弟 4 人合计拿到安置费 1400 元，全家 9 人才迁回倪山村居住。”

陈小土告诉笔者：我曾祖父叫陈会来，因为生活困难没有房子，是从车门村到岭背靠殿居住的，祖父陈际声，父亲陈兴辉，一直到我们这一代。1949 年后，我们迁到了车门村居住。

古时，盛村（现名静村）有武术堂，黄裳弄（现仙华街道红旗村下的自然村）有一财主人家的儿子去武术堂学武术，每当经过岭背时要在这里休息，为了给儿子和过往行人提供良好的避雨避暑场所，就在这里造了房子。后来有出家人在此居住，成为庙宇，再后来成为陈姓继倪姓居住。

（张海平）

**岭背村坐标位置：**

东经 119°92′93.8869″，北纬 29°51′41.9953″，海拔 388.34 米。

# 夏泉村：枣树坪

枣树坪村以所处周边植有枣、梨、桃等果树得名。位于岩头镇村民委员会驻地夏泉东0.7千米处。聚落处山腰坪上，村落呈块状分布，2户11人。

枣树坪村原为郑宅所属山林的看山棚，清光绪末有郑氏族人为看山定居于此。

2000年后返回郑宅镇东庄村居住。

（张贤）

**枣树坪村坐标位置：**

东经119° 96′ 2.63″，北纬29° 51′ 3.84″，海拔227米。

岩头夏泉村枣树坪旧址

# 青锋村：长盛、上西坞

## 长　盛

长盛村，传所居姓盛，取兴盛之意，故名。位于岩头镇青锋村村民委员会驻地静村西南0.7千米处。聚落处砣碛岭北坡薄刀岩山腰，呈块状分布，13户54人。

《浦阳龙山陈氏宗谱》载，陈孟璋于明嘉靖年间自山头迁居长盛。砣碛岭古道经此至车门。2018年整体迁移至幸福新村。始祖在宋开禧元年（1205）从义乌稠岩象山迁移到清明塔后山，即现在的长盛村，至今已有810年历史。

长盛村是静村、田来村、马路村、新长盛村陈姓村民先祖的居住地，20世纪70年代初，全村有两个村民小组，300余人。该村坐落在丁紫岩半山腰，出行不便，但昼夜温差明显，适宜种植水果、蔬菜。其水果、蔬菜的品种、数量、质量均夺原礼张乡之冠。

长盛村旧貌（赵国强提供）

在1971年、1980年、1992年，三年间有部分村民分别迁移到静村的黄坞、西坞、东盛、永盛。经过三轮迁徙，长盛村在册人口所剩无几。

（张贤）

**长盛村坐标位置：**

东经119°93′6.01″，北纬29°52′8.64″，海拔328米。

## 上西坞

上西坞村，位于西坞村之上首而得名。亦名“后田”。后又有农户从长盛村迁此定居，亦称“中长盛”。

距岩头镇青锋村村民委员会驻地静村东南0.3千米处。聚落处西坞尽头山谷间，原2户，后搬迁至西坞村。

（张贤）

**上西坞村坐标位置：**

东经119°94′3.96″，北纬29°52′1.63″，海拔186米。

# 华溪村：黄岭头

浦江县城向北行5千米，有县主山仙华，峭崒千仞，直上九霄。仙华山逶迤东行，黄岭苍茫横斜，是北乡虞宅、大畈与南镇岩头的分水岭。其地便利农耕，适宜繁衍，清代张、郑二氏先后徙居，村名"黄岭头"，因山岭而得名。

南宋淳祐二年(1242)，东阳白鹿山人张祚官浙江安抚司提镇，率军扼守浦江，见浦江山川秀美，风俗淳厚，于是卜居县城龙溪西侧的水埂巷。第六代孙景瑗生三子，幼子仕伸为西房祖；西房有后代初迁灵泉乡十七都新岭脚，清代时再迁本都黄岭头。

郑义门迁浦三始祖之一的郑渥有三孙，其一叫郑泙的，始迁本县嘉兴乡十四都嘉溪西岸的下宅市。下传19代，有名家玉的，再徙十七都黄岭(《嘉溪郑氏宗谱》称王岭)头柿树湾。家玉，字允隆，清乾隆二十四年(1759)出生，清道光十二年(1832)去世，其卜居黄岭。

张氏与郑氏的住宅隔一陇，张氏的屋舍稍西而低，郑氏的住房略东而高。两姓村民世代农耕，固守中华民族克勤克俭的美德，虽处空山穷谷，悉仿原隰上的祖居，积铢累寸，邀请工匠，各建砖木四合院1座。四合院中最显赫的位置，设立堂屋1间，大则用来婚嫁丧葬，小则在此合议娱乐。

今郑氏后代谈及四合院，一致归功于同治初年所养的大黄牛。咸丰末年到同治二年(1863)，太平军李世贤部据守浦江，因军粮不足，常宰家畜以果腹。等到太平军衰弱败退，浦江不仅人口骤减，耕牛也寥寥无几。黄岭郑氏养一大黄牛，体硕膘肥，挺有灵性。一日，太平军奔袭黄岭，瞥见村外耕牛蹄迹深深，大喜过望，循迹追索。大黄牛似乎未卜先知，早早择路避祸，不留半印一痕。太平军久觅不果，怏怏而退。

此后，郑氏手牵黄牛，肩扛犁耙，奔走沙城岩头、合溪黄宅、麟溪郑宅诸旷野，计日佣工。数年，佣耕所得甚丰，于是建造1座气势恢宏的四合院。

黄岭地僻山高，然张郑子嗣的血液里一直流淌着张提镇与三郑公的英风豪气，故春莳秋收外，竟涌现一二能人行家。

郑道葵，20世纪礼张双溪源数十里名石匠，凡是楹柱、石板、磨盘、香炉、几案、猪槽，莫不因需而采，量材而凿。且取价低廉，顾客称心惬意，交口称颂。

张若书，79 岁，双眸有神，思路清晰，在他的身上看不出老人的衰颓疲惫。张氏济人急难，每遇亲戚朋友婚嫁丧葬及衣食住行有困难，总慨然借以渡难关。张若书擅长演奏竹笛、京胡、二胡、月琴、梨花片等乐器。年近花甲，投资数万元，邀请附近的曲艺爱好人士，创办洋溢着乡土文化气息的什锦班。先后参加社会各界组织的活动："浦江第六届中国书画节"民间艺术表演，浦江县首届民祭轩辕黄帝大典，浦江第三届什锦班"丰安古韵"比赛，大运河民俗演艺广场曲艺杂坛……2007 年，浙江省文化厅授张若书家"浙江省农村文化示范户"匾额。

黄岭古有黄龙寺，今村民尚能觅其遗址。古寺不知兴于何朝何年，传说有僧淫邪，掳掠往来女妇。县大夫闻讯大怒，即遣衙役抄没寺院，严惩凶残缁徒。星霜几何，雨淋雪侵，蚁蛀鼠啮，黄龙寺柱折椽崩，墙倾瓦碎。初，断壁残垣隐匿灌莽间；久之，唯见荆棘松篁而已。彭岭又传黄龙庙曾有高僧，擎钵云游，偶遇一檀越，家多陶窑，赠送高僧瓷碗十八担。高僧返回寺院，趁月色寂寥，深埋瓷碗于周匝。数百年来，黄岭视瓷碗为宝藏，然久觅不见，徒然歆羡而为茶余饭后的谈资。

2016 年，黄岭张、郑二姓数十人，顺势而为，搬迁至岩头镇南的幸福新村。

（朱祖日）

**黄岭头村坐标位置：**

东经 119° 55′ 11.2296″，北纬 29° 33′ 59.2908″，海拔 311 米。

# 岩山村

浦江县城东 10 千米，大岭与白岩岭双涧合流，世称“左溪”。左溪环绕书画古村礼张，潺湲南驶 10 余千米，汇入浦江县中部第一水——浦阳江。礼张村稍北，一溪自西而东注入左溪，当地民众称西源，与左溪大源相对。沿西源溯 1.5 千米，屋舍俨然，坐西朝东，庄名静村。村后水泥路萦纡而上，山高路陡，绕以护栏，约 1 千米，到达张氏故地岩山村。

岩山坐落于东南向缓坡。各家屋舍倚坡而建，一层叠一层，山坡的西南与东北，各有一道山脉略高于村庄。缓坡如明珠，山脉似游龙，岩山人称之为“双龙抢珠”，确属造物主恩赐的一隅胜境。

张氏世居清河，北宋建隆初年有名怀仁的，官衢州刺史，偶见浦江山水秀美，风俗淳厚，于是卜居嘉兴乡十六都平安。八世孙矩，字则方，任清河知县，为灵泉乡十七都岩山村（《浦阳平安张氏宗谱》称龙岩）始迁祖。此后 800 年，岩山张氏瓜瓞绵绵，安居乐业。

岩山有古厅叫永思堂，地势爽垲，规格轩昂。东西青砖马头墙，内侧涂抹白垩，绘以仙禽瑞兽、贤人懿行。中间两列纵深青石磉，上竖圆形大木柱，划厅为三间。农耕劳碌，中午暂憩，依赖此厅；婚嫁丧葬，农家大事，依赖此厅；盲乐师唱道情，什锦班操练，仍然依赖此厅。

岩山村俯瞰图（张悦钢提供）

今张氏岩山故居只剩村口宗祠。初，张氏始徙岩山，第三代有名仁的，行元一，生而颖异，双眸如剪秋水，刚毅方正，时人敬畏如神。张仁辞世后，精灵不散，子孙见其身影，跟生前无二，心中诧异，群议立

岩山村旧貌(赵国强提供)

庙祭祀,取名“元一公庙”。

至民国初年,元一公庙改名张氏宗祠。中塑元一公像,庄重温和,有匾“施仁布泽”;东西二室,各有神像二,东额“承瑞望宗”,西额“普济众生”。石柱上有对联“龙岩圣地青山绿水万古风情,云山奇峰峡谷幽静溪水长流”。

村南山涧淙淙,名“都坑小溪”,一潭深泓澄澈,岩山人称“大塘”。潭边修葺凉亭1座,大门有匾额“山水奇观”,擘窠大字,苍劲雄健,沈宅艺人沈丰江书。1972年,岩山村口修造水电站1座。此外,运用机械加工粮食,春节品尝鲜鱼,都坑、夏张畈50余亩稻田旱涝丰穰,都属于电站水库创造的福祉。

数百年来,岩山村作手巧匠,不乏其人。

张元田,天生盲瞽,虚心嗜学,艺随岁长,最终青出于蓝,唱道情,手口相应,声情并茂,能模拟各色人物的话音,巧妙传递其喜怒哀乐;尤擅长仿效飞禽走兽飘风骤雨流瀑惊雷等天籁情景。张氏所唱道情有《乾隆游江南》《尼姑记》《方卿见姑》等近百部。听者在如痴如醉的艺术享受中,洗心净虑,惩忿窒欲。张氏足迹遍布浦江七乡三十都,演唱于义乌、东阳、桐庐等邻县,甚至江西、安徽等省。民间所传“元田的口,知宁的手”,可以窥见他的艺术造诣。20世纪60年代,浦江并入义乌县,县曲艺界公举张元田为协会副会长,足见其影响力。

张金元,擅长民乐演奏,因精丝弦,善奏二胡、京胡而闻名一隅。民国中期,张金元加入浦江乱弹班,主要演奏弦乐,兼及唢呐笙箫及锣鼓檀板等。乱弹班巡演金华,张金元有功其中。

岩山村太公殿旧貌(张曙栋提供)

民国初年,张氏金元、金地、世权、世英、金清等热衷曲艺人士首次建立什锦班。1949年后,维荣、方忠、炳辉等后裔继承技艺。逢年过节,人员齐聚,穿村进镇,演唱《马超追曹》《僧尼会》《打龙袍》等戏曲。

张世助,字经田,20世纪上半叶民间艺人。擅长壁画,凡是珍禽怪兽梅兰竹菊达官富贾鸿儒野老,莫不一挥而就。浦江县岩头双溪源、诸暨安华牌头等地厅堂、宗庙、寺院、凉亭所留墨迹尤多。张氏才力过人,辄精研明代万民英所著的《三命通会》。该书为星命家学术总汇,《四库全书总目提要》曾给予中肯评论。

艺苑能人外,岩山张氏从事诸般工艺而多能工巧匠。

张道鑑,晚清名泥匠。某大姓修筑厅堂,有同行自高技艺,嫉妒道鑑声名,想在砌砖上一较优劣。道鑑再三谦让,对方不允,于是谨慎应战。自晨到晚,二人所砌高度相当,然而道鑑的砖缝细,灰浆薄,多砌一层砖。对手及目睹者莫不心悦诚服。自此名声愈高,远近后生慕名求艺。终其一生,凡收徒24名,门徒如此众多,泥匠领域甚为罕见。

21世纪初,各级政府调研统筹,号召深山农民下山致富。2016年5月,岩山村民共300余口,张姓之外,楼、鲍、费、傅各1户,搬迁至岩头镇南的幸福新村,开启充满机遇的新生活。

(朱祖日)

**岩山村坐标位置:**

东经119°55′35.983″,北纬29°31′30.788″,海拔281米。

# 群丰村：彭岭头

浦江县城北行数千米，有峰巍然千仞，名“仙华”，是一县的主山。仙华山东边，碧嶂起伏，翠峰上下。相距主山大约十里处，彭岭横斜，介于北乡虞宅与南镇岩头之间。彭岭西南侧，青山兀立，自巅而下近百米，一坪数亩，高与彭岭齐，彭岭头村坐落于此。

北宋时，郑义门迁浦三始祖之一的郑渥，有三孙，一名泙，始迁浦江县嘉兴乡十四都嘉溪西岸下宅市。下传17代，有名元贵的，再徙灵泉乡十七都彭岭头。

元贵，字惟宋，生于康熙十五年(1676)。家境贫困，受雇于灵泉乡十八都芳地望族黄氏，到彭岭巡山护林。彭岭有山路，东接黄岭、少岭，西连马后山、登高山、登高口、赤土岭，是清代政内乡廿六及廿七都上张村、下张村、王村、廊下等村民进出县城的捷径。元贵反复琢磨，再三权衡，遂恳请黄姓东家，允许他率妻子到此造屋定居。东家恻然哀悯，成全元贵，赠田与山各若干亩。自此200余年，元贵后裔一直在彭岭头繁衍生息。

彭岭头村旧址

彭岭头堂屋背东谷而面西山，就是坪所在的高山，彭岭人称为“门前山”。自元贵下传7代为“可”字辈，大多生于清末民初，兄弟共12人：4人外迁，1人徙临安於潜，1人20纪50年代土地改革时迁邻村马后山，1人入赘仙华东麓登高山，1人入赘七里黄裳弄；8人留彭岭，娶妻分居，泥屋不过20间，错落无章，大抵山野随意散漫的风习。

彭岭人生计艰难，农田寡少，崎岖耗力；几亩薄田，不足以糊口，若降天灾，彭岭人惴惴不安。

“贫贱忧戚，庸玉汝于成。”寒暑劳作，淬励彭岭人的强壮体魄。如张氏可泉，今逾七望八，步履稳健，记忆清晰，若单看外貌，不过六十老人而已。终年艰辛，磨炼彭岭人的不挠意志，不说春耕冬樵，仅就赶集趁墟而言，有时南奔岩头，有时西趋县城，都要跋涉10余千米山路，出门披星戴月，回家夕阳在山，肩挑手提，多劳少得，其艰辛非城镇居民所能理解。

彭岭人体格健壮，意志坚忍，这正是军人所需的基本素质。彭岭第七代与第八代近一半血性男儿持枪从戎。郑可海，20世纪50年代从军，横渡鸭绿江以抗美援朝。郑勋、郑可茂，50年代末服役于高炮六十六师。此外，“可”字辈的金木、“以”字辈的光平与洪波及以财等亦响应国家号召，先后戎装赴军营。

2016年，彭岭人在县、乡两级政府的扶持下，南迁到岩头镇幸福新村。上学、从业、就医很便利，从此彭岭人彻底摆脱了世世代代捉襟见肘的生存状态，开启富裕安详的生活新模式。

（朱祖日）

**彭岭头村坐标位置：**

东经119° 54′ 49.0320″，北纬29° 32′ 37.1212″，海拔448米。

# 湾来村

湾来村，因处长山岗湾谷中，故名。位于岩头镇西部，毗邻仙华山景区。清季属灵泉乡十七都，民国时属圣云乡，1950年属礼张乡。合作化时建立湾来高级社，属岩头乡。

始祖陈仕宋生于弘治年间，卒于嘉靖乙巳年(1545)，为檀溪陈氏第十八世。陈姓约500年前从大畈析居岩山而来，时移境迁，村名也换作“湾来”。相传古时大畈陈氏打猎到岩山，觉得此地气势非凡，实为宝地，便选择在此居住。

岩山村古时叫作龙岩，湾来村古时叫作岩山。两村南北相对，路途较近，亲戚较多。龙岩村门前龙门甚高，旁人看来这是身居险地，长久必有大灾。龙岩村张姓太公与陈姓太公商议，要斩除恶根，并把“龙岩”村名一起改掉。可是两人一起到村前村后观看，此地岩多山多，离不开“岩”字“山”字。陈姓太公心领神会，把自己村名岩山送予龙岩。而后把自己的村名改成“湾来”。

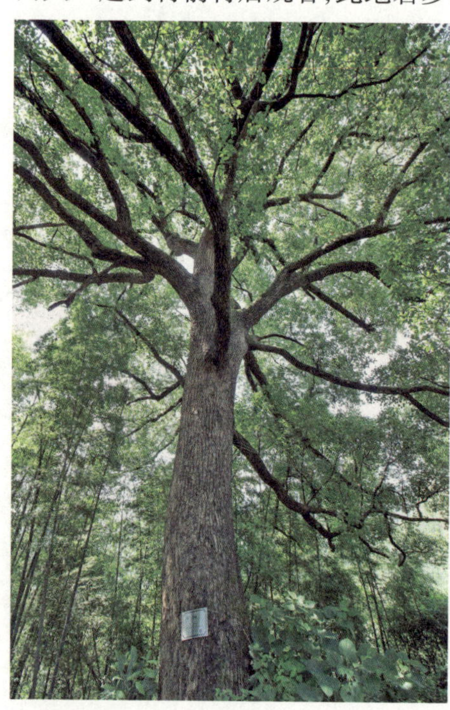
旧村新屋前大树

湾来村有大树王、龙殿、老虎洞、五指石等景点。称为“大树王”的樟树，在村新屋里十五间正东边，树龄有260多年，需两人合抱。龙殿有上龙殿、下龙殿，信众甚多，香火旺盛。老虎洞在村西的马车岭脚，可容纳二三十人，雨天过路行人常在此休息。清朝农民起义“千人会”领袖杜亦勇，在此洞附近被清兵用石灰包撒伤眼睛，被擒获。五指石则与村陈姓太公相关，相传迁来此地后，族人到处改山造地，一日几人在山脚干活，却不知山上巨石慢慢滑下。陈姓太公见状，箭步迎上，手托巨石，大喊“快走”。人们知晓避开，他才放下巨石。村人为此称陈姓太公神力，又见此石印有五个指坑，称之为“五指石”。

至陈氏第二十一世、岩山派陈氏第四世陈克化，宗谱赞“秉性纯粹，制行端方，年值荒歉，出粟赈济，韩侯、黄侯嘉其德行屡匾之”。“资善堂”“周急善家”“尚义可嘉”“硕德重望”等牌匾均由邑尊即韩侯、黄侯恩赐，上述牌匾至今悬挂于资善堂上。

康熙年间曾有大旱，到处都是灾民。陈克化大发善心，在左溪寺对面来倒山山脚大路边施粥3天。只是他60岁无子，亲朋好友规劝他娶妻生子，并说做人善良贤德，上天不会让他绝后。为此他娶赵氏，于61岁得子，陈氏一脉又得以香火传承。

资善堂已有300多年历史，建筑规模宏大。共分四进，分别为门厅、花喜厅、大厅、堂楼。门厅为石门架，匾额镌刻“大方伯”，三字为浦江县晚清书法家黄尚庆的弟子沈砚田所书。磉子石滚圆如大鼓，堂柱尽可合抱。厅内犹存壁画，雕梁牛腿，尽显风姿。资善堂为廿四间规制。每三间房有一个砖垣，用以预防火灾。每厢之间有小台门及公共楼梯，下雨天不用雨伞，穿布鞋也不会湿鞋。

资善堂的“周急善家”，来源于孔子说过的，君子周急不继富。也指陈克化周济急难，以善为家。这也为堂名称作资善，奠定基础。资有凭借之义，又有累积之义，一是宣扬先辈前已有善行，二是要求子孙不断积善。

与善字相关的还有孝善井，也与陈克化施粥3天有关。天下大旱，喝水困难，陈克化也苦思冥想。或是他的仁心举动感动了上苍，为此托梦于他，见一颗巨大的珍珠落于大厅天井西边。陈克化宁信其有，请来工匠挖至七八米时，见清泉“咕咕”而出。当时众人不相信，在如此高的地方会有水源，且甘甜可口，待一挖出，才感知仁心，为此称此井为“孝善井”。

2016年，湾来村响应岩头镇党委、政府的易地搬迁政策，94户302人集体

厅堂外景

湾来旧村

迁居后的幸福新村

搬迁至幸福新村，村民们住上了宽敞明亮、设施齐全的新房。走出高山的湾来村利用村内大量闲置的土地，通过集体出租的方式将 350 亩土地流转，自主造血，为集体经济注入新活力。年轻人都到城里园区打工，村民的生活发生了翻天覆地的变化，居住条件改善了，与外界联系方便了，让大家更有盼头和干劲。因善而名的山村，走上了康庄大道。

（吴宣）

**湾来村坐标位置：**

东经 119° 92′ 90″，北纬 29° 5′ 3.31″，海拔 271 米。

# 陈礼村：西椏、白岩岭头

## 西　椏

从浦阳出发，经351国道到岩头镇往礼张村方向，途经双溪村，然后到陈塘坞村，村尾就是千年古道白岩岭出入口。步行开始，沿途有孝善桥、金鸡化砂、落瀑台、龙牌位、金矿遗址，过广源亭20米往左向上有条曲折崎岖的山路，行程约50分钟，来到一个小山坳，这里就是当地人说的西椏。

西椏村，因坐落在陈塘坞西边的一个山坳里，便称之为“西椏”。村之东为山头村的山，南是五大塘村的山，西、北皆为黄宅镇前宅村的山。房屋周边有约500平方米的平地，当生活用场和生产晒场，边上还有一小土房，当作猪栏，门前有几亩土地可以耕种。

当年，中余乡冷坞村人薛大荣，兄弟4人，由于家里条件差，于1932年前后来到西椏这个地方生活，另外三兄弟为了逃避当时的“抓壮丁”，于1938年前后逃往安徽省宁国。

薛世发（大荣孙子，1975年生）告诉笔者：西椏这里有个看山棚，当时属黄宅镇前宅大队所有，我祖父就在这里为黄宅镇前宅大队看管山林，每年给400斤稻谷的报酬，同时种植粮食、养猪养鸡过日子。1951年土地改革后，这里的房子和田地就归我们所有了，隶属岩头镇礼张陈礼村。看山棚面积43平方米，分隔成3小间，是土木结构的泥瓦房，我们祖孙三代7口人，楼上楼下铺有4张木板床，一家人就在这小土房里生活。泥瓦房于1994年前后倒塌，因为多年的风霜雨雪，去西椏的山路已很难进入。

土改前，这里的看山棚属黄宅镇前宅村所有，土改后属陈礼村所有，造土地证给薛姓一家人使用。西椏村民在这里生产生活十分不便，下山去陈塘坞买个火柴买斤盐，来回8千米多的山路，需要将近2个小时，所有的农活都是靠抬、背、挑，什么自行车、手拉车都用不上，其他的就更不用说了。晚上照明用的都是松脂和煤油灯，60年来，没有亮过电灯。

1992年，薛大荣去世后，全家人下山，在马墅村租住了3年，一家人勤恳生产勤俭持家，于 1995 年在黄宅镇上市村购买 2.5 间二层半的老房子。2001 年，又在上市路 48 号新建 2 间四层楼房。2016 年，享受下山脱贫政策，安置 560 平方米套间到幸福新村。

（张海平）

**西桠村坐标位置：**

东经 119° 57′ 12.53″，北纬 29° 32′ 58.94″，海拔 190 米。

## 白岩岭头

白岩岭头村，因位于白岩岭岭头而得名。左溪三源之陈塘坞源（古称“东源”）出自白岩岭西之麦磨尖。

从浦阳出发，经 351 国道到礼张村，往北到陈塘坞村，村尾就是白岩岭古道出入口，步行开始，沿途有孝善桥、金鸡化砂、落瀑台、龙牌位、金矿勘探洞、广源亭等遗址，行程 50 分钟约 3 千米，来到白岩岭南侧的一个小山坪，这里便是白岩岭村。

白岩岭头老村尚存的房屋

白岩岭村，是岩头镇最北的自然村，翻越岭头是檀溪镇的白岩殿下村，东为白岩岭古道，西依大湾山，南临靛青岗，北即屋后山。

白岩岭头南麓处有一小山坳，地势稍微开阔平坦，清光绪三年(1877)，由白岩殿下陈某公发起建造一进三开间的白岩庙，里面塑有观音菩萨等佛像。白岩岭庙，既是当时村民的一个宗教活动场所，更是为行人、商客提供乘凉休息的地方。

太平天国时期为避战乱，有段姓村民从安徽安庆迁居檀溪镇潘周家黄大坞村。清朝末，段太公生了段明财一子后去世了，岩头镇荷店村周姓入赘黄大坞太娘家，后又因生活困难等原因举家靠殿到白岩岭头庙，周姓生了一子名为周明贵，兄弟俩异父同母，各自随父姓，一村一户两个姓。

村口的草丛里平放着一块书有“白岩岭捐款”字样的大石碑，尚存的老房子里还有当年用的农家生产生活用具，石磨、脸盆架、卫星电视接收天线，最有价值还数号有“民国丁卯段明财誌”的风车。这里曾经住过段、周两姓一户人家。

白岩岭是一条千年古道，历史故事诸多。在山靠山，山里人全靠柴炭竹木出市营生，到岭南岩头陈市、郑宅市、傅宅市出市，在市日这一天，白岩岭赶市之人一路络绎不绝，常常行列上百人，煞为壮观。

据《白岩殿碑记》和檀溪《陈氏宗谱》记载，北宋末年，宋高宗赵构君臣曾经过此地并作休整。《光绪浦江县志稿》载，明诗人方侨、清诗人戴望峰均留有描述白岩岭的诗作。1949 年，解放军经白岩岭进驻北乡，前往中余、马剑、新合等地剿匪开展土地改革。1975 年，浙江省第三地质大队在村下开展了为期 3 年的铜矿地质勘探。

随着社会经济的发展，道路交通、用电用水、生活购物等已经不能满足山村村民的要求。20 世纪 80 年代开始，年轻人纷纷下山外出打工做生意。2000 年左右，周姓一家迁回双溪荷店村。2004 年，段姓第五代在陈塘坞村樟树脚地段购买地基，建造 2 间三层楼房屋居住。2016 年，段姓所有人员享受下山脱贫政策，迁居幸福新村。

（张海平）

**白岩岭头坐标位置：**

东经 120° 01′ 38.16″，北纬 29° 44′ 65.21″，海拔 460.51 米。

郑宅镇(金岗坞、泥都),岩头镇(长盛、上西坞、黄岭头、岩山村、彭岭头、湾来村、西桠、白岩岭头、四石村、徐地坞、石砚)的自然村迁入幸福新村

岩大镇幸福新村（何敏摄）

# 双溪村：四石

四石村，相传祖上有自耕田面积四石，居住于此后遂以四石为村名。

村落呈条状分布，地势平坦，东为后山，西是白岩岭溪，北是礼沿村，南是荷店村。

四石老村现状

四石村先祖王仲霸，字定先，唐开元年间(717—741)官至礼部尚书，为避安史之乱(755)携家族分别迁往风林(浦江)、诸暨、严州等地，各派以仲霸公为鼻祖。清康熙年间，四石先祖从郑宅镇九盘村迁入，至今，全村有32户110人。

这里海拔低，土地平整，种植条件相对方便。1984年，村里通上了电，村民开始发展豆腐皮加工，全村有12户农户加工豆腐皮，是远近闻名的豆腐皮加工村。小小的村庄里有12口水井。

2016年，经村民自愿同意(还有2户未迁)，与岩山、湾来、白岩岭等9个自然村一起搬迁至幸福新村。

(张海平)

**四石村坐标位置：**

东经119°95′2.817″，北纬29°53′9.134″，海拔118.64米。

# 刘笙村：徐地坞

徐地坞，原名“徐里坞”，因所处山坞得名，后近音演为徐里坞。位于村民委员会驻地刘笙西南 1 千米处。聚落处深山坞内，呈块状散布。

明永乐年间，鲍氏先祖兆麟因兰溪石渠古地劫难事发便“潜来”浦江，欲寻幽深僻静之处安身，进入徐地坞。见古木参天，山明水秀，遂就地安居。村原有 27 户 73 人。

徐地坞，清季属灵泉乡十七都二图，民国时期为圣云乡，1949 年后属礼张乡。1983 年属刘笙村民委员会。2016 年 5 月，整体迁移至岩头镇幸福新村。

民国宿儒黄志璠、志琨兄弟葬于此。

（张贤）

**徐地坞村坐标位置：**

东经：119° 93′ 9.81″，北纬 29° 53′ 5.19″，海拔 171 米。

岩头刘笙村徐地坞

# 大岭村：石砚

石砚村处石源，有宕可凿磨石、砚台，故名。隶属岩头镇大岭行政村。

明景泰六年(1455)间，董华、董贵由永康清渭街移居浦江十七都石砚。村南面群山绵绵，与湾来、群丰村毗邻，北与华溪村隔山相望，东南蜿蜒小道连接黄大公路。

石砚村山清水秀，古朴静谧，气候宜人。绿树掩映的民居错落有致，穿村而过的小溪清澈见底，涓涓溪水几经曲折，往东南汇入礼张大源溪流。

村民早年农业以种水稻为主，旱地作物有麦、豆、玉米、番薯等，水果有山花梨、桃形李等。全村有35户130人。2016年5月，整体迁移至岩头镇幸福新村。

（张贤）

**石砚村坐标位置：**

东经 119°92′8.27″，北纬 29°53′95″，海拔 206 米。

# 杭坪

杭坪镇
图注
① 乌浆村：中央畈、乌浆山
② 薛家村：里棚
③ 杭坪村：外棚
④ 杭坪村：缸沿
⑤ 杭坪村：石塔头
⑥ 杭坪村：杭口岭头、下林陈、薛宅畈
⑦ 裕民村：长岗
⑧ 大塘村：泥舍坞
⑨ 西山坪村
⑩ 东岭村：岭外
⑪ 外胡村：外胡下山、里畈、罗宅
⑫ 外胡村：外外胡
⑬ 张山村：张山顶、桐坞
⑭ 茶山村：长凹口
⑮ 石宅村：山头

# 大塘村：泥沙坞

泥沙坞村，亦作“泥舍坞”。因所处山坞得名。位于杭坪镇大塘村南面的一个小山坳里。距村民委员会驻地大塘东南0.8千米处。

民国初，曹源口村周木成家在泥沙坞处有田地山林，由于山高路远，为了管理方便，周木成夫妇携子周宗元3人迁居到泥沙坞，俗称“凑田地”。

周木成家迁居泥沙坞后，先后建了一排朝南的6间二层楼房。周宗元成家后，生三子三女，三子：有余、有林、有水（1939年生）。

其后，有余的两个儿子分别入赘七里一大塘、花桥里黄宅。2006年，有林的儿子兴田在石马横山买房居住，2012年有林夫妇也住到横山。2008年，有水家在大塘村买了两间房屋，居住至今。

（江益清）

**泥沙坞村坐标位置：**

东经119°44′23″，北纬29°31′57″，海拔637米。

# 裕民村：长岗

长岗村，为裕民行政村自然村之一。坐落于长岗山上而名，与高畈村相邻。

1880 年左右，陈凤堂从平安樟树下村迁入，生四子：木苟、章志、世美、木才。后木苟迁居安徽宁国，章志两个女儿嫁桐庐中山乡后，住到女儿家。世美被抓壮丁后未归。

1990 年 4 月，木才去世。当时，长岗村有朝北房屋 4 间，为木才儿子继根、继良所有，后继根入赘平安郑横塘。10 月，因山高路远出入不便，继良（1964 年生）租住到东坞口自然村（当时长岗属东坞口生产队），开始建两间一层住房，1991 年上半年入住，长岗老屋在建房时拆除，长岗村消失。

1997 年，因杭柿线公路拓宽，继良东坞口的两间房屋拆除，移居到 200 米外的四桥头。东坞口、高畈村都有山路到长岗。

（江益清）

**长岗村坐标位置：**

东经 119° 45′ 25″，北纬 29° 32′ 35″，海拔 413 米。

# 东岭村：西山坪、岭外

## 西山坪

西山坪村，东岭行政村所辖自然村之一。因村建于西山坪上，故名。据《浦阳汪山于氏宗谱》载，于新长于清嘉庆年间从前胡迁居西山坪。清季属政内乡廿四都，民国属壶源乡，解放初属东岭乡。合作化时与前胡村合建为华丰高级社，1958年为东岭管理区第三生产队，1959年改称华丰生产队。1961年属石宅公社，与前胡分开，建立西山坪大队。1983年政社分设后改为村民委员会。2018年12月区域规划调整，东岭、前胡、西山坪3个村民委员会合并为东岭村村民委员会。

西山坪村后有一古松群，现存44棵，树龄300年有余。古木苍翠，白云嬉戏，邑内闻名之景观，皆属国有，列县级古树名木保护。

清末，村中出了两位叔侄诗人于先之、于荣箕。

于先之（1847—1900），字起义，号超然，为人放荡不羁，爱抱不平，著《超然抒情集》诗集。其离世后，妻郑氏出资刊印，收录诗作411首。

于荣箕（1871—1949），字国佐，号廷统，又名俊甫，太学生，毕业于浙江地方自治研究所，精通经史，悬壶济世。抗战时期曾任壶源乡第十保保长。1948年12月，捐米40余担资助新生红色政权江东县政府。有《松围轩钞》诗集手稿留存。

1986年后，西山坪村人陆续搬迁到西山山脚，沿杭柿公路聚居，成为西山坪新村。东临东岭村，南接前胡村。现有55户145人。

（朱耀照）

**西山坪村坐标位置：**

东经119°46′14.17″，北纬29°32′8.64″，海拔525.5米。

杭坪镇西山坪村(江益清摄)

# 岭 外

岭外村，位于东岭村的东南，与东岭村相隔一条东岭，故名。东岭村在西面岭脚，岭外村在东面半腰。从前这条岭为东岭源各村落到外乡的主要通道，全由石板砌成，后因建造外胡水库被截断。据《浦阳朱氏宗谱》，朱可汉于明成化年间自县城马豹桥迁居里朱村，其裔孙朱应寿于清顺治初自里朱迁岭外村。

20 世纪 50 年代，岭外村土改造册人家为 4 户，归属里朱生产一队。从岭外村到里朱村，要先爬岭到东岭头，再往西北横路走 200 米。

岭外村原先有十几户人家。但在民国十九年(1930)遭了火灾，之后逐步有人家外迁，平安平一村 2 户，浦阳金狮岭村 2 户，七里和裳弄村 1 户，虞宅乌儿山村 2 户。

到了 20 世纪 70 年代末，村人开始搬迁。有的搬迁到里朱村，有的在东岭村买了房子，有的居住到县城或城郊。至 2000 年，岭外村已空无一人。

如今，岭外村旧址，已成了果园，再也找不到曾有人居住过的痕迹。

（朱耀照）

**岭外村坐标位置：**

东经 119° 46′ 47.58″，北纬 29° 31′ 44.97″，海拔 419 米。

# 外胡村：外胡、下山、里畈、罗宅

外胡、下山、里畈、罗宅，属石宅公社外胡大队。1976 年建外胡水库，此四村已淹没于库水之下。村民全部搬迁，少部分搬迁到杭坪公社和七里公社，大部分搬迁到外外胡自然村和新建的泥堆山自然村，组成新的外胡大队，现属杭坪镇石宅行政村。据《关于外胡大队移民山林分配协议书》记载，以 1978 年 10 月 23 日人口为准，迁到泥堆山和外外胡村民共为 376 人，迁到杭坪公社杭坪大队和中村大队的共 93 人，迁到七里公社后郎大队、五里大队和天仙大队的共 82 人。

## 外　胡

外胡村，位于东岭溪的北岸，南北两边为连绵的高山，东边出口较小，现为外胡水库大坝处。西口较大，偏南不到 500 米为罗宅村，偏北 500 米许为里畈村。去里畈村须跨越东岭溪的一座桥。这座桥双孔结构，宽石板桥面比两端地表水平要高，看起来很是壮观。

1974 年的外胡村

《浦阳岩溪胡氏宗谱》载，胡助裔孙胡垣于明嘉靖自胡塘迁岩溪里胡。

20 世纪 70 年代，农业学大寨时，外胡是全县模范村。村支书胡志兴曾任县委候补委员、石宅公社副书记。

1975 年 11 月 29 日，村遭遇火灾，烧毁房屋 40 多间。还没来得及恢复，

外胡水库

就要在村址上造水库了,外胡村村民全部搬迁。

外胡水库,自 1976 年 8 月动工兴建,于 1987 年 10 月全部完工,是一座以防洪、灌溉、供水为主,结合发电等综合利用的小型水库。水库集雨面积 2067 平方千米,正常库容 570 万立方米,总库容 655 万立方米,枢纽工程由大坝、溢洪道、输水隧洞、坝后电站等组成。大坝为浆砌石重力坝,坝顶长 201 米,坝高 40 米。

(朱耀照)

**外胡村坐标位置:**

东经 119° 47′ 34.08″,北纬 29° 31′ 18.54″,海拔 335 米。

## 下　山

下山村,原属外胡大队自然村之一。位于东岭溪的南岸、外胡水库尾部。西 500 米许为东岭自然村;东 1.5 千米许为里畈村,2 千米许为外胡村。朱姓,3 户人家。据《浦阳下山朱氏宗谱》载:“崇祯十三年(1640),因太湖水患,朱良茂率家眷从湖州长兴县西门外七里避迁于浦江政内乡廿四都下山居焉。”

下山村南靠后山,东北对东岭溪和长溪形成的三角平畈。因村址地势较高，站在村口，虽望不到其他村落，但能见到远近的田地和周围各山的形貌和林木。村周围树木茂密，而人在附近劳作，也很难见到村里的一墙一瓦。偶尔能看到炊烟袅袅，听到鸡鸣狗吠，就有一种发现世外桃源的感觉。

外胡村下山旧貌

20 世纪 70 年代末，因建造外胡水库，下山村 3 户人家搬迁到杭坪公社，2 户迁中村，1 户迁前何村。

今下山村的旧址尚存，但已淹没在荒草丛林中，再也找不到有人住过的痕迹。

（朱耀照）

**下山村坐标位置：**

东经 119° 46′ 36.65″，北纬 29° 31′ 37.86″，海拔 355 米。

## 里　畈

里畈村，原属外胡大队自然村之一，位于东岭溪南岸山脚，地势高低不平，房屋错落有致。下为一片平整的水田，叫石屋口。原属外胡大队自然村之一。据《浦阳岩溪蒋氏宗谱》载："明嘉靖年间，蒋景维由邑之治平寺蒋宅析居廿四都岩溪之里畈。" 至今已传 16 世。

明崇祯六年（1633），邑人蔡克彰有《里畈四景》诗留存：

**水口罗星**

禽星水口镇龙沙，昂首回头拥护遮。
四面风来摇不动，只缘此里有人家。

**清溪环绕**

一道清泉绕过龙，波平浪静水溶溶。
山川得气人俱厚，鹤算龟龄福寿锺。

### 乔松挺翠

古木青葱百尺干，虬枝偃蹇似龙蟠。
风霜雨露曾经受，劲节能令耐岁寒。

### 青峰朝拱

叠叠峰峦插碧霄，四围环拱障前朝。
桑麻鸡犬松阴里，儿女声喧乐事饶。

建造外胡水库时，里畈村 21 户 89 人分别搬迁到本大队的外外胡(5 户)、泥堆山新村(9 户)，以及七里公社(塘后坤村 1 户)、杭坪公社(溪头村 1 户、石象头村 4 户)、浦阳镇(1 户)。

(朱耀照)

**里畈村坐标位置:**

东经 119° 47′ 22.23″，北纬 29° 31′ 23.67″，海拔 358 米。

外胡村里畈

# 罗 宅

罗宅村,位于浦江县西部山区的杭坪镇,20 世纪 60 年代之前属于东岭乡,后改属为石宅公社。后来因修建水库,这个美丽的小山村被湮没在历史的长河之中。

罗宅先祖在山东当官,由于奸臣陷害被朝廷追杀逃过来的。村里有一条不成文的规矩:罗氏后人不得点《罗成陷沙》这出戏,因为后人不忍心看祖先被奸臣陷害死得这么惨。

据罗益平修撰《东安钦贤罗氏宗谱》时发现,大唐英雄罗艺、罗成、罗通祖孙与晚唐大诗人罗隐的曾祖及其上二代为同宗堂兄弟,罗通祖孙三代保护大唐江山的忠肝义胆之举,在我国历史上真可谓家喻户晓,名垂千古。

浦阳罗氏族谱中明确记载:"隋有罗艺,唐有罗成、子罗通,父子俱受越国公之职,载在典策者班班可考,前在山东……之后派浙江新城,到宋太宗时,仲经公选取'禄袍进士(正七品)',世居浙江新城罗宅,后因人繁居密,子孙遂于浦之廿四都岩溪里胡,开基占籍而居焉,仍名之曰'罗宅',不忘所旧也。"如今,浦阳罗氏后裔至"家"字辈,已是第四十四代孙。

从外胡村沿着一条机耕路稍微上个坡度,便是罗宅村。站在村口,迎面可以看到一座古老的石拱桥,整座桥由石块砌成两个拱形桥洞,水中央也就是桥中间是前尖后方中间宽的桥墩。穿过石桥往前直行,穿过一条小路,是村里的农田;往右转沿着宽宽的机耕路进去,200 米左右,有个岔路口,往右是整个大队的机房,里面放有各种各样的机器,如"机"(加工)米的、"机"米粉、面粉的。里间是发电机,20 世纪 60 年代,外胡大队已经用上了电灯,告别了煤油灯时代。每家每户每天晚上可以免费供应一个小时的电。往左的小路,既通往层层梯田,也可走向一个有着几百平方米的水塘,村民们叫"跟塘"。沿着中间道路朝里走,便是里畈、下山、东岭等几个村子了。

还没到村子的桥头时,左边有一个足够全村晾晒谷物的石灰明堂;右边有一间建造年份不久的房子,用来停放那个年代最"高大上"的机械——中型拖拉机。往右进去,路的右边是一排老房子;前面两间房子是村里所有,平时是村干部办公的地方;路的左边是清澈见底终年不断的"溪滩"(东岭源)。

往里走,是村民用来堆放农具的老房子,各家的房子互不相连,房子之间都有一条通往山上的路。再往前走,迎面看到两棵需要几人合抱的苦槠树,粗壮的树干斜向溪边,后向上延伸,粗大的树干上缠绕着密密麻麻的木莲藤及青苔;蓬蓬勃勃的树冠,遮天蔽日,充满绿意。放眼望去,树木葱茏,雀鸟自乐,显得安逸自在。

整个村庄没有复杂的地形，一条笔直的石子路，路中间是由一块块1尺左右宽、1米左右长的石板铺成，石板的两侧则全部是由石子铺就，足有2米多宽。不管是下多大的雨，路上从来没有出现过水淹或者积水。

继续前行，路的右边是一排长长的"厅"房后墙，"厅"房是一座古老的四合院，共有5间房子，8根需两人合抱的高大木柱矗立于厅内，显得高大又宽敞。从石子路往里100多米，往上几步台阶，是村里的第一户人家。再往上几步台阶，便是四合院的大门。走进院里，东、西两排有7间房子，各住着4户人家。南、北两排则是各5间房子，就是俗称的"廿四间头"。

整个村子的民居全是二层楼房，唯有公屋是3间一层的房子。中间屋子为村民活动室，左边一间是大会议室，里面放着一排排的四尺凳（长凳子），没有桌子，也是村里开大会和学习的地方。

门口有着宽敞的大明堂，明堂的尽头是村里房子最好，也是生活条件最好的四户人家的小四合院，村里人称之为"新屋"。

继续往里走，又是一排开砖（青砖）砌成的墙壁，墙壁上面是斑斑驳驳的马头墙，里面是一个村里人叫"旧屋"的宅院，里面住着4户人家。

罗宅村，这个依山傍水的小村子，当时不到30户人家，才100多人。

如今，那些分散在各地的游子，也只能从"露从今夜起，月是故乡明"的诗句里，来思念因修建水库而沉入水底的那个朴实无华的罗宅了。

（罗璟玢）

**罗宅村坐标位置：**

东经119°47′25.25″，北纬29°31′26.78″，海拔355米。

# 石宅村：山头

山头村，原石宅大队的一个自然村。位于石宅村东南方1千米处的坡地上，俗称“燕窠来”。有田50多亩、地20多亩。

村庄又分上村和下村，上、下村各有堂楼，堂楼分别朝北、朝西，后下村堂楼烧毁。该村农户张姓，先祖于清初从七里迁入，清末四个太公中的张燧（上村）分迁中村。村边清末建有白鹤圣帝庙，由石狮头造桥大师张狮岩设计，石宅里面三保两源头农户出资建造，竣工时有18个戏班在青山湾田里搭台做戏，名震远近。

1958年，在村边由山头、桥头山、石响3个村共同修建了箬坞水库。1975年由石宅大队加高大坝扩容。

1975年因出入不便、“农业学大寨”改田和加高山头水库等原因而迁至石宅村内（张序辉户因当时地基未落实，到1977年才迁入石宅），插入石宅村8个生产队内（原有田地归生产队、山林归大队），住房按原有间数在石宅村落实地基建造。

当时全村13户：张顺法户7人、张灶根户8人、张兴富户9人、张序立户5人、张林苟户6人住上村，张序球户6人、张序成户7人、张钟日户6人、张国通户5人、张序辉户8人住下村，张炳庭户2人、张国通户5人、黄樟兴户2人（大楼横山村土改到山头）住白鹤圣帝庙。上、下村各有踏碓一副，大磨坊在殿内。

（江益清）

**山头村坐标位置：**

东经119°49′12″，北纬29°30′45″，海拔316米。

# 壶源村：张山顶、桐坞

张山顶村、桐坞村属壶源行政村自然村之一。据《浦阳龙溪张氏（八甲）宗谱》载，张姓始祖张永遂于明成化初自前吴寿溪迁居张山，因张氏居于山顶坪地，故名“张山顶”，省称“张山”。马姓1户，土改时从程家迁入。

## 张山顶

张山顶村，原张山大队（行政村）所在地，从张山脚沿张山岭上行，村庄从半山腰至山顶（岭头），房屋沿山岭两边因地势而建，层层叠叠，错落有致。从半岭的原村粮食加工厂上行，原共有38户170余人。

村庄内除民居外主要有1座厅堂、1个明堂里，沿200余米横路可达劈出山顶平地的周山原村小学。村小学最早设在村二进厅堂前厅楼上，1967年在

杭坪张山顶

周山劈出平地建了 3 间朝东南方的小学校舍，厅堂楼上成为大队办公室。1986 年左右在张山脚上方建造了 5 间二居头新校舍，至 1999 年学区撤并并入石宅中心小学。目前，厅堂已倒塌，周山 3 间校舍还存 2 间，最后二居头校舍先为张山村，现为壶源村“两委”办公室。至此，张山顶位置最下方还有 10 户 20 多间房屋存在，住有 2 家农户，其余房屋已全部倒塌。

沿张山岭往上行进，山岭越来越狭窄陡峭。上半岭有十来级踏步改用木材，夹在清一色水泥铺就的路阶之间，让人纳闷。这里有一个传说，从山脚到山顶这条蜿蜒曲折的石级道路为“白蛇出行”，因此在“蛇”三寸的位置处用木踏步，认为会给村民带来好运和吉祥。

**张山顶村坐标位置：**

东经 119° 46′ 22.93″，北纬 29° 30′ 29.35″，海拔 449 米。

## 桐　坞

桐坞村，从张山顶翻过山岗，向下行走 500 米左右，到达地处山湾中间处即是，以山坞而名。桐坞村上方为一拢数十亩田地，两边山上长满毛竹，向下行走 200 米左右可达杭坪至程家公路。

张山顶村张咸锦和张时权两家农户因老房狭小，边上又无地基建房。于

杭坪镇张山桐坞村

张山顶村(江益清摄)

1957年，张咸锦夫妻携兴全、木水二子，荷仙一女，张时权夫妻携文忠、文正、文礼三儿，珠花一女，一同迁入桐坞定居，各建房两间半。后时权又建了3间居头。

1965年因火灾8间房屋烧毁。此后，咸锦在原址重建房屋两间；时权移居张山顶最上方建房3间居住。

因地处偏僻，到张山顶需翻岭，加上为利于子女婚嫁，1987年，兴全夫妻携一子一女移居张山脚；1989年，木水夫妻携一子二女移居张山顶最下面。至此桐坞村无人居住，至2020年把房屋租给村民张相林养牛所用。

（江益清）

**桐坞村坐标位置：**

东经119°46′23.20″，北纬29°30′26.60″，海拔462米。

# 茶山村：长凹口

长凹口村，属茶山行政村自然村之一，距离村民委员会驻地茶山村东南面1.5千米，因村后面的山叫“长凹”，故名。

据《浦阳青溪江氏宗谱》记载，清朝咸丰年间，江正星从派顶村迁居茶山长凹口，为始祖。当时建了院落朝东的十三间头民居。

村庄东边为石宅山，南边为前吴大臯溪村，西边为茶山上马村，北边为茶山田畈。

据1957年出生的村民江新富介绍，从太太公正星到太公兴让，到他这一代已是第五代。其祖父江家德于民国初年牵头筹款，在北面村口建了长生殿。20世纪70年代初，茶山大队在长生殿外面建了长凹水库。江家德兄弟三人（家德、家贤、家栋），家德三子（国清、国风、国烘），家贤一继子国其，家栋四子国泰、国其（出继）、国通、国洪（出继）。父亲江如柏（谱名国风）也是兄弟三人，分别为如松、如柏、如桐（谱名分别为国清、国风、国烘）。1960年，如桐全家迁居宁国。到新富这一辈又是兄弟四人，分别为中烈、中友、行富、新富。

杭坪镇茶山村长凹口旧址

杭坪镇茶山村长凹口新址

村庄因地处偏僻山坞，一直没有进村机耕路，交通不便，加上村民感觉住不顺，就于20世纪70年代迁居到距离500多米路的村西北面的上马自然村。当时迁出时为“中”字辈的9户人家(国风四个儿子、国其三个儿子和国泰两个儿子)。1971年左右，国泰两个儿子中信、中毛先迁居上马村口的兰湾口(建房3间)。1975年，其他村民也先后紧靠上马村口平基建房三幢12间(中烈、中友5间，行富、新富4间，国其三个儿子3间)，长凹老村旧房拆除材料用于建新房。至此，长凹口村“中”字辈9户人家全部迁出，村庄消失。

(江益清)

**长凹口村坐标位置：**

东经119°48′35.62″，北纬29°29′39.33″，海拔413米。

# 杭坪村：缸沿、下林陈、杭口岭头、石塔头、外棚、薛宅畈

解放初期，杭坪村（大队）辖 11 个自然村。经过数十年经济社会发展，缸沿、下林陈、杭口岭头、石塔头、外棚、薛宅畈 6 个自然村，因村坊小、交通不便等原因，村民先后迁居到杭口坪村居住。

杭坪村是镇政府所在地，为全县最大的行政村之一。村始建于唐代，盛于明清，至今已有 1100 多年历史。全村总户数 1129 户，户籍人口 3030 人，有 20 余姓共居，以吴、蒋姓为主。村东紧邻 210 省道，杭柿公路穿村而过。村前平畈有千亩农田。始于清康熙年间的“杭坪摆祭”传统民俗活动，成为浙江省非物质文化遗产保护项目。

## 缸　沿

缸沿村，位于杭口坪村东南方 1.5 千米处，坐落在小山坳之中，坐北朝南，东面为覆云尖，西南面为杭口岭，北面为下坞畈。该地原为缸窑，曾烧制缸坛，故名。据《浦阳楼氏宗谱》记载，清咸丰年间，始祖楼广有从浦阳桃花岭脚村来

杭坪镇杭坪村缸沿

缸沿看山，自此定居于此。

楼广有生二子：开炉、开银。开炉生三子：金宝、永土、永文。开银生四子：永生、永忠、永斋、永兴。

楼广有迁居后，其家先后建了12间楼房。

1989年，除永忠此前过继到杭口岭脚村外，第三代金宝、永土、永文、永生、永斋、永兴6户31人全部迁居杭坪村张家屋后。至2010年，缸沿村房屋全部倒塌，村庄消失。

（江益清）

**缸沿村坐标位置：**

东经119°51′27″，北纬29°30′31″，海拔313米。

## 下林陈

下林陈，原名“下林坞”，坐落于下林坞山下，以坞而名。《乾隆浦江县志》《光绪浦江县志稿》均称“下林坞”。位于杭口坪村南1千米处的一个小山坡上，西南面为大湾岗等高山，东北面为低缓山岗。曾是石姓人的庄头。

20世纪30年代初，因石宅村石氏看护下林坞山林所需，雇佣吴小有兄弟看管。吴小有兄弟从大楼村迁居到下林坞。后因兄弟不和，吴小有弟一家迁居到杭口岭头，为大许项宅人看山。

村东有水口殿，供奉关公。殿前殿后分别有一人合抱有余的苦槠树和柿子树各一。

吴小有生四子：书良、书华、书财、书趟。当时建造了朝南带东的二层楼房3间。60年代初，书华入赘七里上五里，书财、书趟携子女迁住杭坪村石上头和吴宅。至此，下林坞仅书良一家10人居住。书良生六子传信、传仁、传正、传富、传法、传财及二女月仙、文仙，并在原房屋紧靠东北方又建二层楼房3间。

70年代后，六子先后迁居到杭口坪村。80年代初，下林陈仅书良夫妇和小女儿文仙居住。1985年下半年，书良（75岁）去世，随后书良妻桂鱼住到石上头小儿子传财家，小女儿文仙出嫁诸暨，房屋拆除，村庄消失。

（江益清）

**下林陈村坐标位置：**

东经119°50′31″，北纬29°32′36″，海拔270米。

# 杭口岭头

杭口岭头村，地处杭口岭岭头而名，位于杭坪村东南方 2.5 千米处。据传旧时岭头有寺庙，对面山湾就叫寺前湾。旧时杭口岭头有看山棚。

据 80 岁的吴景春（吴书伏女儿，1945 年生）讲：1938 年左右，因爷爷兄弟间不和经常打架等原因，爷爷奶奶带着两个儿子从西面 1 千米外的下林坞村迁居杭口岭头，为大许项宅人看山。那时候，岭头南面有 3 间朝西庙宇，北面有 4 间朝南房屋。

杭坪镇杭坪村杭口岭头

大伯吴书林（1908 年生）于 1961 年入赘杭口坪村，先后娶了三个老婆却无子嗣，就从大楼本家过继了一侄儿。父亲吴书伏（1916 年生）娶了两个老婆，前妻生了两个女儿，后妻生了四女一儿，儿子名叫吴元有。

1958 年，父亲携妻带女“逃江西”到万安。1962 年回浦江，仍居住在杭口岭头。后来项宅村把杭口岭头 4 间房屋收归，作为他们村的看山棚，他家的杭口岭麻车地和茶山则归杭坪大队所有。1970 年，杭坪大队在杭口坪花厅公路边为他家建了 2 间房屋。

杭口岭头，项宅看山人住了一些年月。之后大多房屋先后倒塌，至今只留下 2 间朝西无人居住的房子。

杭口岭是旧时杭坪以里一带村民出入城里的古道，岭头建有一座避雨歇脚休息用的凉亭。20 世纪 50 年代公路开通后，凉亭拆除，古道荒废。

（江益清）

**杭口岭头村坐标位置：**

东经 119° 51′ 16″，北纬 29° 30′ 29″，海拔 291 米。

# 石塔头

石塔头村，位于杭坪村西面2千米处，东面为杭坪村石上头、上薛宅村，西南面为壶源江，北面紧靠杭大线公路。村名因村边有一大石宕向西凸向壶源江中而名，又名“石塔头”。村庄为朝南带西。据传，有500多年历史的石塔头村以前兴旺过，曾有过上百户人家，黄、吴等姓居住。后逐渐衰败。以前村内建有厅堂，村前的青田畈以前叫“厅前畈”。

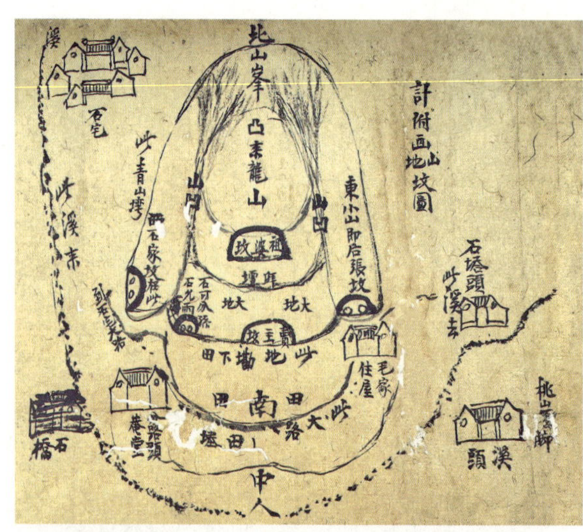

石塔头地形图，清嘉庆二十五年（1820）绘制

明朝成化年间黄姓由永康迁居于此。据第十四代孙黄福生讲，20世纪60年代石塔头村只剩下两排房子，黄福生户住在前排，南边是壶源江；石红灯户住后排，紧靠北边公路，两排房子中间隔着一个菜园。

80年代初因建杭坪公社电站引水渠，每年发大水时，渠水漫入黄福生屋内，带来隐患。1982年由杭坪公社补助400元，在离村东南500米的上薛宅村安排4间地基建房。黄福生一家9人于1983年下半年迁居上薛宅村，村庄消失。

杭坪镇杭坪村石塔头村

民国时期,石宅村石守吉父亲到杭口坪村给财主做长工,居杭口坪村。后石守吉、石红灯又为郑宅孝门桥郑氏守坟看山,购杭口坪村吴金富父亲的3间二层老房,定居到石塔头村。耕种着村边的两丘农田,每年孝门桥人清明冬至来上坟时,都要烧一两桌饭菜招待,1949年后就很少来上坟,由石红灯代为上坟。1969年,石红灯一家7人借居于石上头村赵同根旧屋。1971年,在石上头村建好两间房屋,定居至今。

70年代初,石塔头村东建有公社蘑菇场。90年代初,蘑菇场位置建有七彩水晶玻璃厂,现厂房闲置。

(江益清)

**石塔头村坐标位置:**

东经119°49′44″,北纬29°30′56″,海拔276米。

## 外　棚

外棚村,坐落于笑流源山湾的中部,位于杭口坪村东北1.5千米,距笑流坞口村1千米。清末,费文元夫妇从前吴费宅迁居于此。

费宅地处偏僻,又处半山腰,费文元夫妇家无寸土,只能以讨饭为生。一天被县城北门恒泰老板碰到,遂叫他们到笑流源守坟看山。

费文元夫妇在恒泰老板的资助下建了几间棚屋,后来又建了3间朝西带南的二层楼房,再后来其儿子费新喜又扩建了3间朝北的一层用屋。

费新喜生四女二儿,因地处偏僻出入不便,1979年费新喜一家迁居笑流坞口村。之后外棚村旧屋拆除,村庄消失。

(江益清)

**外棚村坐标位置:**

东经119°50′50″,北纬29°32′20″,海拔285米。

## 薛宅畈

薛宅畈村,位于杭口坪村南0.7千米处的西湾口。村北原为壶源江河滩平畈和上薛宅村,故称“薛宅畈”。

杭坪镇杭坪村薛宅畈

据《浦阳月泉傅氏宗谱》载，明崇祯年间傅星金从傅店分迁薛宅畈。

村庄为1幢十三间头民居，面朝北面壶源江和杭口坪村。1955年，村内居住着必非、银山、尚松、文奎、尚鸣、尚流6户。1956年正月，东面5间厢房被烧毁，其中必非2间、银山3间。随后银山和必非的两个儿子尚庆、尚麟迁居杭坪村，必非与其幼子志先在原址新建两间房屋续居薛宅畈。

因村庄不通车等原因，从20世纪80年代初至2015年，傅姓先后迁居杭坪村。

2018年大多老房倒塌或拆除，只保留西厢日亮、星正5间老房至今。

村西北面古树参天，主要树种有红豆杉、桂花、青秋等。远望村庄房屋被合抱大树遮掩。1958年前后，这些古树大多被砍伐。

（江益清）

**薛宅畈村坐标位置：**

东经119°50′28″，北纬29°30′55″，海拔270米。

# 乌浆村：中央畈、乌浆山

## 中央畈

中央畈村，属乌浆行政村自然村之一。位于村民委员会驻地乌浆口旧屋东 1.4 千米处。

1983 年至村庄撤并前为中央畈村村民委员会驻地。村庄位于同仙华山咫尺相望、雄伟壮观的八角尖、五指岩西北麓的半山腰，村东以雄伟壮观的八角尖（海拔 807 米）为屏，西以蜿蜒曲折的壶源江为带，南北两面群山连绵、风景旖旎，自然景观优美。2018 年行政村撤并，并入乌浆村。

1986 年编写的《浦江县地名志》载：中央畈原称“乌浆山”，因坐落在乌浆山顶（后称乌浆山）与乌浆口之间的山坪里，故今称“中央畈”。

中央畈胡氏始祖胡宋昂（1506—1577）是义乌酥溪胡氏始祖胡垣（1218—1307）的第九世孙、永康胡则（963—1039）的第十六世孙。《义邑酥溪胡氏宗谱》载，胡宋昂于明嘉靖初自义乌苏溪胡宅迁居浦江龙门坞（距离中央畈村东北 1 千米）。当时还有两支 3 家张姓人士也在附近张胡岭一带居住，其中住在蔡横塘的是龙溪张氏始祖祚的第九世孙以思、以忠两家。住在张胡岭头佛堂基下

杭坪镇乌浆村中央畈古厅堂现状

杭坪镇杭乌浆山村(江益清摄)

面小湾里的是水阁张氏始祖元善的第九世孙规。故称八角山脚一带为胡张山，山岭叫张胡岭。当时胡张山指的是包括龙门坞在内的整个八角山中下部区域，原乌浆山则指宋昂公后裔胡氏居住的中央畈老村遗址。

17 世纪初，因龙门坞偏僻狭窄，宋昂公的 3 个孙子大德、大鹏、大鸿从龙门坞迁居中央畈老村遗址，在此长久安居乐业。因“山上黑土，犹如乌金，沃如原野；高山泉水，清澈如镜，甘如琼浆”，遂将这处“龙凤地”取名为“乌浆山”，“乌金、琼浆”之意。

据村内老人回忆，村名中央畈的出现，还可能源于 1929—1930 年间修“和乐堂”大厅，因挑石灰从廿八都佛堂店传入。当时村民去廿八都买石灰，各厂家怕“乌浆山”在山沟里无粮抵款不赊。太公妻钱氏献计取用“中央畈”村名，次日又去佛堂店，因信“中央畈”平畈田多粮多便赊予。秋后，太公提前挑粮去还款，诚信闻名佛堂店。后成队来买粮，问遍临近村庄，无人知晓“中央畈”。巧遇前次挑石灰人，方知竟是乌浆山。随着佛堂店人每年都来“中央畈”买粮食，村名逐渐被广泛流传。

中央畈村搬迁前有 200 多户 500 多人。从前没有通村公路前，只有从塌埘脚至中央畈直达乌浆山的一条石板路古道，半途有大片的红枫等水口树，村庄被莽莽森林掩盖，外界很难看到这处深藏不露的世外桃源。原村中胡氏宗祠边有一株古罗汉松，树龄数百年，每年入秋后满树果实，形如人，色橙红，成为一道奇观。

老村东面经原乌浆山老村翻越五指岩岭，再经原仙华街道黄山村，可直达仙华山和岩头礼张，西北面可直达乌浆行政村及 210 省道。原建有乌浆新屋到中央畈村的通村水泥公路。21 世纪初，因村庄部分房屋地基下沉，出现墙体

杭坪镇乌浆村中央畈旧址

开裂,有的裂缝达15厘米以上,引起上级政府部门重视。于是,2004年经浙江省第三地质大队认真勘测,得出中央畈、乌浆山一带可能出现大型古滑坡的结论。县、镇决定这两个村整体搬迁下山。于是,中央畈村在2007年第一批77户搬迁至距老村西北边下面300米外的李庄(土名);2011年第二批96户搬迁至紧邻李庄西北面的尺家畈(土名),西与乌浆旧屋自然村相接。现中央畈老村遗址尚有古厅堂和乐堂和几间零散民房,其余都已改造成耕地,并种上花卉、蔬菜等作物。

(江益清)

**中央畈村坐标位置:**

东经119°50′31″,北纬29°32′36″,海拔276米。

## 乌浆山

乌浆山村,属乌浆行政村自然村之一。坐落于八角尖、五指岩西北麓的半山腰,位于村民委员会驻地乌浆口旧屋东1.7千米处。1983年至村庄撤并前为乌浆山村民委员会驻地。2018年行政村撤并,并入乌浆村。

村庄位于同仙华山咫尺相望、雄伟壮观的八角尖、五指岩西北麓的半山腰,村东以雄伟壮观的八角尖(海拔807米)为屏,西以蜿蜒曲折的壶源江为带,南北两面群山连绵、风景旖旎,自然景观优美。

老村东面翻越五指岩岭,经原仙华街道黄山村,可直达仙华山和岩头礼张,南面翻越金坑岭可直达县城,西北面经原中央畈老村可直达乌浆行政村及

杭坪乌浆山新村

210 省道。原建有乌浆新屋经中央畈至乌浆山的通村水泥公路。

明成化年间，义乌徐界岭人金持身持教浦北乌浆山，遂定居于此，为始祖，开始在凤塘后塝山脚建茅棚入住。因地处乌浆山村（后叫“中央畈村”）上面一里许，故以村名乌浆山顶入籍民册。

1983 年下半年恢复乡镇制时，杭坪乡政府将原杭坪人民公社中央畈大队分解为中央畈、乌浆山两个自然村。义乌酥溪胡氏浦江廿五都乌浆山派—中央畈胡氏居住 400 余年的乌浆山村名，从此正式由原“乌浆山顶”替代。

21 世纪初，因村庄部分房屋地基下沉，出现墙体开裂，2004 年，经浙江省第三地质大队认真勘测，得出中央畈、乌浆山一带可能出现大型古滑坡的结论。县、镇决定这两个村整体搬迁下山。全村 115 户共 340 余人于 2013—2018 年分三批搬迁到乌浆旧屋北面 300 米处的后角长垄（土名）山坞间，呈东西向长条状分布，西南与乌浆口新屋相接，村名取为“乌浆山新村”。

现乌浆山老村遗址尚存古厅堂和两处古井。东边古井由三口小水塘组成，井水由第一口饮用水井流到第二口洗菜水井再到第三口最大的洗衣水井。西边古井有饮用水井和洗菜洗衣水井两口水塘组成。相传厅堂至五指岩岭脚为龙脉，两处水井为龙眼，常年清澈的井水长流不息，为村民提供足够的饮用水，并流入多口池塘供下游农田灌溉使用。

杭坪镇乌浆村乌浆山厅堂

乌浆山老村，因地处八角尖半山腰，自然人文景观丰富。有五指岩（也叫笔架山）中的笔架、笔和书，还有皮翼洞、老鹰岩、金箍棒、猴子、乌龟等自然景观。有朱元璋领导农民起义、十八歪洞传说和太祖娘娘庙等人文景观，吸引游客前来观光游览。近几年，八角尖、五指岩半山腰至原乌浆山老村（退宅还耕）的农田上大多种上了花卉、水果、蔬菜和香榧，成为杭坪镇的一大特色农业基地。

（江益清）

**乌浆山村坐标位置：**

东经 119° 52′ 51″，北纬 29° 32′ 31″，海拔 371 米。

# 檀

檀溪镇
图注
①罗家村：抛坑顶
②罗家村：水竹湾
③罗家村：扶名坞口
④前溪村：南坞
⑤大坎村：山皇塘
⑥外罗村：前山
⑦黄方村：小古塘
⑧大杨村：黄大坞（王度坞）
⑨长山村：里蓬、中央蓬
⑩齐陈村
⑪殿下村：百家坞
⑫新三村：姚坞
⑬大元村、湖塘
⑭王灵村：草舍、升舞岭脚
⑮项丰村：六子坪、岭脚

# 殿下村：百家坞

从侯中公路会龙桥沿白岩岭溪到白岩殿，向东 300 米左右就是白岩殿下村。白岩殿下走向山干宅方向的村口右边有一较深的山坞，名叫“定皋坞”。从定皋坞口再向里走 500 米左右，有一较大的平滩，名叫“百家坞”。

百家坞对面，有一平坦的山湾叫“屋后湾”，相传很早以前，百家坞这块山湾地有 100 户人家，由此这地方就被叫作“百家坞”。百家坞后的山湾也就称为屋后湾了。

相传百家坞的住户都姓陈，为檀溪陈氏后裔。七八十年代，殿下村人为了发展经济，开荒山，种茶叶，白岩殿下、车方岭脚村（为同一大队）周边的山上，到处都是茶叶，在开垦百家坞和屋后湾的荒山荒地时，在其荒地下挖掘出遍地的破砖碎瓦片，证明此地从前确实住过人家。

笔者去实地查看拍照时，路边的小溪碎石里还时不时地夹带青砖碎瓦。但百家坞是何时建村的，其住户又是从何地迁徙而来的，村庄又是何时消失的，其住户人家又是因何原因迁往何处？已无从查考。查看《檀溪陈氏宗谱》，檀溪陈氏自车方发祥以来，经历千年，繁衍发展 40 余代，分布近百个村庄，各有记载。但在宗谱里找不到百家坞这个村名，百家坞村的来龙去脉只能留给他人探究了。

（陈予东　陈大清）

**百家坞村坐标位置：**

东经 119° 56′ 53.91″，北纬 29° 34′ 45″，海拔 289 米。

# 长山村：里蓬、中央蓬

## 里　蓬

里蓬村，原名“长车坞”，又名“长狗（葛）坞”。位于长车坞最里面，原为山蓬，故名。

相传，清嘉庆二十二年（1817），齐氏第十五世祖先齐先和与妻子两人离开祖基南京潜山查林砂乡高枧口，避患前往别处，行至数千米路外，回头观望，看见只有10多岁的弟弟先珍，远远地跟在两人身后，本想赶他回去，怕出意外，放心不下，于是夫妻俩带着幼小的弟弟，一路风餐露宿，辗转到浦江北部山区的檀溪一带，至长葛坞口。发现一条较深的山坞，就一直顺着山坞的羊肠小道往里走，走了一段路后，看到有一村庄，即是现在的陈村。三人一直往里走，走到坞底，就在坞底高山脚下的一块较平整的地方落脚，搭房安顿下来，取村名“里村”，后改名“里蓬”。两兄弟就在这里安家立业繁衍发展。

先和生一子，名德坤，成人后迁居陈村，为今陈村齐氏后裔的先祖。先珍生四子，长子德松，次子德馀，三子德诚，幼子德富。德馀、德诚自幼夭折，长子德松成人后分迁塘家会村居住，德诚仍居里蓬。

浦江长葛坞里蓬齐氏，其始祖为全国齐姓第十五代后裔先珍，传四代，全村最兴盛时有12户人家，50多口人。

因为地处深山坞底，四面高山，村后长葛岭高耸陡峭，连接云端，良田极少，村民靠开山种旱地作物，砍柴卖木材，打猎卖兽皮等维持生计，生活贫困。但山民生性淳朴、憨厚，热情好客，心地善良，乐于助人，吃苦耐劳，邻里关系都很融洽，如村民齐金水，从小虚心好学，祖传的一本治跌打损伤的秘方背得滚瓜烂熟，学就一身治疗跌打损伤的过硬本领。平时空闲时上山挖草药，把草药炼成药粉（内服）、药饼（外敷）备用，行医乡里，附近四乡八村的村民都知道齐金水治疗跌打的本事，有病或请他去，或把病人带到他家里，经他医治的病人没有留有后遗症的。附近村民口口相传。

他治病从不收诊疗费，病人家愿意送多少，随喜。那时候，山里人大多数贫穷,很少有人能进城里大医院看病。有的病治好了,送两瓶土制的番薯烧酒来感谢一下,有的在年节时送斤糖,拜个年来以示谢意。他广做善事,在他亡故后,他的品德还在附近村的群众中广为传颂。

齐金水不但医术精湛,还是一个优秀的猎人,从小跟着大人们狩猎,长大后练就一身打猎的好本领,可以说是百发百中的枪手。狩猎时,跑动迅速,身法灵活,与邻村的赶兽能手朱传牛是一对配合默契的好搭档。两人在多年的狩猎生涯中默契配合,培育了深厚的情谊,成为知心朋友。后来两人先后都把家搬迁至塘家会,两人的房屋又构建在隔壁,成了邻居,一生的知心朋友到终老。

20 世纪 50 年代初,齐金水的小弟齐理兴应征入伍,告别妻儿,保家卫国,走上抗美援朝的征途。在朝鲜战场上英勇作战,曾参加举世闻名的上甘岭战役。战争结束回国后,政府安排他到沈阳兵工厂工作。而后因思念家中的妻儿及其他亲人,放弃了政府给的一切优厚待遇,回到家乡。

由于里蓬村地理位置偏僻,道路崎岖不平,深山坞底交通不便,没有发展前景,里蓬村的人自 60 年代开始想着法儿往外迁徙。至 1984 年,除齐家富外,其他住户先后分别迁往陈村和塘家会。1988 年,因山洪暴发,房屋冲毁。现今的里蓬村荒草丛生,只剩几处残墙断壁。原村的齐氏后人,已散居各地,享受着崭新的生活环境。

(陈予东　陈大清)

**里蓬村坐标位置:**

东经 119° 55′ 32.77″,北纬 29° 36′ 1.10″,海拔 254 米。

# 中央蓬

长葛坞是一条数千米长的山源,坐落于檀溪镇平湖村,平湖大桥靠左的山坞里。进长葛坞走 2.5 千米路是陈村,过陈村往里走 1.5 千米到中央蓬。由中央蓬再走一二千米路到长葛坞底,那里有一个村落叫里蓬。从里蓬翻过长葛岭大山,到大畈乡的清溪。中央蓬的地理位置在陈村与里蓬的中央,所以其地名也就叫中央蓬了。

相传,民国初年,有朱三毛、朱三贵两兄弟,为逃避战乱,从安徽一路流离至长葛坞。那时,长葛坞与里蓬都已住有人家,而朱家兄弟与里蓬的齐姓太公带有亲戚关系,于是两兄弟就在里蓬与陈村的中央地带一块小平地上搭茅房安居下来,给有钱人家看管山林。朱三毛无子嗣,朱三贵育有三子,长子朱传牛,次子朱家余,幼子朱小儿。因家境贫困,老二朱家余自幼夭折。朱小儿在9岁时由居住在今七里街道银店的本家朱姓叔伯领走抚养。而居住在中央蓬的朱传牛自小就跟山林打交道,靠种玉米、番薯等粗粮,打猎和砍柴为生,是当地四乡八村有名的猎手,对山中的一切都了如指掌。他有一个特别的本事,就是只要在山中转上一圈,就能嗅出野兽的踪迹,甚至能大体判断出野兽的方位和距离。因为这个本领,朱传牛成为当地猎手中的大哥。当时居住在中央蓬的只有朱传牛夫妇俩,他们并无子嗣。

邻村的塘家会住着倪家,其中有一户人家,夫妇俩育有三儿三女六个孩子,家境贫困。至1939年,又生下了一对双胞胎兄弟,这对双胞胎兄弟为倪家的老七和老八。老七取名倪家新,老八取名倪家灶。1939年是中国抗日战争最为艰难的时期,贫穷的倪家根本养不起这么多孩子,为了能让新生儿有口饭吃,倪家新的父母决定将倪家新过继给中央蓬的猎户朱传牛,改姓朱。到了1956年,18岁的朱家新娶了平湖村的张林云姑娘为妻。这年底,朱家新生了第一个儿子朱良宝。两年后,第二个儿子朱良正出生。

时值征兵,自小跟着朱传牛在山野里练就了一身强健体魄的朱家新报名参了军。参军时朱家新在哥哥们的建议下,改回了本姓倪——倪家新。良宝、良正兄弟俩靠爷爷朱传牛抚养长大。

1960年夏,连续几场暴雨引发了山洪。洪水裹挟着沙石像猛兽般冲下山来,朱传牛在中央蓬山坳里的小房子被洪水冲垮,一家人没有了居住之地。这时,住在塘家会的朱家新的生母腾出了一间房子,让朱传牛带着良宝、良正一家住,中央蓬从此消失。

80年代,随着改革开放的春潮,走出大山的倪家新一家,生活就像芝麻开花,节节高。倪家新转业后,被安排到政府部门工作,其小儿子倪良正,创办浙江圣奥家具制造有限公司,成为浙江省优秀企业家,始终坚持履行社会责任,支持慈善公益事业,为浙江省的发展和慈善事业作出显著的贡献。

(陈予东　陈大清)

**中央蓬村坐标位置:**

东经119°55′33.99″,北纬29°36′4.20″,海拔251米。

# 罗家村：抛坑顶、水竹湾、扶名坞口

## 抛坑顶

抛坑顶村，罗家行政村所辖自然村之一。以所居处滂坑山上得名滂坑顶，讹音作“抛坑顶”。位于村民委员会驻地里罗家西北3.2千米处。13户42人，有曹、刘、施三姓。曹姓和刘姓是清咸丰年间从南京避迁于此，施姓是民国时期从磐安县方前镇施家庄迁居来的。

曹姓裔孙租居城里，入赘傅宅。楼姓裔孙有的客居桐庐，有的居城里和浦南平安火烧张村。

2023年底，施泽狗夫妇因年老体弱居平安火烧张村，从此村中无人居住。施泽狗夫妇是抛坑顶最后的居住者。

（江东放）

**抛坑顶村坐标位置：**

东经119° 50′ 6.18″，北纬29° 40′ 8.45″，海拔596米。

檀溪镇罗家抛坑顶（江东放摄）

# 水竹湾

水竹湾村，罗家行政村所辖自然村之一。位于罗家村西南2.7千米处，四面环山，风景秀丽。村以附近有丰富的水源和竹林命名。分徐、周两姓。徐姓从天台县迁居于此，现裔孙散居于罗家村、毛桥村、江南住宅区、大溪楼。清咸丰年间，周姓从安徽安庆潜山县避迁浦江，搭棚刀耕火种于三角潭，土改时住到罗家村，后再迁水竹湾，现裔孙散居于城里、平安火烧张村。

水竹湾，距浦江县城38千米。2008年，总投资4000余万元建设成旅游风景区，又名“水竹湾休闲度假区”，其地原始次森林植被覆盖率达98%，同年被命名为省级森林公园。度假区占地650公顷，是一处集幽谷游览、康体健身、森林游憩、休闲度假于一体的游览区、天然的“氧吧”、避暑的胜地，吸引了大批的游客前往游览、度假。

（陈予东　陈大清）

**水竹湾村坐标位置：**

东经119°50'19″，北纬29°39'23″，海拔403米

# 扶名坞口

扶名坞口村，坐落于罗家村西南角，东临罗家村，西靠水竹湾，南北山峰耸立。村边是外罗至水竹湾的水泥公路。村以扶名坞山湾命名。最早的住户姓张，自清朝末期迁此，具体由何地迁来，张姓后裔不知迁往何处，已无从查考，后又有黄、程、马、金等姓陆续从各地迁来。

迁来扶名坞口居住的都是生活比较贫困，在原住地已无法生存的贫穷潦倒人家，只有一户从福建邵武迁来较早的黄姓人家生活比较富裕，其他迁来的住户都需租种他家的田地，迁此的村民居住的房屋大都是用竹片编制的墙壁，涂抹上泥巴，屋顶盖上茅草挡风避雨。后村里人员逐年繁衍发展，到1949年后，全村有16户人家，60多口人。农村集体化时，隶属罗家大队。

20世纪80年代初，一个端午节的夜晚，有村民不小心引发火灾。那时候的房屋都是木结构，各户房屋连在一起，一场大火，把全村16户农家的房屋烧成一片废墟。无家可归的扶名坞口人，在人民政府的救济帮助下，重新建立家园。新家园就建在罗家村，因为本来就与罗家村属同一行政村。扶名坞口村

扶名坞口旧址

就此消失。

著名革命老人黄玠然，便是该村黄吟香（居扶名坞口第五代黄氏裔孙）之子。黄玠然（1901—2004），原名黄文容。1926 年 5 月参加革命，从事党的地下工作，曾任中共中央总书记陈独秀的秘书，中共中央秘书处负责人、秘书处处长、上海中央局委员兼组织部部长。新中国成立后，任全国工商联党组副书记，中央工商行政管理局副局长。第二、三、四、五、六届全国政协委员，民建中央常委。

现今，在去水竹湾的公路旁，扶名坞口村基边竖立着“黄玠然故居”的高大牌匾。

（陈予东　陈大清）

**扶名坞口村坐标位置：**

东经 113° 51′ 31″，北纬 29° 39′ 27″，海拔 340 米。

# 前溪村：南坞

南坞村，坐落在罗家源前溪村西面的南坞山湾深处，东靠前溪滩，三面环山。以山坞名为村名。相传南坞村的太公是一位吴姓武侠人士，本领高强。晚清时期（1900年左右），有一人来到南坞搭草房定居于此，从太公墓碑刻字知其名叫陈秀善。后中余乡雅湖村（下吴）的太娘，因夫亡，孤儿寡母四人。母亲带着吴自毛、吴自财、吴自春兄弟三人，投靠陈秀善，成家立业。三兄弟长大成人后，各自成家，娶妻生子。吴自毛生有二子：吴大龙、吴小龙。吴自财同样育有二子：吴始文、吴始武。吴自春育有一子，名吴始周。因吴自春英年早逝，孤儿寡母，难以为继。后诸暨上河人陈松林入赘已故的吴自春家，生两孩，名陈法良、陈良水。综观南坞吴姓族史，总太公姓陈，是吴氏三兄弟的义父。到了吴氏第三代，又出现一母同胞吴陈两姓的情况。到了吴氏第四代，20世纪60年代，南坞村吴姓3户人家，都是同宗本家，20多口人。因农村集体化，土地都在前溪滩生产队，于是就在前溪滩建房，先后迁居前溪滩。1967年最后一户迁出。

南坞村从建村到村庄消失，先后60余年时间，经四世。姓氏由陈到吴，又到吴陈同宗，富有戏剧性，又是实实在在的存在。

我们走访南坞吴氏的后裔，他们过着富裕的生活，谈起迁移话题。他们说：从南坞迁出，一转眼，已过了50多年。现在的南坞村已没有房屋，一片荒芜，杂草丛生。准备把荒芜的村基整理一下，建块纪念碑，过年过节去村祭拜一下，以表达不忘根本之意。

（陈予东　陈大清）

**南坞村坐标位置：**

东经119°52′29.31″，北纬29°38′39.52″，海拔315米。

# 大坎村：山皇塘

山皇塘村，坐落于大坎头村北面，距离大坎头村 1 千米，村后有一口山塘，泉水充盈，冬暖夏凉，是村中饮用水的主要水源。其村名也以村后山塘名为名。

村前是一条通向罗家源水竹湾风景区的简易水泥公路，公路下方是罗家源溪流。村边有个庙，叫山皇殿。山皇殿在很久之前就已存在。相传，在很久以前，山皇塘这块地方是一片苦槠古木林，归山皇殿所有。山皇殿内住着山黄爷爷。当年，杭州灵隐寺缺木材，山黄爷爷捐赠直径 60 厘米以上的高大苦槠古木 12 根，用古代的滚木之法送至水路，由水路转运至杭州灵隐，援助建造灵隐寺。因山黄爷爷对建造杭州灵隐寺有功，被冠以“山黄圣帝”之称，并对山皇殿进行扩建。原来的山皇殿在山皇塘边，一座小庙。要扩建，庙边没有大块平整的土地。后山皇殿搬至大坎村外，新建的山皇殿，外墙用红漆刷上一片红色，取名“红殿”。每年正月初一，村民点起灯笼，烧香供拜山皇爷爷，祈盼年年风调雨顺。山皇塘村的最早住户是在清朝晚期由诸暨边村迁移而来，当时边村人口繁衍发展快，人口众多，但耕地不多。有的村民为了生计，就到别处寻地

山皇塘旧址（陈晓婷提供）

迁居。因此,有边村的边姓人寻找到山皇塘择地建房居住,在此休养生息。村里最多时有 9 户人家,40 多人。

实行农村集体化后,山皇塘村纳入大坎头村某生产队。集体年代出工干活,要队长安排,分粮食分什物。山皇塘村的人要挑着空箩筐,到大坎头分稻谷及其他粮食,晚上分完又挑着谷物回家,生活很不方便。为了方便生活,山皇塘村人只能向大坎头村迁移,至 20 世纪 80 年代初,山皇塘村的最后一户迁至大坎头村。

(陈予东　陈大清)

**山皇塘村坐标位置:**

东经 119° 53′ 47″,北纬 29° 38′ 19″,海拔 231 米。

# 黄方村：小古塘

小古塘村，坐落于黄塘下自然村，离黄塘下 1 千米左右，四面环山，以山湾地名为村名。最早住户是在清朝光绪年间，毛祖侠来此搭建茅草棚，给别人看山。后来，毛祖侠就在小古塘建房，娶妻生子。毛祖侠生有二子，大儿子毛志品，小儿子毛有土。第二代毛志品又育有二子。毛有土生有三男一女。其中大儿子毛金枝成人后回毛店祖宅。二儿子毛金星成家后，与两个儿子一起迁居黄塘下。留在小古塘的毛金良生有八男一女。

20 世纪 60 年代，一家 16 口人过活。晚饭如烧面条，二尺八的特大号铁锅，满到锅口的一大锅面条还不够一家人吃。八兄弟中，老二毛必林，老四毛必华，老五毛必红三人曾应征入伍，参军保家卫国。

农村集体化后，成立大队生产队，可小古塘的两户人家 20 多口人还是单干户，这不符合国家政策规定。后于 1975 年迁移至黄塘下赵氏岗村，并入黄塘下生产队。

现在小古塘村基荒草一人多高，原村民毛必红带笔者去查看。进村道路都已经荒芜不堪，很难行走。村基当中陷放着一个倒臼，毛必红说这是一个标记，看到这个倒臼，就找到了当年小古塘村的村基。

小古塘村的第四代毛氏后裔毛必富介绍，他的父亲毛金良在世时跟他说，他父亲兄弟三人都为革命做过贡献。毛必富的两个伯伯，都为新四军金萧支队做过联络。他们在小古塘的家，地处隐蔽，是金萧支队的一个地下交通站。金萧支队的几次重大会议都在他家里秘密召开。新四军盘山阻击战的战前会议就是在小古塘召开的。此外，金萧支队的蒋明达、金良昆等革命志士曾在他家里歇脚。

（陈予东　陈大清）

**小古塘村坐标位置：**

东经 119° 53′ 20″，北纬 29° 36′ 34″，海拔 215 米。

# 外罗村：前山

前山村，坐落于外罗家村之北。距离外罗家村500米左右。村庄道路平直，庄基平坦开阔。背山临水，风景优美。背靠前山，村前为罗家源溪流，西面靠山峦，南临外罗家，北依大坎头。

村民姓郑。清乾隆年间由郑宅丰产村迁此。村旁泉水，长年不断，天越旱，水越盛，甘甜可口。村庄兴盛时6户人家，20多口人。因村里水源充足，6户农家厨房可以不用水缸，只要在厨房墙外挖口小水井，用水时到厨门外随用随取。用水很方便。

农村集体化时，其村民属外罗家生产队，出工干活，粮草分发，在村集体时都要拿着箩筐到外罗家分发，很不方便。由集体安排村民先后把新房子建在外罗家村，至1976年，最后住户迁住外罗家，前山村消失。

村里老旧房子已倒塌成为一片废墟，现今前山村的原村基上已有土地承包商建起漂亮的小洋房，村前的小平原已成为蔬菜基地。

（陈予东　陈大清）

**前山村坐标位置：**

东经119°54′19″，北纬29°37′18″，海拔207米。

# 王灵村：草舍、升舞岭脚

## 草　舍

草舍村，坐落在王灵村西北处，距离王灵村1200米左右。在王灵村与深坞岭脚村的中间位置。

1949年前，中余乡青房村的一王姓人家被深坞的山主雇到深坞看管山林，就在深坞山下搭建了一间茅草舍居住。本地人俗称"看山棚"，其名也就叫"草舍"了。后来看山人以此为家，娶了媳妇，后生了两个儿子，老大王坤生，老二王根土，一起住草舍。土改后，草舍隶属王灵大队。2002年，住户迁移至王灵村，草舍消失。

（陈大清）

**草舍村坐标位置：**

东经119°58′117″，北纬29°40′7″，海拔353米

## 升舞岭脚

升舞岭脚村，因其村建在深坞岭下，亦名"深坞岭脚"。距王灵村1.5千米左右，村庄东临诸暨潭坞，南靠王灵村，西临桐庐三河，北面是乌头山。

村庄四面青山叠翠，山高林密，道路陡峭。深坞岭以前是一条官道，是浦江北乡通往富阳、杭州方向的交通要道。据《乐坞赵氏宗谱》（2012年版）记载："明嘉靖甲寅间，方二公率昆玉由暨邑莼塘至浦廿八都湖头山之麓，卜乐坞而居焉！"后传数世，至第七世，有瑞二十公者，讳裕伦，于清康熙年间（1700年前后）迁居深坞岭脚。至今300多年，传十世。

因先祖从诸暨迁来，深坞岭脚村民都讲诸暨方言，至今不变。去采访时，跟采访者说浦江方言，他们两个老人交谈时，还是讲诸暨话。

深坞岭脚村的赵荣土、陈兴松两位老人回忆,因深坞岭是通向山外的交通要道,1949 年前,经常有商人、官府人员、部队经过此岭,新四军金萧支队也经常在此深山打游击。一次,金萧支队与国民党部队在村后的山岭上打了一场遭遇战,国民党军队损失惨重。事后,村民在村后山上砍柴,还捡到哑弹。

全村最繁盛时,有 30 多户,130 多人口,集体化时,分两个生产队,属王灵大队。因村基狭窄,道路陡峭,交通不便,2007—2008 年,深坞岭脚村的住户先后在王灵村选址建房,搬迁至王灵村。

升坞岭脚村以赵姓居多,后代事业有成。1960 年出生的赵祥林,在杭州创办浙江昌盛集团公司,是具有独立法人资格的国家一级资质建筑装饰施工企业。

(陈予东　陈大清)

**升舞岭脚村坐标位置:**

东经 119° 58′ 11.7″,北纬 29° 40′ 13″,海拔 383 米。

# 项丰村：六子坪、岭脚

## 六子坪

六子坪，亦作“柳子坪”。坐落于檀溪廿七都岭葛自然村东北 500 米岭脚自然村后山，400 多米高的山坪上。从岭脚向上走 1000 多个台阶的山岭才能到达此村。岭脚、岭葛两村是由六子坪迁居建村。

六子坪、岭脚、岭葛三个村是一脉相承的，始祖为同一人，都是吴姓本家。相传始祖蒙冤被迫害，为逃避追杀，于 1348 年间由义乌一公山逃难至此。始祖居地在离今六子坪村基百余丈的一个隐蔽的小山坳。

吴姓始祖育有六个儿子，因小山坳地处狭窄，无法拓展。兄弟六人就移居到地方稍平坦阔大一点的山坪上。其村名也因最早住户育有六个儿子并一起居住此地而得名。后事态慢慢平息，其吴姓后裔也得以安居。

六子坪村，最多时住有 12 户，60 多人口。山上没有田地，庄稼都种在山脚，粮食、肥料等备种什物进出，都需人力背扛肩挑，从山岭 1000 多个台阶上下。生活很不方便，随后村民陆续向山脚较平坦的地方迁移，先由六子坪移至岭脚（山脚即是小洑岭脚），遂称岭脚村。

之后又向外开阔处的岭葛村发展，岭葛村的村名寓意，如同六子坪山岭上吴姓，像葛藤一样蔓延至此地成为村庄，就取名岭葛村。

至 1975 年，六子坪村的最后一个住户迁移至岭葛村。

（陈予东　陈大清）

**六子坪村坐标位置：**

东经 119° 58′ 56″，北纬 29° 38′ 53″，海拔 365 米。

# 岭　脚

岭脚村最多时有31户住户，集体时为一个生产队，虽地理位置比六子坪平坦开阔，但还是在山坳里，村民生活水平低下，老旧房屋破旧不堪，大多成为危房。政府考虑村民脱贫致富，于2023年整体搬迁至檀溪镇城头村旁的安置房新村，村庄的绝大部分破旧房已被推为平地，现今只有1户农家仍住在岭脚村。

（陈予东　陈大清）

**岭脚村坐标位置：**

东经119° 59′ 18.82″，北纬29° 38′ 47.66″，海拔286米。

# 大杨村：黄大坞

黄大坞，也叫王度坞，地处山坞，以山坞多竹林，山坞口壶源江边有渡口而得名。《乾隆浦江县志》《光绪浦江县志稿》均称“王度坞”。称王度坞应是同音之误。篑渡坞距离檀溪镇潘周家500米，距离大杨村400米，背倚笔架山，门临山涧，为状如元宝的杉树湾，村前有一片狭长的山谷平畈。篑渡坞有外蓬和里蓬。外蓬，距离檀溪镇潘周家600米，原有农户6户21人，1983年属于大杨村村民委员会。山环水绕，环境清幽，稳风宜居，前人喜称为“状元地”。外蓬往里走2.5千米，山涧边有山庄屋四五间茅屋，俗称“里蓬”。

据《浦阳盘溪周氏宗谱》载，周氏千四公（周琛）子万十七公于宋咸淳年间自栗社畈迁篑渡坞外蓬。稠九公（周勉）迁居河渚（今大梓）。周氏在此居住四代，人口繁衍，生活富足，数百年后仍有厅基、堂楼基和马栏基等遗址留存。周氏有篑渡坞里宅和外宅两派，里宅位于篑渡坞外蓬，外宅位于里宅半里之外的犀牛山前。传说里宅周氏富裕，藏一只金虾于酒坛中，埋于菜地下面。不过至今没有被发掘出来。里宅和外宅赛兴比富，里宅周氏办喜事时以布铺路，外宅周氏办白事以谷铺路。那时候，稻谷人称珍珠白米，以谷铺路是奢侈的败家之举。不久，外宅周氏家道衰败。

黄大坞旧居（摄于2015年）

明万历三年（1575），会龙桥人陈昌言（1521—1578）

题有《题篢渡坞旧宅》：

礼仪从来出富家，谛观篢渡宅堪夸。
门临松竹岗岚古，世载仁良氏族佳。
抑抑威仪昭令德，雍雍和气浥奇葩。
追崇祖考尊贤士，应见风声振海涯。

读古人诗作，可以想象篢渡坞旧宅的模样：旧宅院尚存，青山环抱，环境清幽，具有一定规模，是礼仪之家。

还题写“盘溪八景”七律组诗，其中有《篢渡停舟》：

疏林隐隐挂斜晖，荷负争从晚渡回。
万籁声藏秋色暗，一篙停待月光来。
且收兰桨归村去，不把航舠傍岸开。
明日晴和风水顺，放槎东去访蓬莱。

由此可以想见：当年篢渡筏运的繁忙和筏工的辛劳。

稠九公（周勉）迁居河渚后，篢渡坞外蓬一度无人居住。清后期，始有人家陆续入住。

段氏先居于篢渡坞。据《（湖北英山）段氏宗谱》追溯，段氏派生于湖北英山南河，有世派排行：再肇祚永芳，光昭大茂昌，宗传元立德，保定显名扬，忠孝家声远，诗书绪孔长，作求成性善，纯佑衍嘉祥，贻训垂型范，方徽振纪纲，功深绵燕翼，福厚耀龙骧。据健在的昌土、根洪兄弟俩回忆，先祖三人因为太平军和清军征战多年，为逃避战乱，自安徽安庆迁居浦江北乡篢渡坞，说南京话，经常与附近的齐陈、长葛坞、葛岭头等地的客籍人氏来往。祖父辈有兄弟四人。土改前，老大明法带幼弟过碇步时溺死于一场洪水；老二明有成人后居于篢渡坞，老三明财幼年丧父随母去白岩岭头住殿，种茶田，为过路客泡茶。明有生一子，乳名春狗，学名忠诚。忠诚育四子：昌士、昌土、根生、根洪，长子昌士曾加入志愿军参加抗美援朝战争，退役后入赘隔河相望的周家可望家。其余三子居于篢渡坞。老二昌土生四子和平、雪平、保平、卫平；老三根生瘸脚打光棍，因事自杀；老四根洪生一子。2015年，因建设高压输电铁塔，全部迁入大杨村。

同治初年，湖塘始祖王秉礼（1771—1845）之孙齐榜（1841—1904）迁居篢渡坞里蓬，生二子永朝（1868—？）、永林（1871—1914），永朝生二子长生（1898—1979）、山岩（1906—1984）。民国初年，有一个葛岭头老人住在里蓬山庄屋里为潘家看山。王长生兄弟俩经大梓亲戚介绍也在里蓬看山。老人病故后，王氏兄弟为其送终，继续为潘家看山。看山之余，在里蓬垦荒种番薯、玉米，一年收获四五十担番薯，山脚下遍地种植玉米。每个时节，潘家山主给予大米、麦子，年底给予年肉。日子虽清苦，但温饱无虞。长生育二子（金香、金有），金有育三子（兴法、兴起、兴力）和三女。1961 年，金有为方便子女去潘周完小读小学，购买外蓬段昌庆的赤脚屋 1 间和 1 个空基，举家移往簧渡坞外蓬。至此，里蓬无人居住，而外蓬又增加了王氏。

1992 年，王兴法为了改善生活环境，迁居大杨村。1997 年，王兴起迁往大杨村。2015 年，王兴力迁往大杨村。

（潘朝阳）

**黄大坞村坐标位置：**

东经 29° 39′ 49″，北纬 119° 55′ 17″，海拔 193.9 米。

# 大元村：湖塘

位于浦江县檀溪镇大元村湖塘源大麦湾脚下的金竹坪，距湖头山1500米，距连接大元村和廿七都村王灵的湖塘岭1500米，距大元村2500米，附近有山岭可通本地小洑、项家和桐庐县新合乡山河源。

湖塘，别名“湖塘蓬”。30多前年，这里曾有坐北朝南的两层泥墙屋3间，另有半间为茅厕，居住着一户姓王的人家，与家人说南京话，与客人交流，可以流利地说浦江山里话、诸暨话、桐庐话，语言沟通能力特别强。人口最多的时候曾经居住三四十人。1949年后，加入大元村第一生产队。

湖塘始祖王秉礼（1771—1845），号南山。他的高祖父守性自南京卢（庐）州府余江县湖溪迁至舒城县举补园大歙岭。他的父亲道宏由举补园迁居嵊县。秉礼随父亲由嵊县迁居浦江廿七都塘大麦湾脚。

王氏为什么会一路迁徙？民以食为天，这跟他们的祖居地山多田少、难以解决温饱问题有关，祖居地余江县湖溪“百六十里，有山无田，居氓皆为山农”［清·潘贤良《浦阳（湖塘）王氏宗谱·光绪己丑重修宗谱序》］。“乾隆间，福建、南京人各数千，散居荒坞穷谷，种山为业。嘉庆以后，福建民衰，南京民盛，盖其性武健，陟险阻，如履平地，长锄利铲。山民不敢上之危岩峻岭，概能开掘播种，获利数倍于业田之农。然佃土人之山，搭棚以居，或五六岁，或十余岁，满及别迁，无常住之处，亦少同宗之人……”［清周大光《浦阳（湖塘）王氏宗谱·湖塘王氏新辑宗谱序》］嘉庆年间，秉礼从嵊县迁居浦江县廿七都湖塘，以种山为业，“善相山土之宜苞芦者，计其值，自数百金，数十金，以至数金不等，佃于山主，躬持利铲，督率佽工，凄风苦雨，勿休也。贪狼猛虎勿避也。斧斤耒耜，震动山脉。……秋冬苞芦子熟，计其息或数百金、数十金，以至数金亦不等。湖塘一棚，遂甲于各寓居之南京人矣……”［清周大光《浦阳（湖塘）王氏宗谱·秉礼公传》］

王秉礼一生吃苦耐劳，善相山土，以垦荒种玉米为生，过上饱食安居的生活，远近闻名，育有三子二女。从湖塘王氏排行字辈——“后裔创业，福寿名扬，治家以礼，于南有光”，可以看出王氏有艰苦创业、振兴家业的好家风。经数代人的劳作积累后，湖塘王氏家道殷实。旧时，大元村民去诸暨草塔市赶集，手

平地为湖塘旧居所在地，坐北朝南

头拮据时借湖塘王氏的名义在店铺中赊账购物，足见王氏为人厚道守信、有口皆碑。王氏赶草塔集市回家时常常会捎带食盐和酱油等日常用品，邻近的村民就到他家购买。

湖塘王氏家风淳厚，积德行善。早先，大元村民经常去湖塘斫柴，村民们总爱去王氏家中歇息。大凡晴天，王氏总是泡好一大茶瓶的茶水，供斫柴的村民饮用解渴，还会留村民们在家中吃便饭解饥。至今，大元村民仍在感念王氏的热情好客，还在思念王氏泥墙屋后的冷水坑，山泉水清冽解渴，那是王氏专门为上山斫柴的山民开挖疏浚的。

民国十七年（1928）九月，大元村人周寿堃在《浦阳（湖塘）王氏宗谱·齐高公传》中追忆避难塘湖受王齐高（1833—？）救助的往事："'粤匪'扰浦，（湖塘王氏）家资复化无数，大半因附近多数平原居民，都到公处藏身。公家居高山深处，凡平原附近居民，皆扶老携幼到公处躲避，公熟悉山径，指某某躲某处，指某某避某处。且家中所有，并不视为己物，与一般躲避人共之，且有'不必客气，我们当今日都是难中人，得过且过，待匪退再作计议'等语。而一般躲避人，如在家中一样。此情此景，家父母二大人，曾缕述之，且云：'余家大小十余人，亦赖某指点来去，周给饮食，得以无恙也。'呜呼！公待我家父母等十余人如是，公待别人更可知矣！此又可以见公之能救难中人也。"此段回忆，让我们看到了王氏是一户视人如己、不怕危险、救人于难的积善人家。

时至今日，大元村的老人们都还能说出湖塘王氏几代人的姓名，如同在回忆自己的老邻居一样。

王康瑞(1913—1985),字有芳。1949年前,去桐庐凤川购买田地,想让自己的子孙后代移居平畈,改善生活环境。1949年后,家中发生一场火灾,房屋被烧毁。王有芳有迁居桐庐凤川的想法。到凤川后,租种的农户要他拿出田契,无奈家中的所有文书票约都毁于火灾,田户们看不见凭证,便赖账。他只身返回,在旧址上重建房屋,继续居住于湖塘。

几年后,他外出回家途中经过响山岩时,一块大石头滚下来压断了右脚踝。那天下着雨,长时间没有行人经过,因为得不到及时的救助,导致脚残。他的妻子因此离他而去。

20世纪50年代末60年代初,连年发生自然灾害,粮食歉收,吃饱肚子成为难题。许多大元村民送孩子进山认王有芳为义父,拉近关系,向王有芳借玉米,碾成玉米粉,烧玉米糊度过饥荒,养活子女。王有芳总是有多少借多少,尽力帮助人家。

王有芳生一子善炉(1947—1970)。王善炉,1965年生一女王爱清。王爱清,1982年育一女蒋杏燕。于1991年随夫迁居中余乡富万坪。此后湖塘再无人长居于此。

如今,湖塘旧居已荡然无存,湖塘王氏的后人已散居在桐庐、临安、富阳、浦江等地,人丁兴旺,事业发达,幼苗成大树,枝繁叶茂终成林。2013年,浦江东乡人洪其峰承包开发2000亩湖塘山,种植香榧,建立湖塘香榧基地。香榧长势良好,基地内道路纵横交错,并且都有命名——大麦路、白太路、下横路、上横路。部分道路已做水泥路,并加宽。湖塘已不是当年的模样,交通便利,欣欣向荣,风光胜昔,俨然一幅崭新的画卷。

(潘朝阳)

**湖塘村坐标位置:**

东经119°57′49.92″,北纬29°39′50.67″,海拔340米。

# 齐陈村

齐陈村，旧名“苎陈王家”，因位于苎陈溪源头而名，简称“苎陈”，后人以齐心之意改称“齐陈”。距镇政府驻地寺前村南3千米。居有王、程两姓。清嘉庆八年(1803)，王国金自安徽安庆府潜山县铁塘立柱畈迁此。民国末期，程姓一户是齐陈村王姓的佃农，土改到齐陈村。清季属政内乡廿六都，原属壶江乡，新中国成立后属会龙乡。合作化时并入平湖乡，建立齐陈高级社。1958年为平湖管理区齐陈生产队，1961年为平湖公社齐陈大队。1983年政社分设后改为村，属平湖乡，下辖2个生产队，41户187人，耕地74亩，山林1521亩，产有茶叶、毛竹、油桐。1986年为檀溪镇齐陈行政村。因下山脱贫，齐陈村55户220人于2010年整体迁移至城头东侧，为齐陈新村，后蒲公路与城大公路在此交会。搬迁后，寺前村在齐陈老村下建造了金鸡饮用水水库。2018年底，齐陈新村与城头村合并为城头行政村。

檀溪镇齐陈村旧址(江东放摄)

(罗肇峰)

**齐陈村坐标位置：**

东经119°96′55.77″，北纬29°66′26.46″，海拔348.1米。

# 新三村：姚坞

姚坞村，以所居地处姚坞内得名，原属檀溪镇新三行政村。2018年撤村并村后属廿七都村民委员会，位于廿七都村民委员会驻地项家西南2千米处。据《浦阳檀溪陈氏宗谱》载，陈世锡于明万历年间（1596年前后）自前宅迁居姚坞。《光绪浦江县志稿》作“窑坞”。村落处山坞深处，呈块状分布。1986年版《浦江县地名志》载：有20户，86人。

2010年后，由于交通不便等原因，村民纷纷外迁。2023年大部分村民迁居檀溪镇寺前集聚区。现仅剩1户1人居住，另两户虽没有外迁，但已不居住在村中。外迁村民的房屋都已拆除。

（罗肇峰）

**姚坞村坐标位置：**

东经119°57′29.41″，北纬29°37′55.96″，海拔262米。

# 前吴

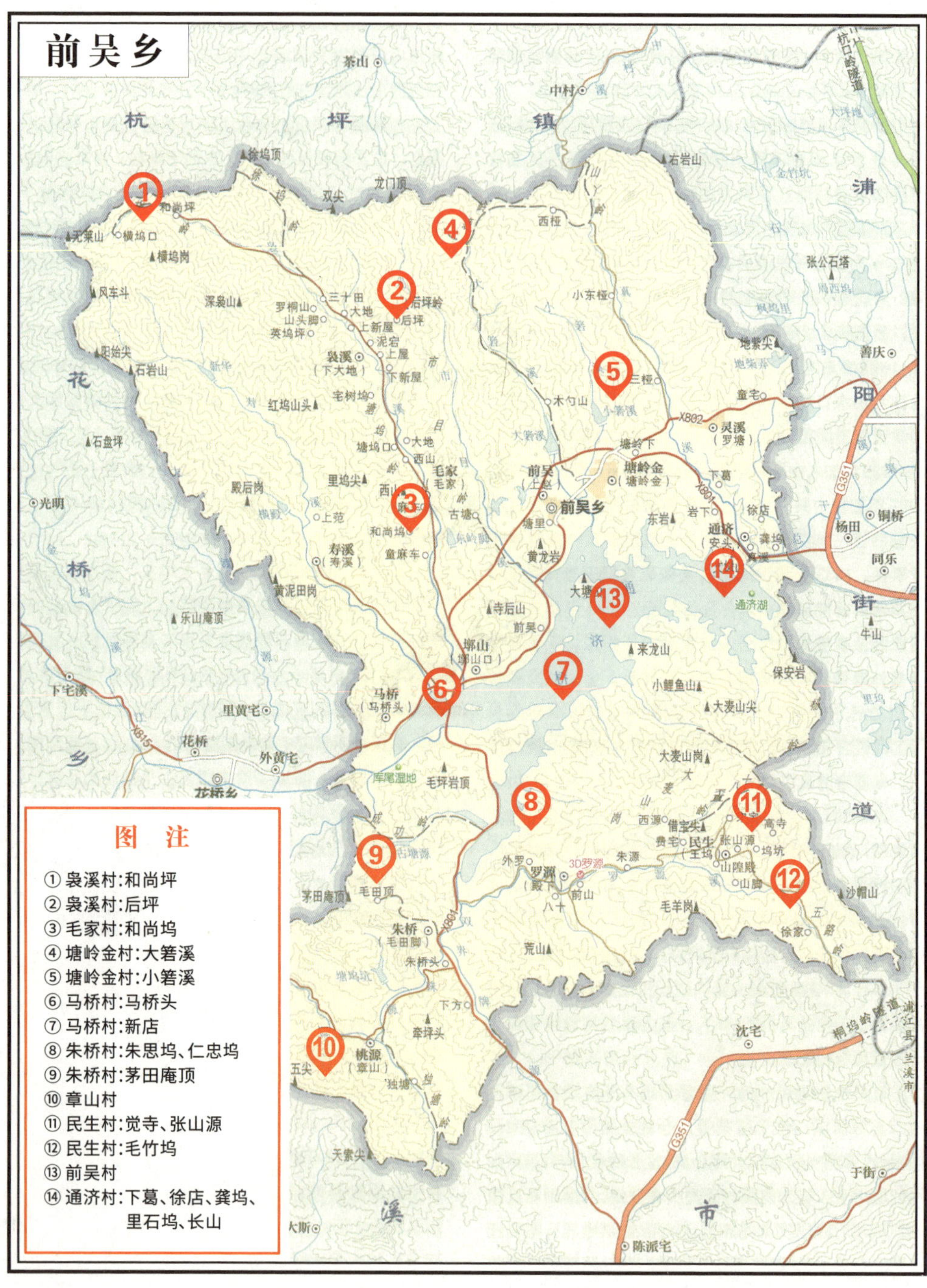
前吴乡
图 注
① 袅溪村:和尚坪
② 袅溪村:后坪
③ 毛家村:和尚坞
④ 塘岭金村:大箬溪
⑤ 塘岭金村:小箬溪
⑥ 马桥村:马桥头
⑦ 马桥村:新店
⑧ 朱桥村:朱思坞、仁忠坞
⑨ 朱桥村:茅田庵顶
⑩ 章山村
⑪ 民生村:觉寺、张山源
⑫ 民生村:毛竹坞
⑬ 前吴村
⑭ 通济村:下葛、徐店、龚坞、里石坞、长山

# 前吴村

前吴村旧址，在今通济桥水库南缘附近，背倚万坞、四全诸山所延伸之来龙山、后山、前山头、东山、下宅后山等低丘，面对浦阳江，隔江与广明山等中支山脉诸峰相望。其地扼三都源（浦阳江上游一段，即今花桥乡境）入浦江盆地之咽喉，为浦江至建德梅城镇（旧严州府治）所必经。东距县城浦阳镇约5千米，西抵浦建边界井坑岭约20千米；而自本村西南行，逾佛堂岭，过界牌，则入通化乡（今已划隶兰溪市）与浦江至金华之官驿相接；如过通洲桥，则可直趋兰溪。

古村为县西第一大村。吴氏聚族居此垂千年，人烟稠密，建筑整齐。民国以前，长期为乡政府驻地，1949年后横溪区公所又复设此，一时成为浦江县西部政治、经济、文化之中心。民国时期兴建之浦兰人力车路和20世纪50年代兴建的浦兰公路，亦均经过该村。

吴溪吴氏先祖自唐中始迁壶源江新田里（现杭坪镇大楼一带），至第四世唐乾宁元年(894)迁居浦阳江大麦山下尊仁里，成为老前吴村始祖，此段浦阳江也因此叫吴溪。传至第十二世，出了吴闻、吴大璋两堂兄弟，一个中宋亚榜进士，一个官至宋工部尚书。此后，每代皆有官出，成为浦江名门望族。

前吴古村建筑呈船形，中部较宽，东西略窄，地势甚为平坦。主要地段有上宅、里畈、仓来、上三份、下三份、石板明堂、佛堂前、大厅来、旗杆弄、祠堂前、大份、二甲、七份头、下书堂、牌坊脚、大官头、下宅等，一般均以位置、房头和建筑物等为名，大致以大厅来为界，分西东两部，习称为上下半村。大厅来为全村之中心。厅堂结构雄伟，东西两侧厢屋整齐排列，厅前有一长方形小广场，年节祭典大都在此举行。佛堂前面临浦阳江，隔江和张店村相望，有木板桥往来交通。佛堂前和下书堂同为商业网点，店铺集中，主要有中药、肉食、印染、百货、副食、饮食等行业。1949年后，供销合作社亦设于此。然以距城甚近，故商业不甚繁荣，迄未形成集市。

全村建筑物，公有房屋主要有大厅、吴氏宗祠和广明乡小学。广明乡小学为村人吴士槐独资捐建，结构新颖，宽敞明亮，为当时全县之冠。民居多为砖木或泥木结构之二层楼房，低矮陈旧；下半村七份头一带则多中大型建筑，不少房屋均为三进，厅堂恢宏，厢舍雅整，结构严谨，具有独特风格。

村之西均为良田，俗称大畈，土壤肥沃，灌溉方便，为全村的主要农业区。附近之浦阳江上有石桥横渡，名高桥，无栅栏，道光二十五年(1845)吴大典等捐造，为通三都源以至建德之官道所必经。桥之西有古刹明德教寺，始建年代无考，或云建于五代。寺在青山绿水之间，至其地，有超尘绝俗之感。村之东，过吴大荣的进士牌坊，傍山沿溪行，峰回路转，景色幽绝，至下葛(古名乐庄)村前，有石桥飞越江上。此桥初为村人吴渭所建，人称“吴公桥”，桥南有亭，名“翼然”。后圮。清光绪二十一年(1895)重建为石拱桥，改名“通济”。桥为红石砌成，与碧水青山交相辉映，是村东之景点。

全村经济素以农业为主，从事手工业和商业者不多。历史上曾出现过一些殷富人家，如元帅公志德，兰溪公盛及其子惟鼎、惟予、惟虔等，皆以素封闻乡间。由于多种原因，土地大部分集中在下半村七份头诸世家大户。民国后期，在吴士槐、吴士积等人之汲引下，不少人，特别是青年妇女去上海申新第九纺织厂和天平药厂做工，使村人之经济收入有一定提高。

村内古迹有二石牌坊。进士坊，在原前吴村东出口处，跨县城浦阳镇通建德县梅城镇(旧严州府)之官道，为清嘉庆辛未科(1811)武进士吴大荣立；节孝坊，在原前吴村吴氏宗祠前，乾隆十五年(1750)为吴凤来祖母氏题。

前吴村文风昌盛，名贤辈出。从南宋开始，村里就出了一个工部尚书、几个进士，是浦江的名门望族。宋末元初的月泉吟社，四个发起人之首就是前吴村的吴渭，吴渭的哥哥吴埙做过月泉书院山长，吴渭的堂侄吴直方是浦江“北漂”第一人，当过集贤殿大学士，相当于二品官。吴直方的儿子吴莱主教过江南第一家郑义门的东明书院，刘伯温称他是“浦阳江上大儒”。到近现代，更是出现了“两弹一星”功勋吴自良、上海滩外科“第一刀”吴士绶、上海纺织业先驱吴士槐、一门五代书画家等。可惜水库一造，古村风貌、历史遗存永远淹没

前吴古村全景

水底，在迁建现在的前吴村时，没有很好地规划拆建原来的古建筑，成为遗憾。

1959年浦江县兴建通济桥水库，老前吴村全村迁移，一部分移民迁居寺后山，村名仍称“前吴”，亦称“新前吴”，因其地名为“寺后山”，故又称“寺后山村”。

老前吴村因建水库，分两次移民，共移民436户1844人。其中，第一次移住新迁址寺后山87户402人，其他分别迁移至前吴、朱桥、花桥、石马、浦阳、大溪、大许、黄宅、潘宅公社等，也有投亲靠友迁至县外的建德、兰溪、宁国等地的。

第二次移民，原前吴村民移居广明山的人口，到1972年已增长到106户446人；移至大溪公社文溪、前于、浦南大队23户125人；移至大许公社金狮、大许、廿亩山大队12户69人；移至石马公社白林大队2户11人。

1960年，张店村移民30户155人，寺口村移民25户107人，亦因通济桥水库建设而迁移。至此，张店村、寺口村，不复存在。

（张笑蓉）

**老前吴村坐标位置：**

东经119° 82′ 0.570″，北纬29° 45′ 97.35″，海拔106.7米。

# 塘岭金村：大箬溪、小箬溪

## 大箬溪

从县城出发，经翠湖路沿浦横线，到木勺山往村道百余米处，有一刻有“大箬溪水库”字样的大理石碑，再经木勺山村往里约2.5千米有金竹坑山塘（土名百步界水库）一处，往里就是大箬溪的源头，也是大箬溪的村址。

大箬溪村，又称“箬溪”，村名以溪得名。大箬溪，坐落的却是小山坞，村落呈条块状分上下两半村。东为梅树岭，翻越山岗可达西椏村；西是荒坪，经过荒坪山过陈坞岗是20世纪50年代前去梟溪村的主路，因为之前隶属梟溪乡；北是村后山，就叫后山，翻越岭脚岗可分别到达杭坪镇的中村和茶山村。

据《盛氏宗谱》记载，始祖德恭，宋高宗绍兴四年（1134），官兰溪学博，由钱塘迁兰邑之灵泉乡，此为兰江第一世祖。传至第九世思通公生子天真，宋咸淳年间（1265—1274）父子由兰溪井头里迁居浦阳三都下黄新塘角。天真生四子，三子忠，忠生廷宪，廷宪生德懋，德懋生二子，长子复义迁寿溪前庄坞，传至

以村名命名的老村下的水库

大箬溪老村仅存的一处台门里围墙

十六世仕承由前庄坞迁上范，又传二十二世叔顺自上范迁枭溪外新屋。幼子复礼，迁居龙门下（马桥头），生五子，子服、子贤、子胜、子能、子威，次子子贤迁下盛，三子子胜仍居龙门下旧宅（马桥头），四子子能迁下黄，子能之子仕团自下黄迁盛田畈，五子子威居旧屋下黄。

据《大箬溪盛氏宗谱》（2009年第五次续修）记载，第二十一世世文（1541—1595），自寿溪上范迁居大箬溪，为箬溪始祖。460余年来，盛氏祖祖辈辈在此繁衍生息，鼎盛时有50余户，168人。

随着经济社会的发展，老村交通成了最大的制约点，不要说汽车就连独轮车、自行车也上不去，实行联产承包责任制后，生产生活的用电用水都无法实现。从80年代开始，陆陆续续有农户在3千米外的塘岭金村买旧房改建定居，到1999年止，全部下山分散居住于塘里、塘岭金、木勺山及浦江县城。2024年现场调查时，全村仅留盛根土、盛道权兄弟俩的3间两居头的一个台门墙，再无其他的块砖片瓦。

（张海平）

**大箬溪村坐标位置：**

东经119°48′36.15″，北纬29°29′8.88″，海拔463米。

# 小箬溪

从县城出发，经翠湖路至浦横线与下塘线交叉口，往北300余米，有一刻有“小箬溪水库”字样的大理石碑，小箬溪老村就在水库中心。

小箬溪村，以溪源得名。其东为汪山尖，可达小东椏村，西为西坞山，背面靠木勺山村，南是剪塘畈，北依小箬溪源。水库以村命名，水库里面是小箬溪源，水位低时，原老村的一座石拱小桥，还能依稀可见。

据《浦阳汪氏宗谱》记载，第四十四世祖名华，字英发（590—649），功勋卓著，封越国公。第六十世祖名迪，字吉夫，任婺州判司，自江西婺源县迁浦阳石墩（今兰溪白沙乡岭脚村附近），为浦阳汪氏始祖。第七十一世谟公，于元延祐年间（1314—1320）由石墩迁居小箬溪，为汪氏一世祖。

因小箬溪水库工程建设需要，小箬溪村搬迁至塘岭金村。工程始建于1971年10月，1979年11月完工，集雨面积0.7平方千米，总容量21.32万立方米，是一座灌溉为主，结合防洪的小（2）型水库。小箬溪村的3间祠堂、3间龙皇庙、12株三五百年树龄的樟树、枫树（水口树），树边一座石拱小桥，刻有繁

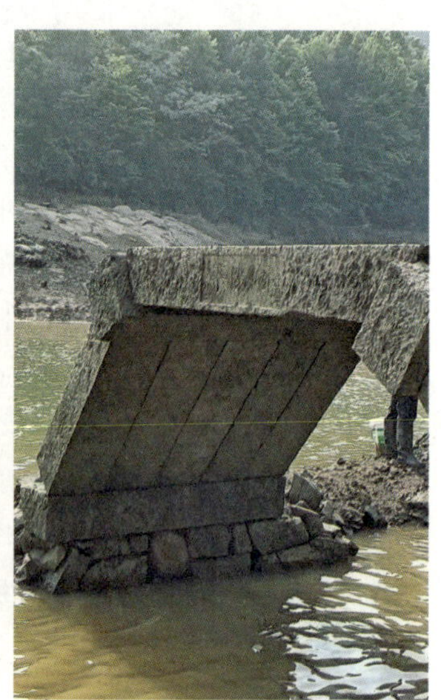

左图为小箬溪水库，右图为浅水时露出的老村平阳桥

体字“平阳桥”，淹没于库底。

1972 年起，小箬溪村拆掉 49 间房屋，安置于塘岭金村。至 1973 年，全村 20 户 170 人迁居塘岭金村。村人、革命烈士汪永良(1926—1951)，曾用名汪公良，参加志愿军，牺牲在朝鲜战场。

（张海平）

**小箬溪村坐标位置：**

东经 119° 49′ 47.22″，北纬 29° 27′ 57.43″，海拔 164 米。

# 通济村：下葛、徐店、龚坞、里石坞、长山

通济村，以地处通济桥水库口而得名，辖下葛、徐店、龚坞、真溪、安头、岩下、长山7个自然村。其中，下葛、徐店、龚坞为通济桥水库移民村，原村址与里石坞、长山村均淹没于通济水库千顷碧波之下。

通济村，在清代属德政乡二都，民国时属广明乡，1950年属前吴乡。1956年合作化时建立乐庄高级社，1958年10月为乐庄生产队，1959年2月为前吴大队乐庄生产队。

通济村位于前吴乡东部，因通济桥水库而得名，而水库名又因坝址在原通济桥附近而得名。该水库于1958年12月5日启动建设，1960年9月20日主体工程基本完成，系灌溉、防洪、发电、养鱼等综合开发利用的水利工程。

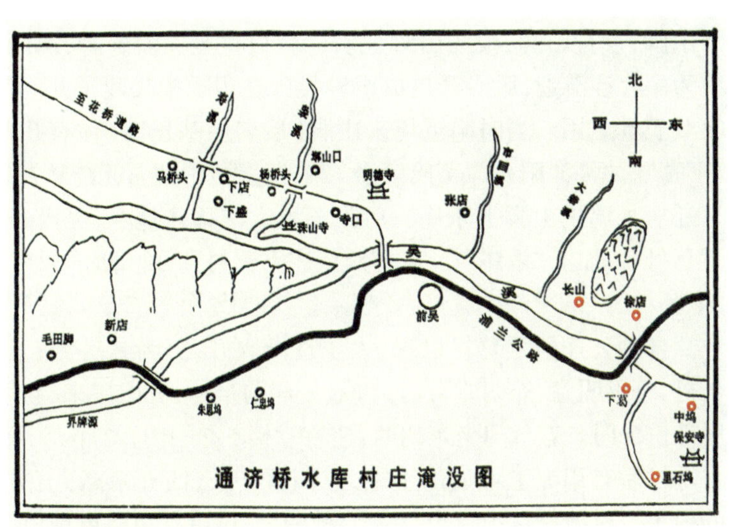

通济桥水库村庄淹没图

水库施工期间，全县各地都派出民工参加，平均每天有6000余人上工地，最多时达13000余人。总计完成土石方92.6万立方米，投放劳力368万余工，国家投资632万元。库内淹没土地8900余亩，迁移包括下葛、徐店、中坞、长山、里石坞等在内的17个自然村，按1965年移民安置结尾人口统计1038户4405人。1972年溢洪道增高3.4米，新建高1.3米大坝防浪墙一条，因蓄水位提升，遂启动第二次移民，计294

户1353人。两次移民共计1332户5758人,拆迁房屋4311间。

**通济行政村坐标位置:**

东经119°50′73″,北纬29°27′24″,海拔97米。

## 下　葛

下葛村,系县西名村前吴村的分村。据《吴溪吴氏家乘》载,吴溪吴氏一脉系由鄱阳迁睦州(今建德),再迁至浦北政内乡新田里大楼源吴村。至唐乾宁初(894—897),吴公养自大楼复迁至德政乡尊仁里朱村路下之松林。传八世,裔孙嗣名以宅基葬父母,复东移至相距约500米浦阳江畔的吴溪(前吴)。至宋代,吴溪村人丁兴旺,析分为上宅、中宅、下宅,立三堂:存诚堂、存古堂、存心堂。

明代嘉靖末年,存诚堂八甲派吴珙,携两个侄儿世凤、世显由前吴(下宅)迁居乐庄畈。

乐庄畈离前吴(下宅)东1000米之遥,自大官殿后山脉起,沿坞来山脚、下园山脚、下直山脚、浪汤山脚、里石坞口,直至保安岩脚,浦阳江以南。乐庄畈前为一片沙滩地,后经开垦成田。吴氏在田畈中央建了几间房屋,作为休息及收藏农具之用。当时附近坞来山脚(后名屋基丘田)住有几户葛姓人家,村名"下葛"。据《浦阳龙潭葛氏宗谱》载,明嘉靖中期葛元清从郑家坞江桥、西山下葛迁居吴溪坞山脚下乐庄。后来葛姓人家移往他乡,吴氏迁居乐庄畈时沿用下葛村名,加上"乐庄"二字,为"乐庄下葛村"。晚清时"乐庄"两字被去掉,称"下葛村"。

自珙公迁居下葛村以来,人丁逐渐兴旺,分为三房派,五台门。珙公居后半村,分里明堂、外明堂台门;世显公居前半村,分旧屋来、新屋里台门;世凤公居外份台门。五台门坐东朝西,建有堂楼5个、中厅2个、门厅1个。

村后有用泥土堆成的土围,三四百米长,四五米高,土围上长着茂盛高大的树木。村前有良田百亩,称"门前畈";村后有300亩良田,称"屋后畈"。上至大官殿,下至中坞口,有环绕整个下葛畈的溪塍,以阻挡浦阳江洪水浸淹。

村北有横跨浦阳江的大石桥,名通济桥。此桥前身为吴公桥,系月泉吟社创办者、存诚堂吴渭于元至元二十五年(1288)捐资建造。南宋诗人方凤曾作诗《吴清翁石桥》:金椎谁奋破山霆?趋石浑疑走六丁。间道便须横蝾炼,长竿先已竖蜻蜓。济川作略君堪记,吟雪行藏我欲经。领取溪山好风月,更看高架翼然亭。吴公桥于清光绪二十一年(1895)改建,更名为“通济桥”。

通济桥北有平水殿(桥头殿),塑有夏禹王、吴渭公、财神、土地等神像。庙东侧建有楼房3间,为乐庄小学,曾作为乐庄高级社办公室之用。桥南有蕙然亭,亭内塑有一尊南海观音像。桥下百米处溪畔,建有下葛新殿,塑有仙姑娘娘、文武曲星等神像。大官殿位于下宅村下,塑有陈老相公、大官爷爷等神像,又有保安殿胡公大帝神像。这些庙宇逢年过节都作为下葛村香火殿祭拜。

下葛村民国时属广明乡,1942年《民国浦江县志稿》记载有53户。1949年后属前吴乡,1951年修筑的浦兰公路依村前越通济桥而过,距县城4千米。1956年11月由下葛、中坞、徐店、里石坞、长山等8个自然村组建乐庄高级社。

1958年兴建通济桥水库,乐庄高级社移居大溪乡范围,下葛村民居住于蒋塘、道院前楼、大溪楼等村从农户抽调出的房屋。因相关补偿政策没有落实,同意下葛村易地重建。1959年9月,选址在真溪源新坟口(即现村址)建新房,国庆节上午9时落脚。

下葛新村新建堂楼、中厅、门厅三间三进,木料取自原下葛村厅堂,另建厢屋6排,每排14间,共计84间。为兴建通济桥水库,下葛村共移民69户336人,其中迁移至现址真溪畈新下葛52户285人,迁往其余各地17户51人,包括浦江县同乐石宅、浦阳镇、文溪、真溪、岩下,以及上海等地。

自此,拥有430余年历史的老下葛村村址没入水库底。通济桥在蓄水前拆除,桥梁原址在通济桥水库大坝附近。

(吴益文)

**老下葛村坐标位置:**

东经119° 50′ 44″,北纬29° 26′ 42″,海拔约76米。

## 徐　店

徐店徐氏,其祖先为睦州(建德)大塘人,名立(1130—1198),官至宋吏部尚书。立的幼子孝辂为萧山县令,始迁至浦阳马墅,为马墅徐氏之始祖。立的次子孝輓始迁石桥(城里),传至第七世徐贤八,由石桥迁居西乡二都真溪畈,村名徐店。

徐店村处于通济桥北部,毗邻乐庄小学、桥头殿。据《民国浦江县志稿》记载,当时徐店村有20户人家。1958年底,因修建通济桥水库,徐店村移民被分配安置到浦南魏店、辛山黄、新屋来等村。村民在移入地过除夕夜,1959年正月初回原址过春节。农历五月初五在溪口畈新址建房。村名仍沿用原名。

徐店村在1959年共移民32户129人，其中迁往新徐店村30户123人，移往外地2户6人，其中1户5人迁往建德梓里，另1户1人迁往安徽宁国。

（吴益文）

**老徐店村坐标位置：**

东经119°51′04″，北纬29°26′48″，海拔约86米。

## 龚　坞

龚坞村，以原住处保安岩之北山坞得名，也称中坞。

龚坞村民姓楼，据《浦阳楼氏宗谱》记载，其始祖名全，字克充，号龙石。宋开宝三年（970），携子德乌，由义乌黄山迁居浦南白石源，为浦阳楼氏第一世祖。楼全为人敦厚，慷慨多才，人称“长者”。

相传，宋咸平三年（1000）七月，邑中大旱，他在白石源龙潭求雨时不幸遇难。后被朝廷封为灵应侯，乡人在白石源口设立龙王庙，塑龙神像予以纪念。

传至十四世楼相，字穆员，于元末明初由浦南入赘西皋后潘，为西皋楼氏始祖。传二十二世楼三瑚，于明嘉靖年间（1522—1566）自西皋迁居龚坞，为龚坞楼氏之祖。

据《民国浦江县志稿》记载，时龚坞有17户。1958年底，因兴修通济桥水库，中坞村移民至浦南魏店、辛山黄、新屋来，在移入地过除夕夜。后因与迁入村庄农户不睦，次年迁至今址，仍沿用原名。迁居新龚坞村时，共有25户118人。

（吴益文）

**老龚坞村坐标位置：**

东经119°50′57″，北纬29°26′38″，海拔约83米。

## 里石坞

里石坞村以该村位于山坞而得名。位于前吴乡东南侧，背靠来龙山（又名“直背山”），西南临麒麟山，东北接保安岩。发源于龙门山和长凹山的溪水汇合成麟溪，绕村而过注入浦阳江。

里石坞费氏始祖名夔，字敬夫，号吴麓，宋嘉定十六年（1223）登进士，绍定元年（1228）任浦阳县尉，遂卜宅于浦阳南石桥头，为浦邑费氏始迁之祖。其子费泓又转迁于城西，生子文友。文友生公辅，公辅中进士，担任府判之职。生子费斗，字斗南，任御前观察使，转升广西布政使。其八世孙费祉，于明永乐初年由城西迁德政乡五都里石坞而居，为里石坞始祖。清属德政乡尊仁里五都。民国时期为浦阳区沉湖乡，《民国浦江县志稿》记载，当时里石坞村有19户。20世纪50年代属前吴乡。

里石坞村依山势朝西而建，有古井1口、古塘1方，分别名曰“后井”“芋塘”，村内设厅堂二进，其堂名为“思义堂”。

村外有仙云岩古庙一座，传说始建于清同治年间，因位于保安岩下，故俗名“岩殿”，殿内供“马相公”神像。

因兴建通济桥水库，里石坞村两次迁移。1958年底、1959年初第一次移民，当时移民27户119人，其中8户22人就近移往高处，19户97人迁往浦江县各地，以群生许里村、浦南后徐村较多，另有2户23人迁建德，1户迁上海。第二次移民在1972年，因溢洪道加高，蓄水位提升，移居高处的村庄再次被淹。再迁时移民8户21人，其中迁往浦阳镇城东、城南各1户，杨田周5户，石马头1户。

（吴益文）

**老里石坞村坐标位置：**

东经119°50′53″，北纬29°26′23″，海拔约81米。

# 长　山

长山村，原址位于浦阳江北岸，背靠长山岗，东临通济桥，南面隔浦阳江与下葛村隔江相望。据《民国浦江县志稿》记载，有13户人家，村民以施姓居多。

因兴建通济桥水库，1959年长山村共移民11户42人，大多迁往浦南辛山黄、同乐石宅、文溪牛车头等地，另有1户迁居龙游，1户迁居宁国。

（吴益文）

**长山村坐标位置：**

东经119°50′24″，北纬29°27′00″，海拔约75米。

# 马桥村：马桥头、新店

## 马桥头

马桥头古村，是浦江县西部第二大村，距县城 7.5 千米。至杨桥一观，村东有“三龟虎伏守门户”，村西北有五座山脉的头同入一洼池，称之为“五马并槽待登鞍”，相传过往官员“文官下轿，武官下马”。古有一座石拱桥称“马桥”，居址在桥头，故称“马桥头”。杨桥头、下店、下盛总称为“马桥头”。

浦江至建德（旧严州府治）官道穿村而过，东邻前吴，南毗新店，西接外黄宅，北连寿溪。村南有下溪滩、花溪、前坞溪、寿溪、袅溪之水汇合后入吴溪。村东西长约 1.5 千米，南北宽约 500 米，人口在千人以上。

全村有 24 个石板明堂，8 个大厅堂，上新屋里台门厅、街路旧屋厅、大房厅、二房厅、三房厅、四房新厅、前台门厅、一木厅。最有特色的一木厅，因整个厅梁是从一根树木中取材从而得名，大梁直径有 1.2 米，有木雕牛腿工艺精美，墙砖有塑雕之形，为盛氏宝贵文化遗产。

马桥村地貌平整，上、下半村踏步（台阶）二步半，村中心是十三间头，1950—1956 年为马桥乡政府驻地。东至下店、下盛、杨桥头，南至下殿门口乌珠潭，西至殿后村和新屋沿，北至中央台门旧屋，街路横至马桥，寿溪水系经桥

下穿村而过，桥头有铺天盖地千年古樟1棵，要8人合抱，树下有樟树妈娘之殿，殿门口立有表彰尚畴公之妻张氏25岁守节的“旌节”石牌坊。沿街有南货店、肉店、裁缝店、理发店、邮政代办所和仁和堂、万生堂、万春堂、同心堂4家中药店。

村南过桥是一座坐南朝北四进的盛氏宗祠，其中门廊、拜厅、献厅为三开间三进，东南有厢房，寝室为五开间一进，始建于清光绪初年。村东有建于明代万历年间（1573—1620）珠山寺，分前、中、后三进，前后二进朝西，前殿有巨钟大鼓，后殿十八罗汉，中进为大雄宝殿朝南，塑有周宣灵王与陈钱二公神像，两边伫立青华、将军二武卫守门，凡有大庆大节，村人都要进殿烧香拜佛求平安。

马桥完小，1949年前为武林初级小学，校址设在马桥头盛氏宗祠祠堂内。1950年改名为马桥乡小学，生源来自马桥、袅溪、寿溪、新店、章山、罗源、山隍殿等村校高年级学生，直属横溪区中心小学领导。1952年共设3个班，学生120多人。1954年增至4个班，学生150多人，教师6人，时任校长楼虎臣，辅导辖区的10所初级小学。1956年改为马桥完全小学。1960年2月因建造通济桥水库，将马桥完小的学生并入塘岭金小学，即改为塘岭金完全小学。盛氏宗祠也在同时拆毁，其木料用于建花桥中学。

1956年，由寺口、塄山口、杨桥头、下店、下盛、马桥头、东坞山头等村的初级社合并为永丰高级社。1958年10月公社化，更名为永丰生产队。

盛氏第五世德懋公，幼子复礼（行福七），于元至正年间（1341—1368），由下黄庄深塘角迁居马桥龙门下繁衍生息600余年。下盛始祖子贤公，寺口吴氏始祖绅公自迁址建村以来也接近600年。1960年因建造通济桥水库，离故土迁他乡，从此村已无存。

现今马桥村与杨桥头、下店、下盛村400多户人口，从通济湖水库底迁址到原来的东坞山头村，计72户。其余迁到花桥乡东塘村、外黄宅村、里黄宅村、花桥村、前坞村、下宅溪村、杭州、建德等地。1972年又移民了10多户，其中移到大许村是10户，盛礼清户迁到五善塘村，童兴雨户迁到十里头村，盛根生迁到大溪楼村，还有迁到平安村1户、廿亩山村2户。

现在的马桥村位于浦江县郭上线，现在村里共有212户664人，包括原来东坞山头村的16～17户人家，东坞山头村原来姓黄，移民到东坞山头的盛姓多数，张姓6户，吴姓4户，诸葛姓1户，方姓2户，黄姓5～6户，曹姓1户。马桥村现有土地103亩，山地林地共计2400亩左右。

马桥村，从1958年开始动员搬迁，1959年开始搬迁，通济桥水库是1962年建成，而真正从开始搬迁到完全搬迁好，前后有十年时间，有的投亲靠友，有

前吴马桥村全景

两户因为没有能力，水库水位降下了就住在原来的房子处，水位上来了，就暂时住亲朋好友处。

当时搬迁安置费是每间 50 元，给村里总共 900 担供应粮，分配是按男劳力 500 斤，妇女 480 斤，孩子按年龄段分。整个村目前也是总共有 4 万元的返销粮款。

日前村里有常住人口 280 余人，有办公场所、晒场。村里民房依山而建，村前湿地公园，如诗如画，令人流连忘返。环境清雅，绿意盎然，溪水潺潺，鸟鸣声声。村民于此，尽享自然之美，怡然自得。

村民言："此地乃人间仙境，何须远赴城中？"诚然，湿地公园之美，足以让村民心满意足，不愿离去。城中虽然繁华诱人，却难及故土的宁静与和谐。

村前湿地公园，不仅是村民心中的乐园，更是人与自然和谐共生的典范。愿马桥村之美永驻人间，成为世人心中的一片净土。

（张笑蓉）

**马桥头村坐标位置：**

东经 119° 80′ 14.51″，北纬 29° 43′ 80.06″，海拔 143.5 米。

# 新　店

新店村,位于浦阳江上游,浦江县城之西门外,距县城7.5千米,离通化横溪镇7.5千米。浦兰公路依村而过,是浦江至金华、兰溪的必经之地。东邻前吴村,南接罗源,西毗毛田脚,北连马桥头,为界牌源之首村。

清季属德政乡三都,民国属广明乡,1950年10月属马桥乡,1956年4月属前吴乡,建新店初级社。1958年10月为前吴管理区新店生产队;1959年7月属朱桥大队(乡)新店生产队,1961年10月为前吴公社新店大队。

全村有盛、郭、严、徐、陈五姓。盛氏占94%,第十二世名孟荣(行升二十八)于明嘉靖五年(1526)由马桥头迁入三都八保新店。盛氏宗祠建于马桥头益岭山下。咸丰十一年(1861)焚毁。同治十二年(1873)重建,1959年建造通济桥水库时拆毁。盛氏宗谱始修于宋咸淳元年(1265),现存盛氏宗谱修于1949年。自孟荣迁居至1960年全村搬迁,共生息繁衍435年。

村前有川流不息的新安溪,新安溪汇罗源、界牌、双珠三源之水,向东流入吴溪。林木茂密的泰山,似一座天然屏风,将罗源村隔开,村后来龙山古木参天,来龙山上一株数围合抱的古樟树,像一把巨伞覆盖村东。向东行500步有翊佑庵、关公殿(称经堂)、白石殿,气势恢宏。高大茂密的大樟树、槐树林为天然的村口绿色屏障。新安亭骑路而建,新安桥横跨南北。桥南有两株数围合抱的大松树,像巨人一样守护着新安桥。往西走500步经前山头有一座上殿,内塑李公太保等像。东西墙上画有栩栩如生的八仙图。

前吴乡马桥村新店旧址

新店人乐善好施,新安溪旁新埠头处有一草亭,设有茶水和坐凳,供过路人休息纳凉和解渴。朝南过门口堰约百步至泰山脚,有一泉水孔(称冷水塘),常年涌泉不息,取之不尽。盛道选等人备有毛竹罐,供行人饮水之用。传说泰山为猪娘形,此泉水乃猪娘之乳汁,其味甘甜,清凉可口,有清心明目之效。炎夏季节,村人用葫芦壳或毛竹筒前往取之,为解渴之主要用水,路人慕名前往饮者甚多。

村东小桥头有一泉水塘,长约6米,宽约4米,深约3米。一年四季,清澈见底,乃村人夏日洗澡之最佳去处。村中有一池塘,古称"荷花塘",后称"门口塘"。供村人洗涤、养鱼和消防。

以门口塘塍大路为界,分上厅、下厅,也为上下半村。上半村有后山、过楼下、新屋来、大园、下郭、麻车后(上徐)等;下半村有后山脚、田沿、塘下、厅前、大埂头、新屋里等。大多数民居为土木、砖木结构的二层楼房。400余亩平坦肥沃的良田依附在新安溪两旁哺育着新店人。林木茂密的泰山、来龙山、水堆山、石塔头等山丘环抱着新店村。松涛声、流水声、琅琅的读书声不绝于耳。新店村真可谓是一座山清水秀、土地肥沃、交通便利、民风淳朴之乡村。

因1958年建造通济桥水库,淹没新店村良田239.74亩,旱地19.29亩,房屋182间。1960年徙迁离土,290人中移住罗源21户75人,民生2户6人,独塘2户9人,花桥3户7人,同乐1户4人,留下57户189人向库岸移住。于1960年在朱桥头村西侧安置建造两幢廿四间头住房,为上新店外台门安置15户,上新店里台门安置18户。1963年在利坞建房20户,1964年在盛坞建房13户。

1972年,通济桥水库溢洪道加高3.4米。因此,346人需第二次移民,其中56户257人分别移民至盛坞、里台门、外台门。1973年,利坞移民19户89人,分别居住于浦阳、石马、平安、大溪、大许、前吴、花桥7个乡镇35个自然村。

(张笑蓉)

# 袅溪村：和尚坪、后坪

袅溪源，古名“深袅江源”，源深 7.5 千米，为“浦阳十景”之一。元柳贯《深袅江源》诗中有“滥觞初不满瓶盆，百谷浑浑一壑吞”之句，钱维善也有“深袅渊源万古流，溯洄谁解泛扁舟”的诗句传世。深袅江的源头为无莱峰，即深袅山主峰，海拔 788 米。无莱峰也是吴莱结庐隐居、著书立说之处。无莱峰东山岙里现建有 3 间一进的吴莱殿。“山不在高，有仙则名。”无莱山因为吴莱在此归隐而闻名远近，后人为缅怀他的高风亮节，将无莱山改名为“吴莱山”。

## 和尚坪

和尚坪村，是“浦阳十景”深袅江源源头的第二个村，距袅溪行政村约 3 千米。因村基坐落在山坪上，西北曾有和尚寺庙，村以此得名。

据《光绪浦江县志稿》第十五卷“寺观”载，元成宗大德三年（1299），宝林僧法授建吉祥教寺，元代大儒吴莱曾住吉祥教寺，且有诗云：“一昔逢寒食，行吟采物华。风生敲槛竹，雨湿堕船花。曲坞青龙树，长滩白鹭沙。回看江上水，直去到吾家（浦江前吴）。”

和尚坪村，东面水口山，南为屋后山，西叫下下坞，北是门前山。老村呈条块状分布而建，门前山坪下是深袅江源（袅溪），沿溪为吴莱古道，古道边上有山皇殿，2018 年修建了山皇殿到横坞口的水泥路，通村路从村前而过。

81 岁的张启贵老人告诉笔者：很早以前村西有个和尚寺，种地时还挖到过很厚的青砖和瓦片。这个寺庙消失的原因是，有一年大雪封山，寺内断了火种，无法取暖烧食。和尚叫黄狗去外村取火种，在狗尾巴上绑了取火的煤头，狗翘着尾巴跑得很快，就去了。可能是雪厚路远，狗累了，回到寺庙时，狗尾巴已经着地，煤头上的火种也灭掉了。就这样，寺庙因为没有火种，和尚被冻死饿死了，寺庙也在沧桑岁月中消失了。

据《浦阳珠山张氏宗谱》载：第十七世张廷径（1756—？），于清乾隆后期由珠山后迁居和尚坪。

实行联产承包责任制后，随着人们对生产生活要求的提高，缺水、路险、信息不通等基础设施落后，严重制约了村民经济的发展和生活水平的提高。从20世纪80年代开始，村民们陆续在浦阳城区或其他地方置房定居或租房创业。整村已于2018年租给浙江深袅文化旅游开发有限公司开发民宿、乡村旅游，城里无房的村民由开发公司统一安排居住。130多年的小村庄即将开发为民宿旅游产业。

（张海平）

**和尚坪村坐标位置：**

东经119°77′45.0408″，北纬29°48′86.1837″，海拔519.03米。

## 后　坪

从浦阳出发，经翠湖路沿浦横线，转埬袅公路到袅溪村，从村后沿小路往上走约1千米，便是后坪村。

后坪村位于半山腰的山间平地，村后的山名叫后山，以地形山名而得名。村庄坐北朝西南，村址建于凤凰形脖子处，取其为凤凰形。东为石塌坞山，南是水口山，西为范村山，北叫后山。

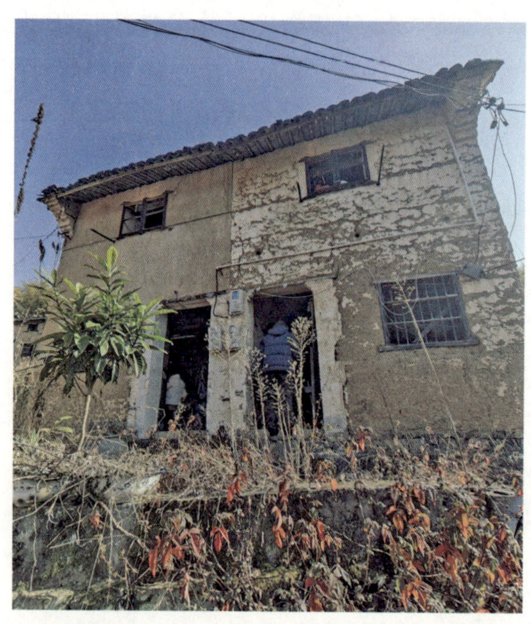

前吴乡袅溪村后坪旧居民房

《浦阳花氏宗谱》载：南北朝时期北魏名将花弧将军，其女木兰替父从军，唐皇帝追封为“孝烈将军”。其后裔花叔冈为建武太守，其后五世孙花康公始迁浦江里黄宅，至花源公又居花桥。《浦江县地名志》载：花桥村，因始居花姓，旧时浦江至建德大路在此处的后塘源上有桥而得名花桥。至花安公于元至元三十年（1293）而居里金（后坪背面），传至启承公，于明嘉靖中期（1522—1566）迁居后坪，启承公为该村第一世祖。

花桥村却无一姓花，花安公

为什么迁居里金，启承公又为什么迁居后坪？相传，宋元战乱时期，一支军队经过花桥，其祖先太公心善做好事，分给他们馒头和干粮，军队没走多远，有人说花家虽然给了我们好吃好喝，但他们知道了我们的行迹，必定会走漏风声，于是又返花桥，将全村人统统杀光，而花安公当年才 7 岁，是躲在阴沟里唯一幸存者。此时，一出家人路过，将其救到乐山庵。至 17 岁，出家人说，花氏只有你一个人活着了，你现已成人，得回去娶妻生子。就这样，花安公为安全起见选择了半山腰的里金居住。

至于后来为什么又从里金迁居后坪村里，又有这样的说法：里金的山坞狭小，200 多年过去，人口增不了多少，认为这地方不发。有一次放羊，羊一路吃草来到了后坪这地方后，怎么赶也赶不回去，就地搭建山棚在此居住放羊，时间一长，认为这里地势开阔平坦，朝向好，阳光充足，启承公就从里金迁居到了现在的后坪，成为浦江唯一的花氏集聚地。

500 年来，花氏祖先在这里繁衍生息，居住有 50 余户 160 多人。随着经济社会的发展，因交通制约，从 1994 年有 4 户人家在浦江县城福全里买地基建房定居开始，此后全村陆陆续续搬迁至附近村庄或浦江县城。到 2019 年止，花氏后坪村已空无一人，浦江唯一的花氏村庄就此消失。

（张海平）

**后坪村坐标位置：**

东经 119° 79′ 91.6991″，北纬 29° 47′ 80.3207″，海拔 319.56 米。

# 毛家村：和尚坞

前吴乡毛家村西，有一处宗教场所——九龙殿，殿前有一条窄窄的过道，这里就是到和尚坞村的原始小道。

和尚坞村，处在山坞，村南有童山坪头（和尚头）平地一处，以地名形状取村名“和尚坞”，又名“盘龙坞”。

村东有门口塘，南是童山坪头，西为后山头，北叫来龙山。形似燕窝，厅堂在村中心，十几户人家，却有四个堂头、三个厅，可见当时也曾富甲一方。

据《浦阳盛氏宗谱》记载，第十四世盛叔点，号双溪，生于明隆庆五年（1571），明万历年间，自马桥迁住和尚坞。

相传，老村西北有一山脉叫殿基岗，有一天，一只香炉从岗上滚到毛家后宅，村民们认为是天意，就以香炉为中心造殿，在平殿基时挖出了九条蜥蜴（本地土名叫垫垫）。蜥蜴生命力十分顽强，也叫小龙，在古代也是吉祥的动物，象征财富和幸福连绵不断，因此取殿名为“九龙殿”。

和尚坞村前有门口塘，用于洗衣洗菜，喝水是每天到百米外的井里去挑的，泉水冬暖夏凉，长年不涸，基本能够满足几十口人的饮用，如今水质还是清澈如镜。

和尚坞村人口少，但耕地较多，吃饭基本不成问题。毛家村的人在青黄不接的季节，还时不时地到和尚坞村来借米借麦。祖宗勤俭置业，下吴周、塘岭金村都有田地，至今还流传有“两个廿四全粮”的说法，是一年 24 两银子还是 24 石果物，没有人能够说清楚，大概意思是，在当时缴皇粮是比较多的一个大户人家。

老村的交通成了最大的制约点，从九龙殿到老村距离仅仅几百米，但山头（路名）这条路的坡度有五六十度，出门上下的难度可想而知。村民们说，过去一到下雪天，小孩子到毛家去上学，左手一个火熄，右手一根柴棍，一滑滑到九龙庙。就是这条山路，伴随了和尚坞人 400 多年的风风雨雨。

从 20 世纪 60 年代开始陆陆续续有农户搬迁到山脚的毛家村，70 年代有两户因火灾而迁入童麻车村，到 1999 年止，除一户低保户外全部搬迁下山。

如今的毛家行政村，塨袅公路穿村而过，是吴莱景区的必经之路，袅溪源水经村中南流,注入美丽的浦江版千岛湖——通济湖。“吴莱状元面”成了乡村共富面,村民的生产生活条件发生了天翻地覆的变化,并正朝着更加美好的未来一路向前。

（张海平）

**和尚坞村坐标位置:**

东经 119° 80′ 47.12″,北纬 29° 46′ 10.11″,海拔 169.12 米。

# 民生村：觉寺、张山源、毛竹坞

## 觉　寺

觉寺，俗称高寺，明嘉靖《浦江县志》记载有觉慈教寺一座，故名。

觉寺村民以周姓居多。周氏一世祖名从远，传四世周敦颐，传六世周泰，字世杰，宋崇宁中叶（1102—1106）任金华学谕。周泰生子名质，字孟容，于政和六年丙申（1116）讲学于浦阳月泉书院，父子遂卜居于浦阳。明嘉靖（1522—1566）末，周氏第二十一世裔孙，名中兴，由浦西毛桥迁三都罗源觉寺，为觉寺周氏始祖。

村民有于姓，系 1981 年于来正自罗源村入赘高寺村而来。

据《民国浦江县志稿》记载，时觉寺有住户 16 户。1999 年有农户 26 户 85 人。现有登记住户 34 户 91 人，实际常住仅 1 人。村内住房因年久失修，坍圮殆尽。

（吴益文）

**觉寺村坐标位置：**

东经 119°51′03″，北纬 29°25′24″，海拔 302 米。

前吴乡民生村觉寺全景

## 张山源

张山源村，亦名樟山园，村民姓宋。浦阳长陵宋氏第二十一世孙宋登遇，字时逑，于明末清初自通化长陵宋宅（今兰溪市梅江镇）迁居觉寺张山源。该村现住1人。

（吴益文）

前吴乡民生村张山源全景

**张山源村坐标位置：**

东经119°50′48″，北纬29°25′14″，海拔285米。

## 毛竹坞

毛竹坞村以居屋坐落于竹山之间而得名。

陈炳贤户本居浦江虞街（今属兰溪市横溪镇），因生计困难，于清光绪初年，由其出嫁大溪楼的胞姐引荐，至五路岭为大溪村人看管山林，建房居住，生二子建福、建禄。1951年迁至毛竹坞定居。1981年后，该户子孙6人先后迁居徐家村，村废。

（吴益文）

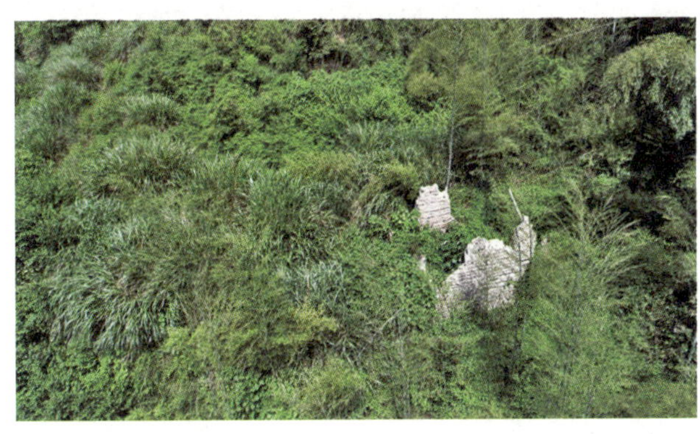

前吴乡民生村毛竹坞村旧址

**毛竹坞村坐标位置：**

东经119°50′47″，北纬29°24′57″，海拔291米。

# 章山村

从浦阳出发，经翠湖路沿 X801 浦横线，一路水墨前吴、通济风光到秀美朱桥，再往朱里线 1.5 千米，便是章山新村。行至村尾有一停车场，这里有乡村旅游导览标识牌，指向西边的便是章山老村的机耕路入口。

章山村始居为张姓，因村落建于半山腰，取名张山村。《浦阳章山黄氏宗谱》记载，元至顺（文宗）年间（1330—1332），里黄舍公之三子，名昌，入赘张山村张子潘之女，其子女随父姓黄，之后因村里已无张姓人氏，故村名以张山村谐音改为章山村，黄昌为章山始祖，繁衍昌盛有 170 多户 500 余人。

据老书记黄忠淦介绍：上老村有三条路，一条是几百年前建村初期的羊肠小道，小径通幽；二是建于民国时期的石板路，石阶斑驳；三是建于 1973 年的机耕路，石坎平直。步行 300 余米，机耕路右侧有一株 330 余年树龄的古树——

章山老村

槲榆树，挂有浦江县古木保护树牌子，这是老村最老最大的村口树。

村口有一大明堂，明堂北面为三进祠堂“黄氏宗祠”，明堂西边为门口塘，沿着塘边有一条村中路，路右边有一条小溪，将村庄分为南北两个条块状，形成了“一树一塘一祠堂，一路一溪一明堂”的村庄布局。

老村村口狭隘而村内宽大，形如燕巢。背靠天子龙，前朝牵坪，左为小岩头，右乃寺山后坪，如狮象守门，虎踞龙盘。

相传，当年太平军到村下，村口胡公显灵，忽然天降大雾，太平军被迷得晕头转向，找不到进村的路。

这里地势险要，一夫当关，万夫莫开。1949 年，中共浙江省四明山游击纵队金萧支队义乌第八大队大队长李一群带领部队，在章山村黄氏宗祠内开展革命活动工作有 3 年之多。

章山村，西有天子龙山脉，威武雄壮，南山腰有一天然洞府，供奉有黄大仙、土地公公等。上至山顶，有三叠石奇观，三块巨石叠在顶峰处，无不惊叹，相传是陈老相公挑的木炭太重了，行至此地时，扁担断了，化成了巨石。站在三叠石上俯瞰老村，形似太极八卦图，明晰却神秘，据说小溪的水不是直接往外排的，而是通过暗渠来回使用的。2016 年在后山发现国家一级保护动物中华小鲵，经省里专家多次考证确认，数量众多，生态完整。这也从侧面印证了老村优异的生态环境。

章山老村远眺

章山新村新貌

章山老村，虽然

生态优良，人杰地灵，但地处山腰，生产、生活用水严重不足，村中央的一井一塘，井塘连为一体，以致污染严重的塘水渗入井内，井水泛黑不能饮用，特别是到了旱季，塘枯井干，村民只得下山提水，非常艰难，一旦发生火灾，只能望火兴叹。自1960年以来，村里先后发生4次火灾，尤其是1978年9月19日的重大火灾，由于交通不便，消防车无法进村，烧毁房屋多达46间，损失巨大。

"要想富，下山搬迁是出路"，已成为当时村民的共识。自1983年起通过有关部门不断协调推进，终于在1988年8月成立了新村规划建设领导小组，并于1989年1月完成政策处理工作，到1989年3月22日，新村143间屋基如期落实到户，第一期规划圆满完成。1991年7月，新村第二期规划再度展开，至1994年2月1日，第二期173间屋基如数落实到户。至此，全村316间新房全部落实在了坐北朝南光照好、桃源水丰生活好的朱里公路两侧，全体村民终于实现了下山搬迁的美好愿望。

2018年12月，原章山、里黄、独塘行政村，3村合并为桃源行政村，新章山村成了新行政村驻地，党群服务中心所在地。

如今的章山新村，屋后九龙拱守，房前三山如屏。松江溪上建有金带桥、银带桥，溪流上中下建有三道蓄水堰坝，一条略显弧形的街道两旁矗立着崭新的三层楼房，晚上街道两边路灯通明，一派欣欣向荣的新农村新气象。

（张海平）

**章山村坐标位置：**

东经119°79′53.1214″，北纬29°40′45.6520″，海拔193.3米。

# 朱桥村：朱思坞、仁忠坞、茅田庵顶

朱仁大队，清季属德政乡（尊仁里）二都，后属广明乡，1930 年 10 月属前吴乡，20 世纪 50 年代时属四全高级社，1958 年 10 月属前吴管理区前吴生产队。1959 年 7 月为兴建通济桥水库而置朱桥大队（乡），从前吴大队析出朱思坞、仁忠坞设朱仁生产队。1961 年 10 月为前吴公社朱仁大队，驻地为仁忠坞。朱思坞、仁忠坞两个自然村，即两个生产队。1967 年建立朱仁小学。1971 年有农户 37 户 179 人，耕地 27 亩。1972 年绝大部分农户移居他乡，遂撤销朱仁大队建制。

## 朱思坞

朱思坞，因地处山坞朱思坞而得名，位于通济桥水库之西南，村址亦称“燕窝形”。明代洪武年间(1368—1398)，邑内吴姓十九世名释（行生一）者，自前吴村迁居于此，为村之始祖。

1959 年设朱仁生产队，1961 年改为大队。兴建通济桥水库前浦兰公路从村前穿过，村边修有水库 1 座，环境优美，交通便利。经 1960 年、1972 年两次移民 9 户 49 人。现有 12 户 35 人，并入朱桥大队。距村民委员会驻地毛田脚 1.5 千米。

## 仁忠坞

仁忠坞，因地处山坞而得名。《光绪浦江县志稿》称“仁中坞”。明代万历年间(1573—1620)，邑内吴氏第二十六世名尚理（行朝七十一），自前吴迁此定居，为村始祖。其居民原系前吴村分居于此。经 270 多年繁衍。1959 年设朱仁生产队，1961 年改为大队，至 1971 年有农户 26 户 127 人。

旧时村有一龙皇庙，供两村的善男信女顶礼膜拜，有高大繁茂的千年古樟 4 株，大池塘 3 口，风景秀丽如画。1972 年全村移住他乡。1974 年吴彰权自平

朱桥村朱思坞(郑定志摄)

安公社骆山岗复迁仁忠坞 1 户 5 人,并入朱桥大队(村)。距村民委员会驻地毛田脚 1.8 千米。

(张笑蓉)

**朱思坞村、仁忠坞村坐标位置:**

东经 119° 49′ 18.83″,北纬 29° 25′ 39.35″,海拔 119 米。

## 茅田庵顶

从前吴乡朱桥村到兰溪市横溪镇渔塘村方向,沿着十里界牌溪源,至朱桥新村,向西 700 米处,便是茅田庵顶村。

相传明代时,此处山腰有一香火旺盛的庵堂名“茅田庵”,因村落居于其上方,取村名为“茅田庵顶”,谐音又称“毛田庵顶”,简称“毛田顶”。

村落入口小而里面宽长,形似畚箕,南为老虎尖,北是前山,西靠堂头山,东面一口大水塘,房子建在三面山脚,村中一条小道。徐氏居于此,已 500余年。

据《浦阳徐氏宗谱》记载:宋庆元年间(1195—1200),有德明处士携子朴公,由四川建定而客游湖州安吉,见其山明水秀,俗美风淳,便居于地。后传至乾一府君,名创,于宋德祐初年(1275),为避元兵之扰,从安吉独松关外迁居浦阳通化七星峰下(今属兰溪),为浦阳徐氏之始祖。传七世名广、名通,于明洪武十三年(1380)迁居陈源。传至二世,有名旺,迁居长富(兰溪宅口)。传至

前吴乡朱桥村毛田庵顶(何敏摄)

十三世名子复，字克正，于明正德年间(1506—1521)自通化宅口(今属兰溪市横溪镇)迁居毛田庵顶，为毛田顶村始祖。

茅田庵顶村，最初是石头踏步，坡度很大，生产生活费力费劲。1980年，以老路为基础修建了2米宽的机耕路，路面虽然宽了一些，可以用独轮车拉东西，但交通还是很不方便。2017年10月，由县民政局、交通局、财政局各捐10万元，村集体筹资30万元，新建了5米宽的通村水泥路。

茅田庵顶村，在解放战争年代，曾是金萧支队革命活动的区域之一。村人、革命烈士徐尊士(1926—1948)，投身革命，担任江东县武工队事务长。1948年五月初七日晚上，在前吴村张贴标语、宣传党的政策时，被国民党侦缉队发现，在双方激战中牺牲。

村中长寿老人楼梅竹，生于1918年5月，现年106岁，五世同堂。如今耳聪目明，身体健朗。

随着社会经济的发展，村民为了改变落后的生产生活条件，从1994年开始，陆陆续续在朱桥新村购买地基建房，到目前止，20余户已经在朱桥行政村新建楼房，安居乐业。

(张海平)

**茅田庵顶村坐标位置：**

东经119°79′23″，北纬29°40′42″，海拔193.3米。

# 花桥

花桥乡
杭 坪 镇
前 吴 乡
溪 市
花桥乡
图 注
①岭脚村：平水殿
②大坞村
③长畈村：石塔坞
④金坞村：石盘坪
⑤里黄宅村：白石、范山
⑥里黄宅村：马坞、马坞口
⑦里黄宅村：杨坞
⑧花桥村：乐山庵
⑨横山村：外横山、里横山
⑩下宅溪村：王顶
⑪马宅村：茶坞
⑫马宅村：长凹

# 花桥村：乐山庵

乐山庵，原名为“佛庵”，又名“老山庵”，位于花桥村民委员会西北 800 米处山麓。原有 3 户农户，于 20 世纪 80 年代移居花桥村。现为农业生产点，附近有茶场。

花桥，以始居祖花姓，旧时有浦江至建德大道，经过处后塘源上有桥得名。《浦阳江花氏宗谱》载，花叔冈为建武太守，其子花汴为金郡教授，其后四世孙花康迁浦江里黄宅，裔孙花源又居花桥。至宋元战乱，花氏四散避难，花安自花桥避难乐山庵，至元三十年(1293)居里金，其孙花启承万历年间移居后坪。

（马建利）

**乐山庵村坐标位置：**

东经 119°46′52.27″，北纬 29°26′1.94″，海拔 229 米。

花桥乡花桥村乐山庵(江东放摄)

# 里黄宅村：白石、范山、杨坞、马坞、马坞口

里黄宅行政村，位于浦江县西部花桥乡东部，地处浦江中支山脉西段南麓，面积600.3公顷，距县城约12千米。村以黄姓得名，有里外两村，该村居里，与外黄宅相对，故称“里黄宅”。

相传，先祖至此见大鳌载人过渡，故又名“大渡”。里黄宅村以黄姓为主，据《浦阳文溪黄氏宗谱》载，黄昶于明洪武末年(1398)由花桥迁居里黄宅。

里黄宅行政村下辖里黄宅、白石、范山、杨坞、马坞、马坞口、王夜、东塘、岭头、竹窠10个自然村。这些村落临大渡源(又称文溪)沿线分布。蜿蜒曲折的大渡源，像一条银蛇，在山间逶迤前行，穿村而过，南流注入浦阳江。沿溪两岸，古木荫蔽，景色恬静宜人，为旧时文溪十二景之“大渡问鳌”。南宋浦江学正朱子槐有《大渡新居》诗，云：“开启地图宽，生成景致完。墙垣千载固，堂室万年安。溪绿三方抱，山青室外盘。文溪黄氏姓，山水足人观。”

如今，10个自然村中的白石、范山、杨坞，因历史原因，早已无人居住，房屋倾圮，村庄消失；而曾经规模不算小的马坞、马坞口，也已经或正在成为“消逝的村落”。

## 白　石

白石村，因所居地有白色石崖得名，位于大渡源西侧，距马坞口西约200米。据现年70岁的黄银海老人回忆，当年他的外祖父叶氏前来白石开荒，政府给他批了山地，遂携家眷居住在山上，育有一女。黄银海的父亲是里黄宅人，父母双亡，家境贫困，故入赘白石叶家，后生育了五子一女。

白石村地理位置偏僻，山路崎岖，出行困难，且未通电，生活极为不便。随着兄弟们长大成人，终于在马坞口买下房子。1987年，黄氏全家移居至马坞口，此时共有6户9人。黄银海说，他们当年在白石村栖身的房子早已坍塌无存，通往白石村的山路已是荒草丛生，难以通行。他们兄弟五人，有四兄弟居住在县城，还有一人留在里黄宅。他自己将马坞口的老屋拆掉重建，退休后也常过

来小住。

**白石村坐标位置：**

东经 119°46′40.51″，北纬 29°27′22.35″，海拔 226 米。

## 范　山

范山村，因附近曾有范姓山地一处而得名。位于大渡源西岸山坡，白石村南面，距马坞口西南约 300 米。所居何氏，自枭溪英坞坪迁此。后发展为 4 户 13 人。

据《浦江县地名志》(2021 年版)记载，范山村居民于 1987 年整体移居马坞口。何氏后人、现年 85 岁的何毛狗老人目前居住在里黄宅村，据他回忆说，当年迁移时，记得他父亲是 76 岁(属虎)，他自己 51 岁，按此推算，他们家的迁移年份当在 1989 年或 1990 年。范山村目前也没有房屋建筑留存，山上一片废墟，曾经的村落如今已荒无人烟，找不到过往岁月的点点痕迹。

**范山村坐标位置：**

东经 119°46′34.38″，北纬 29°27′13.89″，海拔 220 米。

## 杨　坞

杨坞村，以所居杨氏居山坞间得名。位于大渡源东侧，距马坞口东南约 800 米。所居陈姓由义乌王山迁入，原有 3 户 9 人，后发展到 9 户，1987 年集体迁居里黄宅，迁出时共有十三四人。

据里黄宅村里的老人说，杨坞当年居住的人数不多，生活贫困，与外界联系也不方便，如果再不想办法，家里的小伙子们连娶媳妇都成问题，所以搬迁到外面的大村子成了当务之急。如今通往杨坞的山路，也已是人迹罕至，杂草丛生。

**杨坞村坐标位置：**

东经 119°47′2.27″，北纬 29°27′11.08″，海拔 234 米。

## 马　坞

马坞，原系看山棚，先为马氏居住，后有吴氏居住，故称“马吴”，后来逐渐演化为“马坞”。位于石盘坪东麓大渡溪头山谷间，呈条状分布，距村民委员会驻地里黄宅西北约 3200 米。原居民 20 户 90 人。据《浦阳深袅何氏宗谱》载，何文选于清道光初年自英坞坪迁大渡溪马坞。据《浦阳市西沈氏宗谱》载，沈圣伟于清道光中自袅溪前店迁居于此。

相比房屋荡然无存的白石和范山等村落，马坞还保留着十几幢比较完整的房子，虽然墙壁斑驳，却透露着岁月的风霜和历史的沉淀。可以想象，这个看起来已没有一丝人间烟火气的村庄，也曾经人声鼎沸，热闹非凡。而今只剩一缕尘封的历史气息。

**马坞村坐标位置：**

东经 119° 46′ 33.91″，北纬 29° 27′ 40.39″，海拔 276 米。

## 马坞口

马坞口，因处马坞水口而得名。位于大渡溪东岸山脚坡地，呈块状阶梯分布，距里黄宅西北约 2600 米。原居民 11 户 46 人。据《浦江县地名志》

空无一人的马坞村，曾经居住过20余户人家

(2021年版)记载:曹光志于民国二十二年(1933)自通化横塘迁居于此。

这些年来,随着经济的不断发展与社会变革,年轻人越来越多地前往县城或外地发展,村里渐渐只剩下一些老人,原先的热闹渐行渐远,而交通、生活的不便利也日渐凸显。

马坞和马坞口,相对于白石、范山和杨坞,算是比较大的村庄。如今,同样的命运降临,也逐渐成了无人居住的"消逝的村落"。

(张抒)

**马坞口村坐标位置:**

东经 119° 46′ 47.57″,北纬 29° 32′ 22.67″,海拔 201 米。

# 马宅村：茶坞、长凹

## 茶　坞

以所处山坞得名。距村民委员会驻地马宅西约1500米。据马宅村党支部书记马良根介绍，民国时期，外童村（今属光明行政村）村民周文景来此看山，后携家迁居山上，共1户5人。因山路崎岖，交通闭塞，上下山都要步行数小时（从马宅到茶坞，单程就要耗时两小时），条件恶劣，生活极为困顿。在政府的关怀下，周氏一家于1985年后迁入尖峰坞（1户迁入乌岩坪）。后代外出务工、经商，租、购房屋居于县城等处。如今已无道路通往茶坞，茶坞逐渐湮没在历史的尘埃里。

**茶坞村坐标位置：**

东经119°45′03.9791″，北纬29°25′19.7129″，海拔247米。

## 长　凹

以地形为长形山凹得名，也称“长凹来”。距村民委员会驻地马宅东北约700米。据《浦江县地名志》（2021年版）记载：王永法为看山棚户，于民国二十七年（1938）自宝金山至此开荒，原住户2户12人。因山路交通阻塞，无法通电，生活殊为不便，于1994年整体移居马宅，当时共有5户10人。长凹自此无人居住。

长凹作为村庄已经消失，但在长凹村的西南面，有一个以“长凹”命名的水库，碧波荡漾，绿荫环抱。这座以灌溉为主，结合防洪的小型水库，于1979年建成。几十年来一直静静地陪伴着周边的村落，见证了一代又一代人的老去，也陪伴了一代又一代人的成长。

（张抒）

**长凹村坐标位置：**东经119°45′，北纬29°25′，海拔240米。

# 下宅溪村：王顶

王顶位于花桥乡下宅溪村西南 1200 米处山坡上，因所处山顶有一王姓祖坟得名，原为王姓看山棚户。

清咸丰年间，邢新为避战乱由金华市金东区邢村迁来，村里刚来时三四个人，人口最多时 20 多人，有 4 户人家，都姓邢，聚落在桃花岭顶东麓山坡，呈块状分布，属下宅溪行政村管辖。村民以开荒种地为生，主要种植玉米和水稻等农作物，农户还养些鸡鸭。

2010 年响应号召下山脱贫，迁至下宅溪村西面和抬头湾东面两村交界处。村内 10 多间房屋，在下山后全部拆除。

（马建利）

**王顶村坐标位置：**

东经 119° 45′ 28.75″，北纬 29° 26′ 14.38″，海拔 357 米。

# 横山村：外横山、里横山

横山村，以所处山坞两侧山脊向山谷内横向伸出，田垄亦依山势横向摆列而得名，辖外横山、里横山两个自然村，位于花桥乡中部偏西。清季属德政乡三部，1949 年前属广德乡，解放初属花桥乡。合作化时建立横山高级社，1958 年为花桥管理区横山生产队，1961 年为花桥公社横山大队。1983 年政社分设后改为村。4 个生产队，72 户 287 人，地处山区，有耕地 118 亩，山林 1632 亩，山林资源颇丰。种植以水稻为主，兼种杂粮，饲养耕牛为家庭副业之一。

据《浦阳横山杨氏宗谱》载：汉乌伤新阳乡侯杨茂居乌伤戍镇，后裔居杨宅园，分迁四都等处，善三公于明永乐间由四都迁居三都横山。乌伤即义乌，自秦王政二十五年（前 222 年）建县之后，在东汉与孙吴时代先后分出长山、汉宁、永康，到了唐朝，乌伤又分出东阳和浦阳。浦江原为乌伤属地，新阳乡侯杨茂为浦阳人。

花桥乡横山新村

# 外横山

村居民 71 户 283 人，位于下宅溪村西北 1 千米处，东距花桥乡政府驻地盛田畈村 3 千米，其西南接兰溪县。2010 年整体移至山口处新村址，整齐排列呈块状分布。现村内居民 95 户 280 人。

**外横山村坐标位置：**

东经 119° 45′ 22.65″，北纬 29° 26′ 27.04″，海拔 221 米。

# 里横山

原为佛庵堂，清朝年间建造，在外横山北，与外横山相对而得名。位于横山新村西北 500 米半山腰。1949 年前，外横山村一户姓杨的村民在此居住，后土改时期一家姓陈的从花桥乡长畈王社一带迁过去。陈家最多时 7 人，杨家最多时 6 人。

20 世纪 90 年代，两家人都搬迁到外横山，2007 年里横山整体下山脱贫迁至横山新村。横山新村东距下宅溪村 300 多米，距花桥乡政府 1500 多米，去江东县旧址塘波村经过该村北口，沿山路西行 4 千米到塘波村。

（马建利）

**里横山村坐标位置：**

东经 119° 45′ 12.33″，北纬 29° 26′ 26.07″，海拔 322 米。

# 长畈村：石塔坞

长畈，以地处浦阳江源狭长河谷田畈中而得名。石塔坞，曾经为花桥乡长畈行政村所辖的自然村之一，距村民委员会驻地长畈东约 600 米，距花桥乡人民政府驻地盛田畈约 4 千米，以所处山坞有大石塔（石崖）得名。所居黄姓自朱桥头迁此，因受地质灾害影响，房屋倒塌，1 户共 5 人于 1989 年迁入长畈，自此石塔坞不再有人居住。

长畈聚落呈长条状分布，浦阳江经此东流，距花桥乡人民政府驻地盛田畈约 4.8 千米。因地理位置相对偏僻，村集体经济整体水平较低、发展不够平衡。近年来，花桥乡激活“一盘棋”推进乡村振兴战略，开启了乡村振兴、共同富裕之路。

长畈村立足资源优势，发展扫帚产业，让附近村民实现家门口就业，指尖上增收。传统手工扫帚从小打小闹的“补贴家用”，变成农民家门口增收致富的产业，“扫”出了一条致富新路子。

值得一提的是，当年从石塔坞迁居到长畈的黄姓后人，不乏事业有成者。有一位叫作黄顺来的乡贤，在县城创业，生意做强做大的同时，不忘回馈社会、反哺家乡，关爱老人、捐款捐物等都有他的身影。比如每年春节他都回到村里，给村内 75 周岁以上的老人发红包。这样的捐赠，他已经持续多年。

村庄虽然消失，昔日的家园已无处可寻，然而那承载了回忆的老家，永存于心中的某个角落。

（张抒）

**石塔坞村坐标位置：**

东经 119°45′17.1864″，北纬 29°28′25.2617″，海拔 228 米。

# 大坞村

大坞村位于花桥乡西部源头村村民委员会岭脚村南 1.7 千米大山深处，以处深山大坞间而得名。大坞村距浦江到建德县道边的上陈村 2 千米，东到县城 25 千米。其西南接建德、兰溪两县，革命活动地肇峰山即在此三县交界处。

大坞清季属德政乡三都，1949 年前属广德乡，解放初属金银乡。合作化时建立光明第一、第二高级社，取前途光明之意。1958 年为金银管理区光明生产队，1961 年为花桥公社光明大队。1981 年地名普查时更名为大坞大队。1983 年政社分设后改为村。辖大坞、上陈 2 个自然村，3 个生产队，128 户 507 人。地处山地，有耕地 69 亩，山林 3760 亩。以经营林业为主，盛产竹笋、毛竹，并产有板栗、粗榧、油桐、茶叶。粮食作物主要有水稻和杂粮等。大坞村曾是浦江县内有名的扫帚制作村。

大坞村全貌

明嘉靖末年，徐文天自本邑通化砚塘（今兰溪市沿塘）迁居于此。大坞自然村内最多时有居民 110 户 300 人，村中房屋聚落在高山环抱中，呈块状分布。大坞村所处的山麓长满翠竹，风吹竹摇让人心旷神怡。冬季雪后村中房顶积雪连续数日不化，雪山雪屋、雪竹雪松相互映衬。

2018 年因地质灾害，整体迁移，安置在浦阳街道西站社区和岩头镇晶城安居苑。村中所有房舍被拆除，现改造成梯田。

（马建利）

**大坞村坐标位置：**

东经 119° 43′ 17.43″，北纬 29° 27′ 34.45″，海拔 517 米。

# 岭脚村：平水殿

平水殿是花桥乡源头村岭脚自然村下的一个村落。相传该地有禹王殿，因禹王治水有功，俗称“平水殿”，在浦江至建德郭上线上陈与高塘方向交叉口处，距离岭脚村约有 200 米。1949 年，盛秉法一家三口从山上的高塘村搬来此居住，儿子盛礼荣有智力缺陷，一生未娶，20 世纪 80 年代初病故，死时已 60 多岁。盛秉法于 90 年代初病故。此后，平水殿就自然消逝了。

旧时为通往建德重要通道，从岭脚村过井坑岭古道就到严州府建德境内。南宋名臣郑刚中（1088—1154，金华人），年轻时曾在浦江龙德寺读书，娶浦江石宅村石氏女为妻。有诗为证：

**丁朱四朋与了叔佩还钱塘道浦江井坑岭赋此诗**

扁舟绝惊涛，芒履陟修岭。
跻攀虽小劳，窈窕岂人境。
巨石开双关，有道细如绠。

平水殿边井坑岭古道

其中渐宽虚，阔步随所逞。
古木垂嘉阴，一覆馀里顷。
寂寂艳出花，沈沈晦龙井。
时有飞泉落，喷薄珠玉冷。
毛骨皆清凉，反顾发深省。
麋鹿闻人声，骇去山之顶。
春禽正对弄，决起不留影。
岂知道上翁，甚爱幽独景。
如何蒙鄙外，一笑不相领。
负负出前山，迟疑梦初醒。

明崇祯十一年（1638）曾于井坑设望台。清咸丰十一年（1861），太平军经此岭攻占浦江。同治元年（1862）又由此撤往建德。《浦阳文溪黄氏宗谱》载，黄昝，字彦昭，明嘉靖初自里黄宅迁居岭脚，岭脚旧称“银坑”。县道郭上线公路经过岭脚村口。

（马建利）

**平水殿村坐标位置：**

东经119°43′8.69″，北纬29°28′30.21″，海拔410米。

# 金坞村：石盘坪

石盘坪，位于花桥乡光明村王纸坊北1.18千米处的上童山，是金坞村的一个自然村。以处岩石山岗顶部坪地得名，又称石磨坪，西距花桥乡光明村上童山自然村1千米多，东面沿山路到山脚下的花桥乡里黄宅自然村马坞3千米左右。

1949年前，花桥乡童坞村黄忠良来此看山，娶上童山童纯莲为妻，育有五子一女。一家人有2亩多田，种植水稻、玉米、小麦、油菜、红薯等农作物。为了子女上学方便，1986年黄忠良全家移居上童山村，上童山村当时有130余人，建有小学。上童山村内也只有几个老人居住，其他人都搬到城里生活。

石磨坪自古以来是村民对那个点位的称谓，建有住户后仍沿袭下来称石磨坪。黄忠良曾经在石磨坪盖有3间两层土木结构瓦房，搬家后全部倒塌，现旧址由莓兰芳基地于2013年建1座四合院。

（马建利）

**石盘坪村坐标位置：**

东经119°46′9.76″，北纬29°27′55.64″，海拔462米。

虞
宅

虞宅乡
图注
① 卢家村：金钗坞口
② 卢家村：西毛山
③ 桥头村：坞坑、上乌山
④ 马岭脚村：瓦屋
⑤ 程丰村：许山
⑥ 程丰村：新店
⑦ 下湾村：方坞寺、田湾
⑧ 利民村：顺坞
⑨ 利民村：宝轮洞（破石洞）
⑩ 前明村：乌龟尾巴
⑪ 前明村：高山
⑫ 前明村：清溪殿、海尾巴、王前庄
⑬ 前明村：后瞿岭脚
⑭ 前明村：西山、仁山、横山、堂楼
⑮ 虞宅村：灰磊坪
⑯ 先锋村：荷叶弄
⑰ 先锋村：山岗后

# 马岭脚村：瓦屋

瓦屋，因始迁马岭脚张氏祖筑泥墙盖瓦房，故名。位于马岭脚老村东侧，距马岭行政村村民委员会驻地桥头西 2.2 千米。东接马岭村红岩下坡地，南连 210 省道路面，西靠老 20 省道交叉口和马岭景区，北依原 20 省道公路红岩风景区。

瓦屋旧址（胡建富提供）

瓦屋新房（朱宣林摄）

据《龙溪张氏十甲天房宗谱》载，浦阳龙溪张氏始祖张祚于宋淳祐二年（1242）调守浦阳，后居县城水埂巷。第八世迁居五里村，第十九世张邦后（郡庠生），生五子三女，曾在朱宅马岭一带教书，将长女嫁给廿五都朱宅新屋朱可宾第三子朱之珍为妻；后来张邦后第三子张可逢（1725—1794），始迁马岭脚时，正值朱宅新屋灵岩公发财致富，受其姐夫灵岩公第三子的资助，建筑瓦屋，有别于毛草盖的棚屋，显示富有。第二十二世张时禄迁居严州府建德梓里村（曾称小马岭脚），裔孙繁衍，达 600 多人。瓦屋村第二十三世张咸迪，于同治癸亥（1863）捐输授九品冠带。今已繁衍至第二十九世，共有 8 户 30 余人。

2004 年，210 省道拓宽改建马岭隧道，原住房拆除，按省道路面划定屋墙基脚，北移改建新造三层半钢筋混凝土结构楼房，如今面貌焕然一新。

（朱宣林）

**瓦屋村坐标位置：**

东经 119° 46′ 18″，北纬 29° 33′ 49″，海拔 432.7 米。

# 卢家村：西毛山、金钗坞口

## 西毛山

因居茜溪西岸毛草山坡上而取其山名为名。坐落于石大门西南方的平缓山坡地，西南高，东北低。距马岭村村民委员会驻地桥头西北0.7千米。东临茜溪源桥溪，南邻红岩顶山体北坡，西接石大门里，北俯石大门新民居区。

西毛山东北程家峰往西倾斜垄岗，在海拔400米左右的山腰间，有10多处裸石露峰，嶙峋神秘，奇葩风趣，形态各异，状如人像，当地人赞其为罗汉。旁边有巨大的“L”形石椅，美名“太师椅”，可供上百人活动，是茜溪悠谷景区中一处优美的景点。

据《浦阳钟氏宗谱》记载，生于唐会昌四年(844)一世祖钟珊公，于889年由江苏丹阳尚德乡迁居桐江水滨乡高枧。第二十三世钟伯方(1474—？)因喜欢浦江的秀丽山川，于1500年从福建迁居浦江廿六都大畈小姑源里孙。第二十七世钟铭华(1637—？)，于清顺治末(约1657年)从里孙迁居廿五都朱宅西毛山脚。第二十九世另有一支“学”字辈，于乾隆年间迁居廿六都红火烧村。

钟氏后裔第三十一世在原西毛山世居一支迁出，先后移住到桥头、横坞、许山，到第三十三世钟其法、钟其子、钟明子三兄弟一派后裔，安居于枫树下村，繁衍子孙，6户22人。原址一部分已荒芜，一部分改造成香榧基地。到第三十二世，又有一支迁移至西毛山西北角山麓石大门里，后裔是钟守毛、钟学义、钟怀水三兄弟一派，7户20多人。于2018年移居石大门新农村改造房，原址荒芜。

（朱宣林）

**西毛山村坐标位置：**

东经119°46′58″，北纬29°34′33″，海拔417.3米。

# 金钗坞口

坐落于卢家自然村北500米，处在茜溪源头茶湾与金钗坞交会的金字面山麓，距马岭村村民委员会驻地桥头北2.6千米。东为茶湾谷地、桥溪西岸，南邻溪谷梯级田块，西临金钗坞田块，北依金钗山麓郡。

据《祝氏宗谱》记载，世居安徽安庆府太湖县北乡南庄地界。先祖讳永万公迁浙江富阳县上落坞，其后裔田镇和魁徐两公，于清朝乾隆年间(1736—1795)，闻“金华浦江县境山环水绕，风土人情胜于桃源之美”，随同子弟越山渡水，遂卜迁浦北廿五都茶源金钗坞口而居焉。喟然惊叹：“古代有玉种蓝田，得毋有类似于斯乎，因是卜徙金钗坞口。”

出生于金钗坞口的祝竹香(1951年生)在原址指认：“这里是我家世代居住地，曾经的三正间二偏房，泥墙杂木阁栅，上楼走动有晃荡感，土瓦盖顶。居住2户11人。听我父亲说，当年由堂爷爷迁居桐庐茶源坑和石笋等地方。我的大姑婆祝汝英嫁朱宅新屋朱中星，小姑婆嫁朱宅新屋朱助法。伯父因被抽壮丁，至今也没有回家，音讯全无，祖母因此生病老去。1942年9月30日，国民党浦江县政府机关退居卢家，停留18天后，再迁驻壶源乡海母口。当时，许多外乡亲戚来这里避难，在我家挤满床后又睡地板铺，觉得舒适又安稳。”

土改后，我有三个弟弟、一个妹妹，都出生在这里。大弟宗宝小时候，到山上受伤致残，未娶妻，至今无后。二弟顺六娶妻生二女，已出嫁成家。于1972年，大弟和二弟先后住进卢家村北山脚新造的3间朝东泥墙土瓦房。1980年左右，三弟祝顺山赘婿杭坪下薛宅后搬离。自此以后，金钗坞口房屋倾圮，今已筑为坟地。

金钗坞口是茜溪发源地带，周围山峦叠翠，古树群林，空气清新，清水潺潺。这里有许多故事和传闻，村民都会讲述，有“山隍爷爷在此成仙”“济公活佛在卢家化缘”“济公活佛在藏路坞募集千根树木重修杭州净寺”等。

(朱宣林)

**金钗坞口村坐标位置：**

东经119°46′37″，北纬29°35′22″，海拔397.7米。

# 桥头村：坞坑、上乌山

## 坞　坑

村始迁落黄坞坑间，以坞得名。今新址建在茜溪悠谷景区线上，距马岭村村民委员会驻地桥头东0.2千米。东傍村口花开花宿公园，南临210省道，西靠茜溪桥头河谷，北邻朱村畈新村和枫树下村。35户105人。

据《浦阳龙溪张氏宗谱》记载，张文瑚于明正德年间，自八里东房迁到黄坞坑。张氏第十六世德庆，于明崇祯元年（1628）自黄坞坑迁居茜溪桥头，今210省道南侧。第十八世守义，年寿90岁时，钦赐冠带。清乾隆四十五年（1780）自黄坞坑迁居枫树下，今茜溪北岸。第二十三世咸福，于清光绪十年（1884）自黄坞坑迁居朱村畈，今茜溪北岸。

据《回望抗战》记载，抗日战争时期，1942年5月，日本侵略军发动了浙赣战役。浦江县政府退居西北部山区，曾一度在黄坞坑停留9日。

20世纪60年代，经出生在黄坞坑的张宗荣指认，始迁祖居地黄坞坑旧址，在马岭村村民委员会驻地桥头西南方黄坞源山腰斜缓地段，东依朝北的缓坡山地，南靠乌儿山岗，西连黄坞坑涧壑，北俯朝北倾斜山坡地，山脚是茜溪谷地。旧址西南角，有三角形井泉池。池外建有低位小方形清水塘，再往西靠山湾涧，有人工挖造的长方形大水塘。

2010年7月，77岁的村民张若梓指认虞宅乡桥头村坞坑村旧址（江东放摄）

1982年因国家电网架设高压线，覆盖村庄屋顶，

虞宅乡桥头坞坑(何敏摄)

整个黄坞坑村搬移,原地往下位迁移500多米,至横山新址居住。

2004年,210省道拓宽拉直,改道横山脚地带。当时,在施工放炮爆破时,产生地震,山体松动,使得距离百米的村庄房屋墙面出现开裂。后经政府有关部门检测,发现出现地基松动。为防止恶劣天气时出现地质滑坡,产生危害,搬迁到省道北侧现在的坞坑新址。2006年基本完工,再一次搬迁新房。

(朱宣林)

**坞坑村坐标位置:**

东经119°47′31″,北纬29°34′11″,海拔332.5米。

## 上乌山

相传最早乌儿住此地,叫乌儿山,因坐落于乌儿山村西南500米的坑湾上源山腰,便称“上乌山”。距马岭村村民委员会驻地桥头西南2千米,东依乌龙山半腰,南仰鸡冠岩峰,西望梅花山尖,北俯龙门头山冈涧壑。

据《浦阳茜溪朱氏义房宗谱》记载,清乾隆时,江西籍人黄伟守与隔江相望的邻村刘姓，是拜同一师父学武的师兄弟，因两村群众发生械斗，黄、刘二位拳家师都没出手，却遭受本族家长太公的质难。于是，两人避难在富春江，打鱼谋生。其时，遇到朱可宾（即灵岩公），被聘为挑担脚夫。他们一行从芦茨埠，沿马岭古道到浦江廿五都朱宅。1745 年，朱可宾安排黄、刘到上乌山居住，赠给他私有的 5 间四居庄楼屋，并赠送 16 亩地和 16 亩田，免交亩均租金和代缴皇粮国税，鼓励他俩种植靛青，勤耕作物，以让其成家立业。

后刘姓在高坪建造练功房，遇上大雨，去盖泥墙时，被淋透倾倒的泥墙压亡。1790 年，黄姓生有四子，有一孙子黄大宝分出，迁到下乌山，即现在的村落住地。

据 1934 年出生在上乌山的萧金根出示《浦阳萧氏宗谱》载，黄姓四房中有一房无子有女，1846 年左右招桐庐桐源串炉山萧开富为婿，距今已历 7 代，世居乌山 130 余年。1978 年，萧金根携子女们搬迁到下乌山，住进新造的两间土木瓦房。

民国时期，黄尚明的儿子黄节省去於潜拓荒，上乌山空出其住的房子，其时，黄积善（1917 年生）的父亲回迁到上乌山居住。至大集体时，已有黄积善兄弟 2 户 12 人，黄凤有户 11 人，萧金根户 8 人。为了有利生产，方便生活，搬离上乌山迁入下乌山居住。上乌山的房屋不久倒塌，荒废至今。

上乌山离朱宅只有 3 千米，一条山湾里，村庄落在半山腰，据山之险，易守易防，可进也可退，一有情况，可避到深山中。1945 年 10 月至 1949 年 5 月，乌山曾经是金萧支队革命活动联络站。

（朱宣林）

**上乌山村坐标位置：**

东经 119° 46′ 37″，北纬 29° 35′ 22″，海拔 397.7 米。

# 程丰村：新店、许山

## 新　店

坐落于程宅畈西北角，在马岭村村民委员会驻地桥头东300米处。东连程宅畈花谷田园，南临210省道，西邻“花开花宿”民宿楼、茜溪和枫树下自然村，北靠桐义线旧公路。

据《浦阳义门郑氏宗谱》记载，郑训松于清咸丰二年（1852）自郑义门来到廿五都程宅畈开店，白手经营，起家后经营尚盈，遂购买地基建房定居。先后造7幢泥墙土瓦结构房，并合围成四合院式中间开南门的庭院。西与枫树下相接，建有堂楼1幢。住2户5人。

新店旧址（孙颖超提供）

2017年，为配合美丽乡村建设，拆除新店泥土房，开始建设“花开花宿”休闲民宿。原住户搬离，安置于程宅畈建新房。

新店旧址处，如今已成为“茜溪悠谷”景区线上“虞宅花谷 · 田园综合体”之玫瑰花海。

（朱宣林）

**新店村坐标位置：**

东经119°47′50″，北纬29°34′25″，海拔329.6米。

# 许　山

处于程宅畈西南方银仁坞上源，距马岭村村民委员会驻地桥头东南 1.8 千米。东临银仁坞溪涧，南连大坞殿和牛角尖，西靠乌儿山东坡，北眺程宅畈村。

据《浦阳汭南许氏宗谱》记载，许时贵于明崇祯初自潘宅东许来银仁坞一带垦荒，建有庄屋 3 间，取名“许山”。儿子许际美，在清朝康熙年间自许山迁移到枫树下，繁衍后代。

据出生在许山的朱卫英（1940 年生）口述：其父朱学洪（朱宅村义房人，“学”字辈，称荣太公）生于光绪二十一年（1895），原住在朱宅旧屋义房厅堂西北角的楼屋，12 岁时发生火灾，遂投奔早几年也因黄坞坑火灾避难借住到许山的舅母家，一起生活，一起开荒种山过日子。后结婚相继育下绍春、绍仁、绍勇三兄弟。

1942 年下半年，日本侵略军侵占浦江城里，住城里的亲家婆也来朱卫英家避难。当时，所有的楼上都铺满了地铺，十分拥挤。1950 年土改时，朱卫英父亲考虑本家原持有前山头的田和深村源的山，带领一家 8 人，离开许山，归入朱宅新屋村。

桐坞岭人陈云岩（1922 年生）在马岭脚教过好几年书。1958 年间，带着一家 7 人曾居住许山。1962 年，迁回原籍。

1978 年，许山原址和一间盖瓦低屋式的大坞殿已废弃，但泉水井至今仍保存着，其全部山林由虞宅乡政府开发成茶园。1985 年新改造养猪场低房。朱宅旧屋人朱群贵、朱群富兄弟，先后承包了 5 年。1990 年到 2008 年，由海豹岭脚村人应伟锦承包经营。2010 年，由新光村人朱筱洪承包 50 年，开发为香榧基地。

解放战争时期，上乌山、许山、西山坪、朱宅一带是金萧支队革命活动区域。

（朱宣林）

**许山村坐标位置：**

东经 119° 47′ 22″，北纬 29° 33′ 38″，海拔 408.6 米。

# 下湾村：方坞寺、田湾

## 方坞寺

古时因方坞西段山麓建有寺庙而得名。在新光村村民委员会驻地朱宅新屋2.5千米处。位于方坞岭东，方坞西段山麓，下三公路北侧。东接方坞源谷地，南仰海豹尖北坡，西连方坞岭，北靠香榧山。

方坞寺建于何时，已无从查考。下湾村村民叶树天（1955年生），出生于方坞寺。他现场指认旧址并叙述，很早以前，这里靠山脚建造有一坐北朝南三间前后二进的殿屋，土木结构。殿前南有一条呈东西向的人行小路，殿东侧有泥房20多间，离百米山岗处有一尼姑庵，曾经住着许多信众。寺庙西南前的路边有碾房，曾有石头麦磨、踏碓、手球。踏碓凹球还在，被荒草掩盖着。新屋村村民朱林川说，2020年他去方坞寺拔笋时发现两片圆形青石磨盘块，就随带运载到家门口放置。

寺庙曾香火不断，浦江学者钟声在其文中记载有一副方坞寺的对联："翁所乐者山林也，客亦知夫水月乎。"正殿于1944年倒圮，1949年前寺中和尚已陆续离开，1951年左右前殿也倾倒。

叶树天指认方坞寺旧址（朱宣林摄于2023年）

叶树天告知："我的祖父来这里是为种寺田，生有四个儿子，长年居在方坞寺无僧住的空房内。1955年，我出生在方坞寺土房里。1958年下湾办食堂,我们一家借住在下湾村。同年,我的大伯一家因吃不饱肚子,逃到江西金溪,生有四个儿子,其中二儿子参加对越自卫反击战,立有战功。1961年,为了能吃饱肚子,可以拓荒广种粮食,我们离开下湾,搬回方坞寺住。至1981年改革开放后,下湾大队批给添台岭西侧地基建新房,我们年轻人又住回下湾。我小伯伯的堂哥林生、堂弟秋生也是出生于方坞寺,与我们一起长大,于1985年迁移下湾。1992年,我的父母也搬离方坞寺,到下湾同我们一起生活。”

此后,这里的泥房倾圮,旧房地基被掩没。不过,山中寺庙,总有人来人往,总有不被人遗忘的陈年旧事。1955年正月,程宅畈村人郑龙水,去黄塘下拜年时,返回方坞寺岭头西边一侧,捉小花豹一事,让人津津乐道。

2006年9月,方坞寺原址东南侧,新造20平方米的一处低层瓦屋,内供佛是“韦驮大仙”,挂名“方寺殿”。

(朱宣林)

**方坞寺村坐标位置:**

东经119°50′46.32″,北纬29°34′51.86″,海拔293米。

# 田　湾

因坐落于海豹尖北坡山腰呈“田”形的湾坳而得名。距新光村村民委员会驻地2.2千米。东为低斜山垅,南是海豹尖峰,西为缓斜山冈,北是山垄峡口。

领笔者去田湾村旧址的储根富,“德”字辈,1956年出生在田湾。海豹尖北坡半山腰的田湾坳,向北倾斜100米处,有一峡口,上段一泓清水泻流不绝,于峡石冲下成一线瀑布。他指着现存的屋基脚确认,朝西建3间正中堂屋,左右两侧建4间居头,建筑为土木结构,这是一种打算长久居住造屋方式。在屋下低缓处,造田开山挖地,好似一块田湾,独辟蹊径,能种植谷粟粮食,自给自足,繁衍后代。

据四德堂《储氏宗谱》载:十六世祖储永钰,宋开禧三年(1207),石埭领军守安庆,居怀宁檀木冲。1238年,安庆失守,永钰公携两个儿子代俊、代贵杀出重围,潜入大山深处躲避。后找不回去檀木冲与亲人团聚,又辗转潜山玉照(今安徽安庆槎水镇)居住,后代不断繁衍。在清雍正(1723—1735)年间,因避战乱,从安庆府潜山迁移浙江浦江廿五都。先在朱宅新屋杨树滩暂住,但担心平坦宽广地,又处在大路边,不利躲藏,生怕被人发现而又遭难,便离开再向东四华里在田湾落户。

诸根富指认田湾旧址（朱宣林摄于2023年7月25日）

据85岁的储茂财说，他于1939年出生在桐庐县芦茨乡大龙门，离蟹坑口15华里的深山中。1949年前，为逃脱旧政府苛重赋税，村里许多人逃宁国、於潜去开垦种粮求生。那时，村里还有储小法的三个兄弟，先后去了临安，一直没有回来。他父亲也离开田湾去严州、桐庐开荒求生存，1950年父亲携带12岁的他再回到田湾。那时，田湾建有朝西7小间，住6户人家，置放有石手球、石麦磨和踏碓。合作化后，在方坞岭附近田地种粮食，靠肩挑手提，出入山路高低不平，体力消耗大，生活极不方便。他于1963年开始在田湾脚麓，靠深村源的牛头殿，建造泥墙木瓦房，到1964年8月前搬离田湾进入新家。当年秋收时，粮食不用再挑进半山腰的老房子。

1968年，田湾全部住户搬出，迁居到牛头殿新房。2007年8月，因兴建深村源水库，牛头殿进行旧村改造，道路铺新。

（朱宣林）

**田湾村坐标位置：**

东经119° 49′ 40″，北纬29° 34′ 6″，海拔392.1米。

# 利明村：顺坞、宝轮洞

## 顺　坞

位于海豹尖东麓半山腰弯坳。距前明村村民委员会驻地西山3千米，今属前明村。东为朝圣岩西向延伸的石塔山垅，南俯低斜的梯块田坞，西临海豹岭，北靠海豹尖东坡山岗。

据1948年出生在海豹岭脚村的陈努荀到现场指认，原址已荒芜，难以辨认房基。据他回忆，早时，顺坞有一处是楼相公殿人的山，建有坐北朝西南的庄屋，土木结构的3间楼房。楼房东边有泉水井，辅房有麦磨、踏碓、手球等。房子西边是顺坞山湾田和地块。早时候，楼相公殿一对夫妻在庄楼屋居住，以看管山林和种植为生。后来，丈夫生病去世，田湾人储小法入赘，育有一女一子。

1957年后，受自然灾害影响，海豹岭脚村范围的土地，外村人不得随意广种。储小法于1960年迁回到田湾，后来村房毁废。

《回望抗战》记载，抗日战争时期，1942年5月，日本侵略军发动了浙赣战役。浦江县政府退居西北部山区，顺坞一带曾有国军驻守。

（朱宣林）

**顺坞村坐标位置：**

东经119°50′38″，北纬29°34′28″，海拔365.3米。

## 宝轮洞

宝轮洞也叫“破石洞”，坐落于海豹岭脚村南边东香坪北坡山腰宝轮岩，雅名“宝轮岩”。距前明村村民委员会驻地西山2.2千米处。东望海豹泉，南傍宝轮岩山体，西接进洞石梯台阶，北下俯视210省道和茜溪利民村双座翻车。

宝轮洞，为一处天然裸露，开口朝北的石穴，广约五开间，高如矮屋檐，向

宝轮寺

内凹陷深二十几米，100 多平方米，可避风遮雨，但终年照不进阳光。相传古时候，有僧云海至此，见云树幽胜，山岩奇古，遂就洞结庐，凑石垒壁，以岩覆瓦，并塑佛像。曾有出家人，在洞内做佛事，人们又称为宝轮寺。

据 1948 年出生在海豹岭脚村陈努苟介绍，早时候，有位安庆师一元圆寂，寺中失去主持，便由廿五都茜溪源各村商议，邀请正在平安庵堂讲道的楼开庭担任宝轮寺主持。1929 年一日摆设三大桌，宴请刘铁村人楼开庭母子。

出生于 1905 年的楼开庭，因继父凶狠，经常挨打不给饭吃，便在 1917 年间独自出家，到天台国清寺、少林寺学法各三四年，会讲道，会拳术，会医术。他主治跌打损伤，治眼疾和胃病，曾在杭州行医三年，义乌佛堂行医二年，后在平庵堂讲道。后娶妻名叫静姐，是富裕家庭的女儿。

1945 年，楼开庭接侄子楼永甫到寺内一起生活。当时，寺产田 4 亩，山 6 亩。土改后，寺内佛事减少，寺产归为集体，靠劳动生活。楼开庭以教拳术行医为生，于 1983 年病故。

楼开庭的侄子楼永甫，从小在洞内长大，成家立业，娶妻生子。楼永甫育有一女三子，1986 年因居住拥挤，又要管好宝轮寺香火和洞内卫生，生产生活很不便利，经本人申请，经村“两委”同意，时任村长陈努苟经办，得到乡政府的同意，安排两户三间地基于村后北山脚。当年用石灰、沙子和黄浆泥三种合成土墙，树阁栅木板楼，盖土瓦顶。三间二层楼造好后，搬离宝轮洞居住。2009年，又安排4间新基，新建造砖混结构三层半楼房。

至此，宝轮洞不再有人生活，成为了宝轮岩寺庙。

据负责修缮宝轮岩寺的毛再生(1971年生)口述，曾听楼永甫说，当年宝轮寺内有24块竖立的和尚石碑，毁于1987年间。2020年负责修缮宝轮寺，发现《宝轮岩》石碑。碑石已断裂成大小两半，尚能拼接，但接缝处已辨不清字体。其他破落和碑体表面风化凹处，已辨别不出字迹。

以此可见，宝轮岩寺的历史可以追溯到清朝初期，或者更早。近年来，对宝轮洞进行了修缮，扩充了佛像，规模扩大，成为旅游观光佳处。临近东侧百米处的海豹泉，清澈甘甜，汲饮方便，闻名遐迩，成为210省道休闲观光驿站。

（朱宣林）

**宝轮洞坐标位置：**

东经119°50′32″，北纬29°33′58″，海拔357.5米。

# 前明村：西山、仁山、横山、塘楼、后瞿岭脚、乌龟尾巴、清溪殿、海尾巴、王前庄

## 西　山

处于壶源江西岸山丘缓坡上，原址称朴树下，距前明村村民委员会驻地西山新村1.2千米。东望虞宅乡政府驻地上塘，南环壶源江荷花塘段，西临西山新村，北依朝圣岩东麓山丘缓坡塘头旧址。

据1946年出生在朴树下的邱有炳提供的《同山邱氏宗谱》记载，邱世武于清乾隆二十八年（1763）自诸暨同山邱店迁居浦江西山朴树下。1785年，裔孙邱肇周分迁大畈湃桥。光绪六年（1880），邱祖维兄弟迁居朝圣岩南麓前平畈。

朴树下西山住房，建在山丘缓坡上，基脚不稳固。壶源江水对西岸山坡脚麓的冲刷，遇到暴雨浸泡，容易产生山体大面积滑坡，存在地质灾害隐患。根据村民反映，已有泥土房墙开裂和基脚沉陷。为保证村民的生命财产不受危害，有利生产生活和交通出入方便，经过群众商量，村委会决定易地搬迁。

2007年10月开始，投资3000万元，迁移到朝圣岩南麓茜溪河谷平地，呈方块状分布，整齐的建筑风格，十分有特色。它背靠朝圣岩，面朝壶源江水，三层半庭院式，上有露台，前后出入方便，层次分明，错落有致，于2009年春月基本竣工。一个基础优良、环境优美、交通方便、产业兴旺、充满活力的新型西山，呈现在茜溪入壶源江口悠谷岸边，其建筑速度之快和易地搬迁之新貌，堪称浦江农居改造之最。

今新址又名“西山新区”，前明村村民委员会驻地。210户600人。村西南口，省道旁竖立着一块月牙形的岩石，上镶浦江籍书画家胡良勇的题字“西山村”。新区东望是虞宅乡政府驻地上塘，相距1.3千米，南环壶源江河谷，西临茜溪和210省道，北依朝圣岩。新建房270间，是全县规模最大民宿群，床位达到300张。这里有茜溪悠谷游客服务中心，占地面积2000平方米，软硬件完善，可供旅游咨询、产品销售、导游服务，已多次开展“十万百团茜溪行”活动。

走近村口，造型别致的球门迎接客人，三江口天然游泳场展现在眼前，清

西山新貌(朱宣林摄于2023年)

澈的溪水倒映着天空中的白云。环顾四周,是人们喜爱的“鱼泡泡”欢乐场。这里还有孩子们最爱的牛头山下草场上的骏马。

离开接待中心,往北走百米,有浦江县规模最大的乡村体育馆。它占地面积2200平方米,可容纳2000余人。馆内可举办篮球、气排球、乒乓球等省市体育赛事,可承办大型文体旅游活动。走出体育馆,步入茜溪绿道,从此起步,沿着茜溪前行10千米,可健身运动,也可以观光。

这个易地迁移的西山村,坐落在茜溪悠谷精品线东端的新村,虽然没有响当当的发展历史,但在党的指引下,走上脱贫致富的道路,从朴树下的一片荒野之中走出来,通过乡村振兴建设,充分发挥其自然环境的优势,变成浦江县西部山区一个山环水抱、美丽宜居、休闲健身的新时代新型农村,变成210省道边最耀眼的璀璨明珠。

(朱宣林)

**西山村坐标位置:**

东经119°51′30″,北纬29°33′34″,海拔375.9米。

# 仁　山

邱有炳到距朴树下北端 1 千米处的仁山指认，从虞氏七房迁出，是现在虞初民前十五世先祖，在此建筑泥墙瓦屋十多间，拓荒种植，繁衍后代。1985 年，仁山有 4 户全部迁移到塘头，往后房屋废弃，但其住房西南侧泉水井一口尚在，半亩水塘仍有，筑有的拦水塥未变，塘水终年不涸。

# 横　山

分上下横山，上横山坐落仁山偏北，相距 340 米的上横山，住着楼姓人家，何时迁此暂无从查考。1956—1957 年高级社时，楼解富一户全部迁到高级社办的养鸡场，后迁居高坞口。至此，上横山不再有人住。

下横山在上横山东南，相距 200 米。居住着楼开财一户，有泥土房 5 间。60 年代迁移到朴树下的西山，建房 6 间。

# 塘　楼

塘楼旧址坐落于朝圣岩北麓土丘山坡带，壶源江西岸。东望上塘和湖溪盆地，南临湖溪西岸沉钟泉段，西南连原西山老村朴树下，北接下横山山坡。虞姓从席场桥虞氏迁居塘头。约 1650—1660 年间，有一支迁居到蟹坑口。2008 年，因山体滑坡隐患，与西山整体搬迁至前山畈东南侧河谷平地西山新区内。

（朱宣林）

邱有炳指认堂楼旧址（朱宣林摄于2023年）

# 后瞿岭脚

后瞿岭脚坐落后瞿岭南坡，以处后瞿岭下得名，曾称侯树岭脚。距荷花塘南200米。东依后瞿岭，南临侯中老公路，西靠壶源江东岸田园，北接桐浦公路。

据后瞿岭脚原住户吴樟静（1934年生），提供《浦阳吴氏宗谱》记载，始祖吴可法（1552—1624），于明万历年间由衢州迁居浦北廿五都湖溪后瞿岭脚。其间人口发展缓慢，出迁频繁，至此吴氏始迁至吴樟静已12代430年。

据《浦江县地名志》载：明成化间，义乌徐界岭人金持身持教浦北乌浆山，遂定居此。后裔金土再分迁到后瞿岭脚。

经吴樟静现场指认，侯中公路起点接入210省道（原20省道）的岔口处，正是原来的旧房，泥墙土瓦结构5间正屋，朝西南，屋前是明堂。1971年，桐浦公路开始建造，从浦江县后瞿岭脚，连接到桐庐蒋介埠，成为一条备战公路。

多年来，随着经济的发展，狭小弯曲的沙石路面，车过扬起尘土，影响沿线百姓。桐浦公路马岭段高坡盘山公路，更不利于日益增多的车辆行驶交会，道路时常出现拥挤堵车，甚至造成车祸事故，严重制约周边群众的生产生活发展。

2003年9月18日，时任浙江省委书记的习近平同志来到浦江下访接访。接访时，有群众反映，20省道浦江段因年久失修，严重制约了山区的经济发展。习近平同志一边听，一边摊开地图，仔细查看线路，还请坐在一旁的省交通厅负责人提出解决方案。听完意见，他当场拍板：这是一条山区群众的“小康之路”，不仅要建，而且要建好。

由此20省道改造工程开工建设。位于公路红线范围内的后瞿岭脚3户人家（共8人），属公路主道范围，必须拆房让地，为公路建设服务。于是，原来的住户同意并租下荷花塘的房子，马上公开，进行搬迁。2004年，他们用1年的时间，迁进了荷花塘村东北角新造的三层半楼房。

2005年10月，全长19.8千米的20省道浦江段全线贯通，昔日的盘山公路变成如今的致富大道，村民为此寄出一封盖有97个村民委员会鲜红印章、代表20多万村民的感谢信。

如今，210省道成为浦江最美的一条公路，先后被评为全省十大最美公路、精品示范路、最美自驾游公路、全国安全生命防护工程示范路。

（朱宣林）

**后瞿岭脚村坐标位置：**东经119°51′7″，北纬29°33′19″，海拔259.8米。

# 乌龟尾巴

乌龟尾巴坐落于高坞口村西南 1.9 千米处的高坞西端，高山新村西南 500 米。湾坞视野开阔，几条山湾涧沟汇合，中间山丘凸起状似乌龟背壳，此地曾建村集体公屋 5 小间。公屋东侧，称“乌龟尾巴”。村民虞兴根（1952 年生于高坞口）到乌龟尾巴原址指认，此地依照东边山垅朝北造泥墙土瓦结构楼房 3 间，每间 4 米宽、9 米长，由刘能度（刘承礼父）一家居住，朝西 3 间由刘承年居住。

虞根兴指认乌龟尾巴（朱宣林摄于 2023 年）

据《浦阳刘氏宗谱》载，“贞八公长子孝七，讳而标，同治癸酉八月十七日未时生，民国辛未十二月初六日卯时卒。娶朱老七公之幼女，生三子能相、能度、能良。”1927 年，刘能相三兄弟嫌弃海母口种山之劳累，买下乌龟尾巴原乌浆口人手里的田地，举家迁移种植居住，繁衍后代。1940 年左右，乌龟尾巴居民全部迁移到高坞口居住。

**乌龟尾巴村坐标位置：**

东经 119° 50′ 27″，北纬 29° 33′ 11″，海拔 292.9 米。

# 清溪殿

清溪殿原址坐南朝北，位于高坞口村东南 100 米处。东临海尾巴田地，南依山垅缓麓，西望高山新村，北连高坞口村庄。

据搬迁至王前脚临时庙房内的石龛碑刻记载：“清溪殿明崇祯甲申（1644）仲冬月造。”主庙 3 间，立胡公神像。1880 年间，虞方荣负责修建前殿。1950 年解放初期，村人改修为学堂。2007 年，又被村里拆除。2013 年，村人在王前庄改造一处红砖红色琉璃瓦四小间，再塑关公等。一年后，被乡政府勒令停建，部分已被拆。2021 年冬重立，另外选址王前庄建造简易瓦房，重新置放神像。

**清溪殿村坐标位置：**

东经 119° 51′ 7″，北纬 29° 33′ 15″，海拔 262.6 米。

## 海尾巴

海尾巴位于高坞口南，相距 200 米。东临壶源江河谷平原，南为农田及王前庄村旧址，西接清溪殿旧址，北依高坞口村。

经虞兴根现场指认，海尾巴曾有泥墙土瓦结构楼房 12 间。清朝中期，虞姓先人从席场桥虞宅村五房迁居海尾巴，后在清末惨遭火灾，又举家迁移到西南山脚相距 200 米的王前庄。后来，虞景良为躲避国民政府抽壮丁，民国后期迁往临安於潜，在 1966 年返迁高坞口。1930 年，曾有一朱姓人从朱宅旧屋迁移海尾巴居住。1956 年高级社时，高坞口建立养鸡场，楼解富从上横山举家迁移过来，一边养鸡，一边生活居住。

虞兴根指认海尾巴旧址（朱宣林摄于2023年）

不久，海尾巴由虞宅乡政府办起农科所，建立楼房 3 间，在屋前新建占地面积 1 亩左右的石灰大明堂。当时程丰村郑隆球是站长，毛绿山为会计，有多名队员参与科研。1996 年，虞姓群众为有利生活出入便利，迁出王前庄到高坞口建新房居住。此时，高坞口村虞姓住民有 60 多人。

**海尾巴村坐标位置：**

东经 119° 51′ 14″，北纬 29° 33′ 9″，海拔 254.6 米。

# 王前庄

传住户为王氏庄户得名。建有坐东朝西的泥墙土瓦结构3间庄楼屋，坐落于高坞口南400米处，东临大徐畈田，南靠斗鸡岩北坡山麓，西为高坞山垅，北望海尾巴与壶源江南岸。

王前庄旧址（朱宣林摄于2023年）

清末，海尾巴惨遭火灾后，举家迁移到其西南山脚相距200米的姓王的庄楼屋。新建14间泥墙土瓦楼房，其中有8间内墙是树榀构成。1999年，全部迁出住进高坞口村。2013年，部分破损房被修葺，改建为清溪殿，第二年拆除佛像。2019年，曾有人来实地考察，投资建造养老院和农园，投入60多万元开展修路等基础设施建设。

（朱宣林）

**王前庄村坐标位置：**

东经119° 51′ 10″，北纬29° 33′ 5″，海拔257.8米。

# 高山村

高山村，因原址有高山寺得名。位于前明村村民委员会驻地西山新村偏西南600米。东连高坞源入壶源江平缓田间地带；南临高坞；西望高坞源半腰，与瞿岩岭相接；北依高坞北山垅，与高坞口村相连。

高山村，先有高山寺，再有高山村。原高山村，清末属廿五都一图。1949年前属壶溪乡，解放初属乌浆乡。合作化时并入虞宅乡，与前明、利民、下湾联合建立前明高级社。1958年属虞宅管理区前明生产队。1961年分建为4个大队，该队称虞宅公社高山大队。1983年政社分设后改为村。

据《彭聂宗谱》记载，聂盛蕊、聂盛萼于清乾隆年间（1785年左右）携两个弟弟，从安徽省安庆府桐城县新渡老屋湾迁居浦江高山居住。当初，聂氏祖先为避平原低洼受洪水侵害，选择半山腰地段定基居住。

相传，高山寺僧先到瞿岩山东鸵峰岩山洞修炼，后在洞下的南坡半山腰平缓处，建3间三进大殿，厢房多间，并用石条板盖地藏室，有和尚10多人。

高山寺，在县城北30里，向东南出高坞源，过高畈桥，到大王潭，越金坑岭，进县城；或向东2.5千米到石井教寺。而高山寺西去瞿岩岭和寺坪，翻越截柘岭去严州府，确实是一条大路。

虞宅乡高山村（江东放摄于2003年）

高山村的先祖告诉后人，南宋年间，高山寺比较兴盛，民间前来求拜络绎不绝，香火不断。后来有寺僧豪强，欺压百姓，霸占民女，蹂躏附近寺庵中的尼姑，特别是欺侮太尹女儿，惊怒朝廷。府尹让武林高手武松，从严州府过截柘岭九龙庵来高山寺，配合当地官衙平定。此后，高山寺和尚被赶走，庙宇也被封闭，时间一久，日晒雨淋风化，便倒塌成为废墟。

《浦江县地名志》“高山”条目载：“古高山寺据传寺僧豪强，被武松平定。”据《明清浦江县志两种·薛志》载：“高山寺在县北三十里，未详建始。”“廿五都，古名镇桥，县北二十五里，虞宅源水经此，长三丈，广一丈。高山寺僧恒广建。”

查询高山寺的和尚恒广建造的镇桥在哪个位置，有人回答说，在廿五都范围内，离县城北边 12.5 千米，那应该是高畈石桥，而且其水流向下游 1.5 千米就入虞宅段。在高畈桥南端有“望仙桥碑记”：浦江北廿五都之高畈，旧有石桥一所，号曰顺天，又曰高畈，上通金义，下达严庐，实往来之要道也。历宋而元而明而清，继以逐修者不一。1923 年秋，洪水为灾，桥梁冲坏，行人往来殊属不便。幸蒙知事陈派给赈款以为首筑焉。……然以其与神仙堰极近，登桥一望而即见焉，遂更额曰望仙，名之不诬，如是夫。

从这段 1924 年修桥时立的碑文看出，在浦江北边廿五都一个叫高畈的地方，古时候有一座石桥，向上游走东南可通往县城和金华义乌，向下游走可连接西北的严州府和桐庐，是一条官道。这桥，叫顺天桥，或又叫高畈桥，经过宋、元、明、清几代的多次修建，桥梁又于 1923 年被洪水冲走，这次修好后改名“望仙桥”。

由此可见，高畈桥，过高畈，进高坞湾，上高山寺，成一条道路。当时，高山寺僧恒广，修建高畈桥，高山寺应该在宋朝年间已经建成。

高山寺已成废墟后，旧址留存下地窖。铺盖的石板，聂从木于 1978 年自建房挖基脚时被挖出出售。寺基处尚保存一石砧，高 8 米，长 15 米。砧下有一泓泉水，四季长流不涸。泉下周围是依山建造的泥墙土瓦结构二层房。1978 年，还发现一块石碑，今被村人收存。

1983 年间，高山村有 70 多户 200 余人。耕地少且贫瘠，水源缺，饮水难，群众出入靠步行，交通不便。1983 年至 1992 年，高山村民筹款，架设高压电线，做通村机耕路，安装自来水。村民用水，建 3 个水池，每池由 20 户人家分别管理享用。1996 年整体迁移出高山村。2002 年，全村 75 户 235 人，移居高坞口，建成呈长条状分布的高山新村。

（朱宣林）

**高山村坐标位置：**

东经 119° 49′ 31″，北纬 29° 33′ 17″，海拔 425.2 米。

# 高坑村：山岗后

山岗后村，以村建于山岗之后，故名。坐落于虞宅乡外高坑村西南山腰。背靠屋后山，面朝西北。5 户 27 人，以张姓居多。村主体为“一”字形 5 间两层房子。砖木结构，一楼内缩为廊道，外有屋柱支撑。两端靠前有矮小的两居头，边上还散落着几间小房子。村的西侧为 3 个小池塘，从南到北依次为饮水塘、洗菜塘和洗衣塘。

进村路有两条，石板砌成，呈“八”字形分布。中间是很多梯田，窄窄的。西南边的一条，上去不足 500 米，便与乌浆口到清溪、岩头陈和嵩溪的官道会合。旧时，因岩头陈有街市，嵩溪有石灰出售，这条官道来往的人特别多。有时到了半夜，村民还能听到官道上的说话声。东北的路到外高坑村，会入虞宅和大畈之间的大路。

村周围有很多古树。村前 3 株枇杷树，掩映着整个村子，使这个小村笼罩着一层神秘色彩。村东还有几株几百年树龄的松树，20 世纪 60 年代被毁。

至于村的来历，从对面山上祖坟的石碑上有“道光三年”的文字看，建村不晚于乾隆年间。相传，在村西南有寺庙和尼姑庵，和尚和尼姑有了爱意，还俗建村。村原本在对面叫坪头的山上，后来搬迁到了这里。

1949 年后，村子一直为外高坑管辖。20 世纪 60 年代，山岗后村属外高坑生产队。生活很是不便。收获村子附近的粮食，要先运到外高坑村，而到分粮食时，又要将粮食运到家里。又因交通运输和购物等不便，年轻人娶亲也成了难题。

到 20 世纪 70 年代末，陆续搬迁。到 1995 年，全部移出。如今，山岗后村旧址成为外高坑村的陵墓。

搬迁到外高坑村的山岗后村民，跟外高坑村融为一体，生活安定，社会和谐。

（朱耀照）

**山岗后村坐标位置：**

东经 119° 53′ 6″，北纬 29° 33′ 42″，海拔 280 米。

# 先锋村：荷叶弄

荷叶弄村，原聚落在壶源江西岸。以所处虞宅东侧狭长山垄，其形如未开展之荷叶得名，又传村前有荷叶塘，得名“荷叶垄”，讹音作“荷叶弄”。

所居虞氏于明万历年间自虞宅迁居，毛氏清乾隆初自寺岭脚迁入。虞氏迁基始祖为大良公和大赉公兄弟俩。因虞宅无地基建房，荷叶垄塔塘的山田已从毛家买过来。为方便管理田产和山林，就建基于此。至乾隆年间，大良公后代因瘟疫而没，只剩下大赉公的后代。他们跟虞宅村关系密切，一直与虞宅村共用祠堂，逢年过节造屋娶亲都有往来。有村民在荷叶弄住不下后，又迁回到虞宅。

虞宅乡先锋村荷叶弄

清末属廿五都二图。1983 年，荷叶弄为先锋生产大队驻地。当时，先锋生产大队（后称先锋行政村）由荷叶弄、下曹、新屋来和柘林组成。其中，新屋来村由荷叶弄迁出，又称荷叶弄新屋来。因此，荷叶弄也习惯被称为荷叶弄旧屋。

荷叶弄的房子，基本为黄泥屋，好一点涂抹石灰粉。两层建筑，高低错落，挤挤挨挨。四围向中心攒聚。一条公路穿村而过。较为知名的房子有虞姓堂楼、荷叶弄小学。

2014 年，因建造东部水晶园区的需求，荷叶弄旧村整体搬迁到东北向的壶源江畔。新村呈整齐方块状分布。现有 50 户 115 人。村庄高楼林立，宏伟壮观。在 2017 年被评为十佳村。村民从事农业、水晶、来料加工和电子商务等行业，收入较为稳定。如今荷叶弄以及新屋来和柘林都划为高坑村村民委员会管辖。

（朱耀照）

**荷叶弄村坐标位置：**东经 119° 52′ 40″，北纬 29° 34′ 1″，海拔 250 米。

# 虞宅村：灰磊坪

灰磊坪村，在虞宅村西北的山腰一坪地上。山坪名灰磊坪，村以坪名。

20 世纪 80 年代初，灰磊坪村有 45 户 150 人，为陈姓和虞姓两姓，陈姓居多。据《浦阳檀溪陈氏家谱》载，陈之惠于康熙末年由平湖大中派下分迁于此。

灰磊坪村旧址

虞姓居住历史比陈姓早。虞姓人写姓时，与虞宅的虞姓人不同。顶上不出头，叫平头虞。据说最初居住到灰磊坪的人是虞宅村太公的佣人。太公对他视如己出，为他娶妻，把自己名下的山给他，任他建房，任他开荒。那佣人感念太公的恩德，改姓为虞，为表示对虞姓的尊重，采用了古人避讳的方法，将虞姓第一笔少写一部分。

村落呈块状分布。背后有一块石崖，俗称老人头，景观奇特。村西有一池塘，方便洗衣。村子呈阶梯式往北提升。周围有桐子树。

灰磊坪村因生活不便，2003 年开始整体搬迁至虞宅。新址在虞宅村解放路口附近。地理位置优越，交通方便，楼房整齐划一，装饰美观。有一些家庭房子一楼可开店或出租，生活稳定，与旧时不可同年而语。

（朱耀照）

**灰磊坪村坐标位置：**

东经 119° 51′ 22″，北纬 29° 34′ 13″，海拔 378.9 米。

# 大畈

大畈乡
图注
① 建明村：石梯
② 清溪村：桐坞
③ 湃桥村：牛栏坪
④ 前丰村：柳秀坑
⑤ 三元村：琴岩脚
⑥ 明丰村：华桃坑口
⑦ 山丰村：东坪
⑧ 黄坛村：山皇殿
⑨ 黄坛村：移家、新湾口
⑩ 黄坛村：高雪脚
⑪ 上河村：时造

# 建明村：石梯

石梯村，位于大畈乡建明村，距离浦江县城约20千米。东邻上河，西接夏黄，村子坐落于侯中公路边。石梯原名“石梯府”。据说因村子建在山腰，村里都是石步台阶而得名。

石梯村皆为吴姓人氏，建村距今已有600多年历史。相传最早是从义乌搬迁过来。一开始村民都居住在侯中公路以南（今沙场处），后来搬至公路以北。

吴龙泉出生在石梯村，听老人讲村里最早时候有一个尚书第，祖先中有一人担任过尚书，村子也叫石梯府，这是村民引以为傲的一份荣耀。这位祖先的牌位被一直供奉下来。吴龙泉小时候就发现祖宗牌位中有一块特别长的木牌。据说木牌长短意味着官位的高低。但不知什么年代起，尚书第已经不存在了。

石梯村最繁华的时候有100多人，村中有祠堂，还有戏台。农历十月十五日是村里的时节（交流会）。每年到了这一天前后，石梯村就非常热闹，亲朋好友都会过来看戏、吃宴席。宴席上菜肴并不多，只有四五个碗碟，但大家围坐在一起把酒话桑麻，非常开心。日子过得虽然并不富裕，倒也其乐融融。

吴龙泉七八岁的时候，侯中公路建好了。当时的汽车是木炭烧的蒸汽车，声音很响。通车时，村民以为是飞机来了。他和几个小孩爬到山顶上去看，发现汽车顶部是竹子做的篷，开得非常慢，到了上坡需要人动手推。

20世纪60年代，从石梯村考出去了一名大学生，叫吴根兴，毕业后当了中学教师。

后来村民纷纷外迁，村庄逐渐衰败。戏台也只剩下一块戏台板了，房子就是稀稀落落的几间泥房。通到村里的小路坑坑洼洼，不到30厘米宽，一到傍晚，村里就非常凄冷。1976年，石梯村仅存的3户人家一共9个人搬到了仓来村。石梯村从此不复存在了。

（陈昭君）

**石梯村坐标位置：**

东经119°53′24.88″，北纬29°35′32.91″，海拔217米。

# 清溪村：桐坞

桐坞村位于大畈乡清溪村，县道外会线的西北部，村民以陈姓为主。据陈姓家谱记载，常八公后代凤之三子，由车方岭脚析居山干宅村，后又迁至桐坞村。

陈丰光是桐坞村搬迁到上马坞村的村民之一。他记得听父辈说起，整个村庄成燕窝形状。村里原来人丁兴旺，村内有一个三进厅堂，厅堂的门楣是石头雕砌而成，很是气派。厅东厢人家姓李，西厢姓陈。

相传，桐坞村一位先祖因喜欢钓鱼，在门前挖了一口池塘，此后桐坞村开始走下坡路。到20世纪50年代，村民陆续迁至上马坞、长店，只剩陈姓一户人家。到70年代，村庄彻底消失，村内的石板路也被拆除。

近几年来，清溪村美丽乡村建设，桐坞村建设成了一处集打靶、娱乐于一体的野外拓展训练基地，打造红色旅游研学项目，丰富了文旅内涵，吸引了众多游客。

（陈昭君）

**桐坞村坐标位置：**

东经119°55′44.87″，北纬29°34′31.15″，海拔307米。

# 湃桥村：牛栏坪

牛栏坪村，原建村于牛栏坪山岗上而得名。后迁居于小黄坛口，村名仍沿用牛栏坪。位于大畈乡湃桥村，距南山自然村东北部约 2 千米处。

牛栏坪村民以储姓为主，明末清初时期，先祖因战乱自安庆府（今安徽省安庆市岳西县）逃难至此，至今约有 300 年历史。

“阿毛”本名储押毛（1931—1948），是民国浦江壶溪乡湃桥牛兰坪（今大畈乡湃桥村牛栏坪）人，多次前往县城刺探敌人信息，提供给浦北地区的金萧支队。后被国民党发现，于村中被捕，面对敌人威逼利诱，他咬紧牙关不透露一字，壮烈牺牲。

1999 年，牛栏坪村实行下山脱贫，全村 20 余人搬迁至湃桥村南山自然村，自此，牛栏坪村消亡。

牛栏坪村民搬迁后，村庄原址一直处于半荒废状态，直至 2010 年前后，在县、乡政府的支持下，村里修建了一条村道，从南山直达牛栏坪。湃桥村南山村民承包了牛栏坪村附近的土地，从台湾引进了 2 万株凤梨苗，经过科学种植后，在此安家，发展壮大。

如今的牛栏坪，斑驳的青石旁，一排排大棚耸然而立，古老废弃的村庄在乡村振兴战略的推动下，重新焕发新光彩。

（傅帆）

**牛栏坪村坐标位置：**

东经 119° 52′ 7.01″，北纬 29° 35′ 51.11″，海拔 271 米。

# 前丰村：柳秀坑

## 柳秀坑

柳秀坑，原名“料屑坑”，因地处柳秀坑山脚而得名，村名雅化而来。位于大畈乡湃桥村前丰柳秀坑山坞深处。自湃桥村柳秀坑口自然村出发，过木桥，沿大姑源溪北向而行，步行15分钟左右即可到达。柳秀坑原址已无尚存建筑，唯见残墙断垣，草木茂盛。

据柳秀坑村民相传，先祖因明末战乱，自江苏南京逃难至此，至今约400年。村民以朱姓为主，有10余户，人口30余人。

20世纪80年代，随着乡村公路的开通，周边村落逐渐用上了电，柳秀坑因地处山腰，通电难度较大，且出行不便，村民遂商量搬迁事宜。1981—1984年，柳秀坑村民相继迁至乡村公路旁，因此地位于柳秀坑之山口，遂命名为柳秀坑口村。

（傅帆）

**柳秀坑村坐标位置：**

东经119°51′20.106″，北纬29°36′19.606″，海拔335米。

# 三元村：琴岩脚

琴岩脚村，又名“鄞岩脚”。居于鄞岩顶（海拔1002米）山脚，故名。又因鄞岩顶有一瀑布，倾岩而下，水柱如琴弦，故又名“琴岩脚”。位于大畈乡西北部，与桐庐接壤。附近高峰耸立，西北之天雷岗，海拔1005米；西南之朝天门，海拔1050米，为全县最高峰。

大畈乡三元村琴岩脚（江东放摄于2006年）

清光绪年间，杜亦勇（1876—1899），浦江县礼张少岭脚人，年少任侠，精通拳棒，聚众结帮，成立“千人会”。1899年后被镇压。

1949年前后，郑家（今大畈乡大姑源村）村民余锡有等人因开荒看山移居至琴岩脚，定居于此，当时有农户12户，约30人。后随时间推移，农户或去世或迁出，至80年代，仅剩余锡有一家5口居于此。余锡有因病去世后，家人外迁，琴岩脚村自此荒废。

据了解，琴岩脚一脉仅剩两人，均为余锡有儿子。长子余松甫，1962年生，在杭坪下薛宅务农；次子余小甫，1964年生，在浦江县职业技术学校任教。

（傅帆）

**琴岩脚村坐标位置：**

东经119°47′52.25″，北纬29°38′53.94″，海拔562米。

# 明丰村：华桃坑口

华桃坑口村，位于浦江县大畈乡大姑源村郑家至黄家道路西南侧，又名“华桃坞口”，因地处华桃坞水口得名。原与郑家、大姑寺、大坪来、新田畈等村归属明丰村，2018 年行政村撤并后属大畈乡大姑源村。

华桃坑口，仅有 1 户郑姓村民居住。1990 年前后，因房屋坍塌，全家 7 人搬迁至郑家村居住，村庄自然消亡。

（傅帆）

**华桃坑口村坐标位置：**

东经 119° 49′ 55.643″，北纬 29° 37′ 23.236″，海拔 370 米。

# 山丰村：东坪

东坪村，原属大畈乡山丰村（今属大畈乡湃桥村），坐落于东坪山上，位于葛山头自然村以北，沿溪上行约 3 千米处，山高林密，步行难至。

东坪村村民以张姓为主，为浦阳平安张氏支脉。数百年前，先祖以烧炭为生，因东坪此地树木茂盛，从建明村水口自然村搬迁至此，因所在山名为东坪山，故以东坪为村名。

20 世纪 70 年代，因地势偏远，交通不便等原因，全村 10 余户 50 余人逐渐搬离东坪，定居于葛山头、鱼家坑口等村，东坪村自然消亡。

东坪村所在地，自然风光秀丽，山顶有龙门脚十丈飞瀑，还有古茶园、古井、竹林、枫林等地，每年吸引不少登山客前往。

（傅帆）

**东坪村坐标位置：**

东经 119° 51′ 0.756″，北纬 29° 35′ 35.542″，海拔 428 米。

# 黄坛村：山皇殿、新湾口、移家、高雪脚

黄坛行政村，包括移家、高雪脚等 9 个自然村。位于大畈乡东北部，与上河村相邻，坐落于群山之中，从侯中线出发，自黄坛源口（时造新村）岔口入，约 3 千米即可到达行政村所在地——移家。黄坛，原名黄檀，因此地多有黄檀树得名，后简为“黄坛”。

黄坛村主要分为 4 个较大的自然村（山皇殿、新湾口、移家、高雪脚）以及 5 个较小的自然村（大田、大地、龙皇岭口、十八钞、黄泥岩脚），都处在黄坛源中。从第一个村（新湾口）到最后一个村（高雪脚），足有数千米路程。全村共有 89 户 300 余人，村庄历史 200 年左右。

2013 年，因浦江县小黄坛卫生填埋场建设需要，黄坛村土地被征收。黄坛村村民集体安置到浦阳街道石马村附近，仍归大畈乡管辖。2018 年 12 月，浦

黄坛新村

江县行政村规模调整，黄坛村与石马村、白林村、朱红村等合并为西站社区，归属浦阳街道管辖。

黄坛原址用于建设垃圾填埋场项目，该项目占地300多亩，2013年12月25日正式启用，意味着浦江生活垃圾处理从简易堆放向无害化、规范化、现代化处理方式转变，具有历史意义。

2018年，浦江县在黄坛村原址引进了三峰环境垃圾焚烧发电项目，于2021年投入使用，进一步推进浦江生活垃圾无害化、减量化、资源化处置。

## 山皇殿

以村东小山古有山隍殿得名，又名“小黄坛”，村民以袁姓为主。先祖祖籍安徽省安庆市，约400年前搬迁至杭州市富阳，清嘉庆初，袁姓先祖自杭州市富阳下南坞胡公殿迁徙至此。有9户32人。

**山皇殿村坐标位置：**

东经119°52′40.21″，北纬29°36′17.25″，海拔267米。

## 新湾口

新湾口也称“桑湾口”,因该地有山名“新湾”,村处山口,故名。村民以程、袁、张为主,皆为清乾隆至嘉庆年间自南京迁徙而来。有 24 户 55 人。

**新湾口村坐标位置:**
东经 119° 52′ 21.85″,北纬 29° 36′ 31.56″,海拔 278 米。

## 移　家

移家为黄坛村委会驻地。相传因该村自外地移居至此,故名“移家”。又以近音作“沿家”。又传,始居者为邢姓,故称“邢家”,后演化为“移家”。有 5 户 17 人。

**移家村坐标位置:**
东经 119° 52′ 16.32″,北纬 29° 36′ 53.38″,海拔 307 米。

## 高雪脚

高雪脚位于黄坛源头高雪顶山脚下,故名。村北金竹湾尖为黄坛源发源地,海拔 919.8 米。村以朱、张、邱三姓为主。其中,朱姓清道光年间迁居于此;张姓祖籍福建汀州上杭县,民国时自义乌九都上黄迁至高雪脚,邱姓自移家分迁而来。有 30 户 70 人。

（傅帆）

**高雪脚村坐标位置:**
东经 119° 51′ 35.62″,北纬 29° 37′ 30.52″,海拔 383 米。

# 上河村：时造

时造自然村，又名“徐造”“时皂”，位于浦江县大畈乡上河村，因地处时造源中部，得名“时造”。其故址位于时造新村西北方向约 1 千米处。

时造村以陈姓为主，与上河村同宗同源，其先祖为明代洪武年间（约公元 1391 年）河南布政使常八公陈正性。明嘉靖年间（约 1560 年），陈正性后裔陈尧纲迁居时造，此后定居于此。

时造村地处偏僻，四面环山，周边常有野兽出没。每逢暴雨天气，溪水上涨淹没机耕路，村民被困村中难以外出，生产生活受到严重影响。村民搬迁愿望十分强烈，多次申请整村搬迁事宜，一直未能如愿。2004 年，随着侯中公路拓宽改造工程的启动，时机逐步成熟，在县、乡两级政府的努力下，于 2006 年实施整村搬迁。全村 75 户 206 人搬迁至时造源口、侯中公路以北地块，离上河村 1 千米，叫时造新村。

时造新村

时造老村旧址

时造村中原有小学、大会堂、厅堂等建筑，随着整村搬迁被全部被拆除，退居还耕恢复为农田，仅剩山脚几处残垣遗留。

（傅帆）

**时造村坐标位置：**

东经 119° 53′ 26.646″，北纬 29° 36′ 18.983″，海拔 245.8 米。

中余
乡

中余乡
金华市
绍兴市
诸
暨
市
寺坞坪
王灵尖
荒坞顶
井顶坪
上和
北坞岭
西坞坑
王佳山
檀
象山
里舍
小洑畈
跃进
乌石岩
石弄岭
瓦窑岭
鱼岭头
尖蓬
大渠山岗
廿七都
富白坪
蒋塘坞
尖头山
溪
角弄
塘沿
蒲阳
（蒲阳）
蒲阳岭
老鹰岩
石塔顶
上湖山
江山岭脚
鸡鸣社
大峰尖
普丰
（芝都坞）
后坞
大地
养元坑
红色教育基地
方家
（方家）
石塔顶
里阳坞
草籽岗
桃树湾
许坞
蔡家
黄坞
江山岭
竹湾岗
天堂坪
大山坪
水银尖
周宅
江山寺
罗汉尖
黄岭顶
1
诸
下宅
西山岩
中余
（中余）
青房
塘下坞
黄毛
前山脚
东塘
中余乡
其杆
石柱山
西源
镇
盘里坞
会龙
石塔头
金钩形
大竹畈
盘里坞
西部锁具
集聚区
五星
（新店）
金家塘
高桥
（佛堂店）
栖云
前周
后山坞
后山坞
王家
毛蒲岭
锣鼓尖
暨
雅湖
雅湖畈
（石榴坞）
芦稷山
张坞岭
杨宅
顾家
塔龙
锁具园区
落塘
大元
车岭顶
冷坞
（冷坞）
冷坞花谷
义村
思母岭脚
叶岭
塘坞山尖
东湖
水漫岭
大坪尖
坪上
五尖山
九炮台
和尚头
笔架山
鸡冠岩
岩
头
镇
郑
宅
镇
白
马
X814
X809

图 注

① 中余村：黄古岭脚

# 中余村：黄古岭脚

黄古岭脚村，古称“黄牯岭脚”，因位于黄牯岭的山脚得名，后简为今名。坐落于浦江县东北部的中余乡境内。从中余乡农贸市场后右转入塘下坞村，然后沿山谷1千米左右就到了黄古岭脚。

黄古岭脚村民的祖先来自中余乡周宅村。当时宋朝官员周公路过此地，发现风景秀丽、四面环山，胜峰山脚下土壤肥沃，因此居住于此，因其姓周，故取名“周宅”。

在离周宅村不远的罗汉山有一座古老的寺庙江山寺，它始建前唐，距今有1800余年，唐朝伏虎禅师曾驻锡于此。

伏虎禅师名灵默，毗陵（又称“晋陵”，今江苏武进）人，宣姓。唐贞元年间（785左右），禅师云游到浦阳，听说江山道场久已废圮，就一路前往寻访找到了它。禅师看了这里的地形，就对人说：“山形如鸡足，这一定是释迦牟尼弟子迦叶的施舍。”于是就登越危顶，大启迦蓝，遍建寺院，道场在当时可能有一定规模。其间，经常有一虎当道，禅师驻锡止步让它离开，老虎就乖乖地瞑目而退，故有“伏虎”之称，“伏虎禅师”即源于此。

黄古岭脚旧址村口

江山寺与诸暨、富阳、桐庐相毗邻，群山环抱，地处要塞，曾经是抗日武装金萧支队集结、隐蔽、开会的重要据点。缘此，江山寺又称“红色寺庙”。2016年，当地政府在江山寺修建了金萧支队抗日、解放纪念碑。碑上刻有中余乡蒲阳村人张宝康将军的题词。

周宅村通往江山寺要经过黄古岭，清康熙年间，周太公派“丁”字辈一位中年人到江山寺看寺庙，经过黄古岭、养元岭到江山寺，晚上回到黄古岭脚草棚里休息。有一天草棚里又来了一位逃难的妇女，后来两人就结婚生子，繁衍生息，定居在黄古岭脚，逐渐成为一个村落。

黄古岭脚四面环山，崇山峻岭是村里最大的地理特征，而茂林修竹则是其最让人称道的生态特色。可是，好景难留村内人，受地理环境的影响，山路闭塞，耕地资源、水资源有限，随着人口规模的不断发展，这里村民的生活变得捉襟见肘，靠天吃饭难以为生。

民国时期，有一天，一伙土匪来村里抢劫，当时正是秋季，村民们听说土匪来了，纷纷放下手里的碗筷，然后向山上跑去。土匪在村民家中到处搜索，遗憾的是没有搜索到一分钱财，土匪头子说：“这个村真穷。”临走时还不忘赶走了村民家中的一头猪。

村民从事农业所带来的收入远远不够日常开支，一年四季在地里辛苦劳作换来的收入不够一家人吃饱肚子，生活在这片土地上的村民，一个个离开。迁移到诸暨田东村的人口规模已经远超黄古岭脚村的总人口了。

20世纪60年代，黄古岭脚村隶属于东塘大队，70年代以后隶属于中余大队，当时仅剩二兄弟及其后代10户村民住在村里，最多时人口有40人。

1985年开始，黄古岭脚村整体搬迁到山下的塘下坞村，只有短短几百米的路程就到了乡政府所在地中余村。

（张必强）

**黄古岭脚村坐标位置：**

东经120°0′34.68″，北纬29°37′2.26″，海拔305米。

# 附录：

# 2000年浦江县乡镇村居民区及自然村地段名表

1. 此表所列地名与数字截止日期为2000年底，地名均系标准地名。标准地名后括号内注有别名、曾用名或现在状况。自然村栏内首列地名为村民委员会所在地。自然村名后括号内的“非”即非自然村，“废”即居民已迁并他处的废村或地段，“农”即农点。因县城建设，先后有42处地段居民动迁，新增77处地段。原地段名称仍旧列出，并分别加注。

2. 表内所列户数、人口数，系根据县统计局按公安局2000年度《人口及其变动情况统计表》数字。全县年末总户数132235户，总人口379012人。各乡镇的户数、人口数，除村与居委会已列出的以外，其余为机关、学校、厂矿、企事业单位的户数与人口数。

3. 表格源自《浦江县志(1986—2000)》，中华书局，2005年版。

**1. 浦阳镇**（镇政府驻江滨中路，居14个，村36个，自然村162个，地段189个，36217户/90618人）

| 居民区名称 | 自然村与地段名称（户数/人数） |
|---|---|
| 以下属城区　居民区13　居民小组231　地段185　自然村8　17834/38603 | |
| 金　狮 | **居民小组14　地段2　自然村2**　704/1476<br>金狮四岔口　江滨东路　金狮岭　前山头 |
| 中山路 | **居民小组30　地段5**　1923/4482<br>建设路　东山一区　东山二区　中山北路至青年路　东山路 |
| 人民东路 | **居民小组16　地段5**　1390/2960<br>人民东路（龙峰广场至金狮回归水，亦称工业区）　江滨东路一区<br>江滨东路二区　东溪口　中山南路（浦棉至江滨路） |

续表

| 居民区名称 | 自然村与地段名称（户数/人数） |
| --- | --- |
| 东　街 | **居民小组 23　地段 24**　1516/3458<br>柏树里　上台门［废③］　下台门［废①］　城脚新屋［废①］<br>敬义堂（旗杆里）［废①］　东风桥头（大东门）［废①］<br>花台口［废①］　石明堂下厅［废①］<br>石明堂上厅（东楼）［废①］　楼家　狮子台门里　金宅<br>倪家　陈家（东陈）［废①］　通天楼　佘家　司后楼<br>大司口　璩家（东街璩家）　营来（营门口）<br>府馆口（火官口）　薛张后门　新屋里（永锡堂）　贵和堂<br>缵绪堂　大夫第（龙溪大夫第）　玉案头　璩家（新街里璩家）<br>薛宅台门里　黄氏古道　东山（猪市山后）　通天楼巷<br>大司巷　东市巷［废①］　古城巷［废①］ |
| 大桥路 | **居民小组 12　地段 8**　1277/2673<br>曹家畈　宣和里　食品公司　浦棉宿舍区　文宣路（大桥路至机关幼儿园）　江北小区　望江村　龙峰商城一区 |
| 学塘角 | **居民小组 19　地段 9**　1667/3479<br>三和弄　戴宅　戴衙［废①］　罗店［废①］　俞锦川［废①］<br>宋宗台门里（宋宗臣第）［废①］　箍炉井（枯路井）［废①］<br>高台门［废⑨］　儒林门（民主门）［废①］　石鼓里［废⑧］<br>学塘角［废①］　上新屋［废①］　后塘　学塘下［废⑦］<br>学前楼　小南门［废①］　外园［废②］　白佛寺［废②］<br>文宣西路（机关幼儿园至和平南路）　江滨新村　南江路五区<br>凌宅巷　陈宅巷［废①］　外园巷［废②］　钟楼巷<br>学前楼巷［废①］ |
| 南　门 | **居民小组 20　地段 16**　1455/2898<br>后堰沿　画店［废④］　旧楼古地［废④］　缪家［废④］<br>朱竹山［废④］　新堂楼　新屋里　四牌楼<br>南门头（大南门，东侧属学塘角居民区）　水月庵（城南新宅）<br>东岳宫　花轩里　南门于　巷口头［废②］　水门口（水门）<br>项家上台［废⑤］　项家下台［废⑤］　坛下　南江路一区<br>南江路二区　南江路四区　江滨西路<br>药店朱巷（北侧西段属人民西路居民区） |

续表

| 居民区名称 | 自然村与地段名称（户数 / 人数） |
| --- | --- |
| 广 场 | **居民小组 14 地段 36** 1588/3400<br>下书堂 上严家 下严家 八房厅 白果树里 人民广场（老县基）<br>桥头（琴头） 鸿渐堂 司牧第 清白堂 镬炉 小东门 董宅<br>下店 黄家 邱家 马豹桥 大埂头 徐家［废③］<br>协和古宅［废③］ 姓金台门里［废④］ 县前（西侧属新华西路居民区）<br>［废④］ 周王庙（周王庙口） 许家［废⑥］<br>姓张祠堂 樟树下 留余堂 高埂沿［废③］ 西陈（陈家）<br>下潘宅 宫口 八甲巷 小东门巷 龙溪 新街里（新街后坤）<br>傅家 官墙脚 大埂头巷 樟树下巷 宫口巷 龙溪巷 官井头巷 |
| 北 站 | **居民小组 17 地段 19** 1443/3182<br>小北门 官井头 新屋里 大厅来（县后张） 节妇门 乌台门<br>草明堂（三层楼后） 观音堂（观音庙） 西园 达要塘 月亮里<br>观华路 园明里 大智寺 仙华路东侧 大厅巷 西园巷<br>小北门巷 观音巷 |
| 月 泉 | **居民小组 20 地段 10 自然村 5** 1349/2983<br>大北门 上沿（楼家上沿） 楼家（西楼建广场路动迁） 大北门路<br>小西门口（南侧属新华西路居民区） 环城西路（小西门巷以北至环城北路） 环城西路一区 环城西路二区 环城西路三区<br>灯饰城（仙华路西侧） 庄来（庄头） 智后山 清水堰（清水沿）<br>炉来 倒米岭脚 |
| 太白路 | **居民小组 8 地段 10** 811/1686<br>太白路 咸宁里 福全里一区 福全里二区 福全里三区<br>福全里四区 福全里五区 月泉西路一区 月泉西路四区 西山路 |
| 新华西路 | **居民小组 24 地段 25** 1365/3085<br>姓张沿 费宅园（费宅） 姓费祠堂 天主堂 金宅（姓金祠堂）<br>湖塘头（廿四间头） 西马路 街市塘 应店 古佛堂后［废③］<br>石板张［废③］ 古佛堂［废③］ 上潘宅［废④］ 上周宅［废④］<br>甘家（宫口甘家）［废④］ 下田畈 大西门（南侧属人民西路居民区）<br>灯笼店 小明堂 里明堂 甘家（下田畈甘家） 九龙门（九龙门第）<br>新街桥（世医门第） 季宅（渤海世家） 后堂楼 姓黄祠堂<br>后份（下周宅） 花厅台门里 节妇门 小西门巷（北侧属月泉居民区） 水埂巷 |

续表

| 居民区名称 | 自然村与地段名称（户数 / 人数） |
| --- | --- |
| 人民西路 | **居民小组 14　地段 16　自然村 1**　1346/2841<br>西门周（北侧属新华西路居民区）　药店朱　七间正（新楼下）<br>桥头　大夫第（桥头大夫第）　石明堂　祖厅　祖厅后　皮园（以上 5 处总称朴树里，亦称朴树下朱）　中塘下　上皇殿<br>文学名家　周家台门里　牛府　人民西路（商业走廊西端至上皇殿）<br>朴里巷　溪下 |

注：

①东风桥头和罗店等 21 处于 2000 年 11 月 20 日前因旧城改造拆迁。

②外园等 4 处于 1999 年因拟建文化广场动迁。

③徐家等 7 处于 1995 年因拓宽新华路动迁。

④旧楼古地等 9 处于 1992 年因拓宽和平路动迁。

⑤项家上台等 2 处于 1985 年因拓宽人民路动迁。

⑥许家于 2000 年因建县博物馆动迁。

⑦学塘下于 1989 年因建电信大楼拆迁。

⑧石鼓里于 1978 年因建县百货公司拆迁，2000 年 11 月 20 日因旧城改造又动迁。

⑨高台门于 1986 年因建食品大楼动迁，2000 年 11 月 20 日因旧城改造又拆迁。

---

续表

| 村（居）委会名称 | 自然村与地段名称（户数 / 人数） |
| --- | --- |
| **以下属江南办事处　驻地下季宅　居 1　村 7　地段 4　自然村 44　4879/12731** | |
| 江　滨 | 江南新村一区　江南新村三区　江南住宅区　江南工业城<br>（居民小组 16）　837/1506 |
| 文　溪 | 大溪楼　下季宅　毛都　牛车头　1160/3103 |
| 蒋　塘 | 蒋塘　四方头（下新屋）　前溪　店来　道院前楼　359/1086 |
| 群　生 | 上季宅　横大路　长地　许里　陈逢坑（陈凤坑）　323/866 |
| 狮　岩 | 石陵　丁岩坞　竹窠头　楼宅（高店楼宅）　棚来［废］　256/701 |
| 兆　丰 | 石塔湾　杨坞　樟坞岭脚　白泥岭脚（白旗岭脚）　上新铺<br>下新铺　189/547 |

续表

| 村（居）委会名称 | 自然村与地段名称（户数/人数） |
|---|---|
| 浦 南 | 魏店　寺口　下落（亚落）　下落店（店来）　角山院（角山沿）　田畈中央　辛山黄（辛山镇）　下新屋　上新屋　油塘顶　后家里（魏家里）　溪塍　叶坞　后徐　772/2294 |
| 前 于 | 前于　前于水阁（水阁）　中央宅　樟树下　小四村　毛阳　983/2628 |
| 以下属平安办事处　驻地平安张　村 8　自然村 32　3753/11167 | |
| 平 一 | 平安张　后陈　新店　669/1835 |
| 平 二 | 平安张　392/1132 |
| 石埠头 | 石埠头　177/538 |
| 巧 溪 | 巧溪（槁溪）　下于　下方　沙丘　新屋下　陈村　586/1625 |
| 金 星 | 吴骆山岗（吴山岗、骆山岗）　吴店　琴头　上徐村（徐村）　芮宅　赵宅　赵田畈　四村楼宅（楼宅）　司村［废］　563/1649 |
| 宋 溪 | 火烧张　上孙　严村　后孙（石墩头）　范马车（范麻车）　472/1647 |
| 横 塘 | 郑横塘　351/1013 |
| 西 张 | 西张　白石源口　水阁　桃源口　上朱宅　下朱宅　大塘沿　上余（上于）　山岗下［废］　543/1728 |
| 以下属大许办事处　驻地大许　村 10　自然村 35　4130/12830 | |
| 大 许 | 大许（大水）　前店　656/1918 |
| 马 墅 | 马墅（马墅市）　331/1249 |
| 徐 村 | 徐村　曹村　山背周　毛竹园　殿后里（殿后李）　371/1166 |
| 金 宅 | 陶器厂　陈塘　前金宅　后金宅　姓吴　姓谢　509/1643 |
| 中 埂 | 金店　茶壶窑　莲塘　莲塘五房　深塘下（新塘下）　章店　蒋村　569/1833 |
| 廿亩山 | 廿亩山（箬帽山）　后潘　271/827 |
| 项 宅 | 埂头寺［非］　项宅（后宅）　前宅（枣园）　堂楼店（塘头店）　银店（任店）　山岐头（山咀头）　468/1262 |
| 后 谢 | 后谢　胡门　林村　402/1210 |

续表

| 村（居）委会名称 | 自然村与地段名称（户数 / 人数） |
|---|---|
| 冯　村 | 冯村　上叶　326/1003 |
| 永　安 | 岳塘下张（鹤塘下张）　方门　227/719 |
| 以下属石马办事处　驻地石马头　村 11　自然村 43　3915/11090 | |
| 石　马 | 石马头　下黄（下旺）　296/830 |
| 善　庆 | 桃岭脚　108/329 |
| 泉　溪 | 横山　桥头　马项颈　陈司塘（陈狮塘）　112/339 |
| 联　盟 | 傅店　少桃岭　杭口岭脚　新屋来　新徐（后徐）　马家　大花岭脚（桃花岭脚）　大坞塘　新杨里　塘后坤　东庄坞　东塘　岭背（倒米岭背）　598/1723 |
| 沉　湖 | 乌珠山下　前王宅　樟后塘（张后塘）　樟畈（张畈）　307/885 |
| 珠　山 | 珠山后　宋店（新店）　357/921 |
| 白　林 | 下吴周　前吴新村　绍里（赵里）　梅山　杨宅　长山头［非］　610/1728 |
| 珠　红 | 下珠畈　田来（田畈中央）　新屋村　237/684 |
| 铜　桥 | 溪塍头　下旺　蓬店（冯店）　新屋里　乌泥畈　毛桥（茅桥）　丁村［废］　花坟头［废］　523/1510 |
| 杨　田 | 杨田周　下店　330/959 |
| 同　乐 | 石宅（施村石宅）　437/1182 |

2. **黄宅镇**（镇政府驻黄宅新店，村 40 个，自然村 109 个，13498 户 /38914 人）

| 村委会名称 | 自然村名称（户数/人数） |
|---|---|
| 新　华 | 新店　黄宅市　后潘都（下潘都）　塘下　新华新村　722/2073 |
| 下　店 | 下店　528/1596 |
| 永　锋 | 后店　石宅　后桑园　271/745 |
| 信　华 | 下于市（夜渔市）　上潮溪　下新屋　508/1488 |

续表

| 村委会名称 | 自然村名称（户数/人数） |
| --- | --- |
| 上 市 | 上市 539/1618 |
| 群 联 | 桂花明堂 葛宅 新大份 潘都（上潘都） 始美堂 周塘 新小份 日乾堂 惇裕堂 493/1438 |
| 六 联 | 小份 大份 大房 小房 二房 上店 639/1996 |
| 一 心 | 上宅 鲍村 姚店 489/1511 |
| 勇 进 | 后宅 中央宅 后屋 前金 山头来 574/1693 |
| 前 进 | 前宅（前宅及勇进村的后宅、中央宅总称桐木殿朱宅） 181/510 |
| 智 勇 | 童村 黄司（黄师） 楼宅 瑞狮塘（石狮塘） 何村 桐树岗 363/1092 |
| 三 友 | 新骆村（后骆村） 旧骆村 上方村 下方村 256/738 |
| 合 心 | 店来（旧屋来） 店来姓周（姓周） 邵店 界山（价山） 新屋里 楼来 邵司 西溪 下屋 何田畈（杨田畈） 429/1223 |
| 渠 北 | 后陈 八石塘 下何 戴山头 315/883 |
| 渠 南 | 塘塍来 新屋下 姓周 旧山背 新山背 查塘 费宅 下畈 337/972 |
| 岳 塘 | 岳塘桥头（鹤塘桥头） 岳塘山背（鹤塘山背） 238/699 |
| 日 升 | 中央店 莲塘沿 卤饼店（卤冰店） 前店 前方［以上总称李源（李染）］ 魏村 776/2144 |
| 岳 溪 | 岳塘下吴（鹤塘下吴） 163/431 |
| **以下属前陈办事处 驻地前陈 村 22 自然村 30 4818/15019** | |
| 前 一 | 前陈 康王殿（康侯殿） 441/1425 |
| 前 二 | 前陈 戚家塘 溪后 381/1181 |
| 达 塘 | 达塘 120/354 |
| 徐 司 | 徐司 44/166 |
| 胜 丰 | 王先生 151/414 |
| 后 江 | 后江村 481/1354 |
| 前王郑 | 前王郑 87/283 |

续表

| 村委会名称 | 自然村名称（户数/人数） |
|---|---|
| 姓　陈 | 姓陈（后陈）　118/419 |
| 立　新 | 前黄　葛村　165/560 |
| 甄　村 | 甄村　121/408 |
| 桥　西 | 西庄（桥头西庄）　下宕（下塘）　134/426 |
| 杨　林 | 杨林　181/571 |
| 曹　街 | 曹街（曹家）　229/734 |
| 梅石坞 | 梅石坞（煤石坞）　187/582 |
| 蒋才文 | 蒋才文（蒋裁缝）　143/464 |
| 沙塍头 | 沙塍头　120/362 |
| 桥　东 | 下于桥头（夏禹桥头）　荷坟来　108/352 |
| 蒋　宅 | 蒋宅　田来　135/419 |
| 海　塘 | 海塘　新屋来　下宅　384/1176 |
| 新　宅 | 新宅　384/1199 |
| 潮　溪 | 下潮溪　131/424 |
| 钟　村 | 钟村　573/1746 |

**3. 岩头镇**（镇政府驻岩头陈岩一，村 41 个，自然村 96 个，9035 户 /26983 人）

| 村委会名称 | 自然村名称（户数/人数） |
|---|---|
| 岩　一 | 岩头陈　246/707 |
| 岩　二 | 岩头陈　246/766 |
| 岩　三 | 岩头陈　261/777 |
| 岩　四 | 岩头陈　162/522 |
| 洪　家 | 洪家　185/538 |
| 胜　建 | 芳地　岩头里　何大园（何大沿）　430/1309 |

续表

| 村委会名称 | 自然村名称（户数/人数） |
| --- | --- |
| 六 建 | 山下畈　木勺岗脚　115/343 |
| 车 门 | 车门头　麻车山　后严　石桥头［废］　300/881 |
| 倪 山 | 倪山背　岭背［废］　214/583 |
| 晓 山 | 晓山（小山）　141/440 |
| 三雅店 | 三雅店（山下店）　130/409 |
| 三步石 | 三步石　三星岩（三圣岩）　289/927 |
| 后 叶 | 后叶　178/613 |
| 上 祝 | 上祝　149/424 |
| 桐 店 | 桐店　154/490 |
| 五 一 | 白虎头　元丘　111/362 |
| 飞 轮 | 牛轭垄　官山头　泥大塘（倪大塘）　新岭脚　424/1293 |
| 下宅口 | 下宅口　133/407 |
| 下 杨 | 高山石　新张宅　后田畈　桑园来　上屋（以上总称下杨）　182/532 |
| 仙 水 | 仙水塘　136/421 |
| 合 丰 | 许村　新许村　泉塘沿口　后金　295/917 |
| 广 丰 | 毛尤　75/226 |
| 新 屋 | 新屋来　153/501 |
| 王 店 | 大王店（上王店）　小王店（下王店）　三龙王店（山垄王店）　316/924 |
| 三 红 | 东山　赵宅　凌宅　下东山　272/881 |
| 姓 应 | 姓应（圣应）　后大塘　李村　五大塘（吴大塘）　287/866 |
| 西 黄 | 西黄　吴店　花山　360/1130 |
| 朝 阳 | 方店　丁步头　下方店　于门　前何　湖桥<br>缸沿（缸窑来）　494/1498 |
| 以下属礼张办事处　驻地礼张　村 13　自然村 38　2195/6823 | |
| 礼 张 | 礼张　213/639 |

续表

| 村委会名称 | 自然村名称（户数/人数） |
|---|---|
| 陈　礼 | 陈塘坞　白岩岭头　礼沿（里窑）　161/468 |
| 华　溪 | 少岭脚　黄岭头　114/349 |
| 大　岭 | 大岭脚　大岭头　殿口　石砚　89/310 |
| 黄　源 | 黄源　93/281 |
| 刘　笙 | 刘笙　八石　徐地坞（徐里坞）　269/923 |
| 双　溪 | 荷店（何店）　四石　124/363 |
| 群　丰 | 沈宅　礼赵宅（赵宅）　和祥山（和尚山）　彭岭头　闾间（庐间）　马后山　254/813 |
| 湾　来 | 湾来　77/254 |
| 岩　山 | 岩山　76/227 |
| 青　锋 | 盛村（静村）　马路来（长地角）　田来　石六　官山坞　西坞口　西坞（下西坞）　上西坞（中长盛）　长盛　新长盛　404/1152 |
| 东　山 | 礼东山（东山）　西山　70/224 |
| 夏　泉 | 夏泉　枣树坪　251/820 |

**4. 郑宅镇**（镇政府驻郑宅东明，村 34 个，自然村 76 个，8941 户 /27259 人）

| 村委会名称 | 自然村与名称（户数/人数） |
|---|---|
| 五　房 | 郑宅五房　113/330 |
| 冷　水 | 郑宅冷水塘沿　258/757 |
| 枣　园 | 郑宅枣树园　217/682 |
| 上　郑 | 郑宅上郑　286/952 |
| 东　明 | 郑宅后曹村　黄墙弄　338/1086 |
| 后　溪 | 郑宅后溪　412/1341 |
| 丰　产 | 郑宅花厅　外岭脚　上山头　高畈　438/1343 |
| 东　庄 | 东庄　162/491 |

续表

| 村委会名称 | 自然村与名称（户数/人数） |
|---|---|
| 石　姆 | 石姆岭　72/236 |
| 孝　门 | 孝门桥　桃坞　田来　下新屋　568/1684 |
| 安　山 | 马鞍山（安山）　上林塘　下林塘　上桑园　山下甲（山下贾）<br>何家　鱼家塘　杨木泉　小下金　592/1788 |
| 芦　溪 | 后卢金（厚庐金、后路金）　530/1768 |
| 广　明 | 前于　后黄（以上合称金山头）　266/876 |
| 下　方 | 下方（雅方）　下金　屠村　蒲塘　三份头　196/668 |
| 深　一 | 樟桥头（张桥头）　郎下头（廊下头）　三埂口　前份<br>周村　389/1173 |
| 深　二 | 水阁　相连宅　西店　308/1064 |
| 前　店 | 前店　四份头　边爿来　336/956 |
| 秧　田 | 秧田王　80/251 |
| 山　头 | 山头店　88/281 |
| 三　郑 | 旧三郑（三郑）　新三郑　莲台塘　584/1845 |
| **以下属堂头办事处　驻地横溪　村 14　自然村 32　2500/7283** | |
| 横　溪 | 横溪　222/625 |
| 金　泥 | 金岗坞　泥都　127/391 |
| 蒙　山 | 蒙山　塘慈坑（塘时坑）　九婆　368/1023 |
| 石　源 | 郑都　毛岭　牛磊井（牛赖井）　井石八畈　铁炉下　虬门　258/722 |
| 陈　山 | 陈山　岭脚畈　阳山　大山（大山来）　125/313 |
| 湖　顶 | 湖顶　95/236 |
| 六　转 | 六转　115/271 |
| 岭　脚 | 岭脚　110/359 |
| 东　畈 | 东畈　118/323 |
| 堂　头 | 堂头（塘头）　110/343 |

续表

| 村委会名称 | 自然村与名称（户数/人数） |
|---|---|
| 三　雅 | 三雅村（山下村）　176/552 |
| 寺　后 | 寺后殿［非］　火龙塔（普洞塔）　赵郎（邵郎）　新赵郎　寺口　花坟头蔡村　318/1076 |
| 地　畈 | 地畈（地畈来）　横塘　横大路　170/501 |
| 上新屋 | 上新屋　188/548 |

5. **白马镇**（镇政府驻傅宅五丰，村 30 个，自然村 69 个，9890 户 /29829 人）

| 村委会名称 | 自然村名称（户数/人数） |
|---|---|
| 五　丰 | 傅宅　408/1334 |
| 利　丰 | 傅宅　614/2171 |
| 永　丰 | 傅宅　天中寺（天宫寺）　261/804 |
| 浦　东 | 方横店　蓬来　洋润岭脚　杜溪坞　金竹园　162/500 |
| 虬树坪 | 虬树坪　125/407 |
| 中　江 | 江西坞　庄门里（中门里）　125/372 |
| 高　一 | 和尚庄（和尚脚）　祥湾口（长湾口）　仙岭脚　308/844 |
| 旌　坞 | 旌坞（正坞）　580/1746 |
| 嵩　溪 | 嵩溪　瓦坞　岩湾　双坑［废］　王村［废］　980/2915 |
| 樟　严 | 樟坞（张坞）　严宅　大样山　前山［农］　65/204 |
| 联　丰 | 官田　贾保坞　白角湾　楮树下　东山　内坞（打坞）　484/1496 |
| 里　傅 | 里傅（殿外）　里里傅（殿里）　沈家坞　鲍家　船塘来　龙门顶　破柴湾［废］　316/1057 |
| 梧　桐 | 梧桐（龙桐树下）　98/324 |
| 塘　角 | 塘角　113/380 |
| 柴　坞 | 外柴坞　里柴坞　焦坞　三百亩［废］　236/732 |
| 龙　溪 | 许家　肥地坞（费地坞）　横头山　山树坞　212/734 |

续表

| 村委会名称 | 自然村名称（户数/人数） |
| --- | --- |
| 塘　里 | 塘里　上宣　寿家　146/501 |
| 宝　应 | 宝应　珠岭　152/507 |
| 清　塘 | 清塘　192/658 |
| 长　地 | 长地　横溪　上纸坊　下纸坊　281/893 |
| 柳　宅 | 柳宅　253/824 |
| 刘　店 | 刘店　238/747 |
| 夏　张 | 夏张（下张）　518/1687 |
| 祝　宅 | 祝宅　郑街铺　312/1013 |
| 霞　岩 | 霞岩（下岩）　262/731 |
| 新　何 | 新何　何石塔　严斗（彦斗）　240/727 |
| 豪　墅 | 豪墅（王市）　前严　上新屋　562/1728 |
| 兰　塘 | 严兰塘（兰塘）　邵宅　上贾　塘头下贾　405/1287 |
| 石渠口 | 石渠口　189/600 |
| 严　店 | 严店　283/862 |

6. **郑家坞镇**（镇政府驻杨家，村 18 个，自然村 37 个，4104 户 /12176 人）

| 村委会名称 | 自然村名称（户数/人数） |
| --- | --- |
| 吴　一 | 吴店　144/500 |
| 吴　二 | 吴店　136/423 |
| 寺　郎 | 下店　前葛　后葛　144/469 |
| 上吴店 | 上吴店　新店（庆丰庙后）　151/460 |
| 杨　家 | 杨家　山湾　程家　270/902 |
| 西山下 | 西山下葛　118/350 |
| 小杨家 | 小杨家（上新屋）　168/503 |

续表

| 村委会名称 | 自然村名称（户数/人数） |
| --- | --- |
| 江　桥 | 江桥　77/232 |
| 溪　东 | 溪东　大店　石宅　新屋里　235/771 |
| 叶　坞 | 叶坞　浦江火车站（原郑家坞站）［非］　104/313 |
| 郑家坞 | 郑家坞　109/357 |
| 钟　宅 | 钟宅　方塘角　龙潭（龙潭口）　方坞　251/805 |
| 朱　路 | 朱路　下新屋（下朱路）　吴朱舍（和朱舍）　大何街（何家）<br>小何街　冠桥（观桥）　333/1049 |
| 沈　里 | 沈街　里仁（里城）　269/876 |
| 皂结坑 | 皂结坑（皂结）　159/487 |
| 金　前 | 金宅　前山头（前山）　210/691 |
| 余　郭 | 余店（于店）　郭坞塘（角坞塘）　210/611 |
| 吴大路 | 吴大路（五大路）　檀树丘　585/1840 |

**7. 杭坪镇**（镇政府杭口坪，村 31 个，自然村 90 个，6850 户 /19654 人）

| 村委会名称 | 自然村名称（户数/人数） |
| --- | --- |
| 杭　坪 | 杭口坪　石象头（石墙头）　石塔头　上薛宅　薛宅畈　下陈<br>笑流坞口（小楼坞口）　缸沿　杭口岭头［农］<br>下林陈（下林坞）［废］　外棚［废］　1070/3094 |
| 寺　坞 | 寺坞　74/204 |
| 寺　坪 | 殿前（殿后）　殿口　观音堂　旧屋　八十　沙丘（以上总称寺坪）<br>181/528 |
| 塘　雪 | 塘雪　果树坞（枸树坞）　毛竹坞口（猫竹坞）　98/286 |
| 大　楼 | 大楼　横山　198/578 |
| 乌　浆 | 乌浆口旧屋　乌浆口新屋（以上合称乌浆口，亦称胡张口）　盆塘<br>王安　镇龙殿［废］　石井寺［废］　251/754 |
| 中央畈 | 中央畈（胡张山）　197/597 |

续表

| 村委会名称 | 自然村名称（户数/人数） |
|---|---|
| 乌浆山 | 乌浆山（乌浆山顶）　124/327 |
| 薛下庄 | 薛下庄　大王潭（大黄潭）　后山（大王潭后山）　165/475 |
| 下薛宅 | 下薛宅　里棚（小楼源里棚）［废］　154/436 |
| 中　村 | 中村　前河　溪头　325/897 |
| **以下属石宅办事处　驻地石宅　村 20　自然村 57　3742/11163** | |
| 石　宅 | 石宅　桥头山　山头［废］　446/1335 |
| 大　塘 | 大塘　桐子湾　大岩岭脚　桐坞（邓坞）　大坪　立岗山脚（栗岗山脚）　螺蛳殿　泥舍坞（泥沙坞）　181/532 |
| 裕　民 | 东坞口　东坞　高畈　宝金山　樟山脚（张山脚）　上旺　珠山（朱山）何家　长岗［废］　192/610 |
| 西山坪 | 西山坪　里前胡（里前坞）　82/233 |
| 前　胡 | 前胡（前坞）　100/263 |
| 东　岭 | 东岭（登临）　里朱　上珠（上朱）　前陈　岭外［废］　372/1125 |
| 石　响 | 石响（石向）　83/249 |
| 外　胡 | 外外胡（外坞）　泥堆山　里畈［废］　罗宅［废］　里外胡［废］下山［废］　132/392 |
| 中　何 | 中何（中和）　大坞　95/348 |
| 程　家 | 程家　五家村（午家村）　厅上（花厅）　下新屋　284/805 |
| 周坞口 | 周坞口　158/491 |
| 雪　坞 | 雪坞（薛坞）　何徐岭头　截柘岭头（蛇折岭）　九龙庵　154/480 |
| 曹　源 | 曹源　335/1003 |
| 曹源口 | 曹源口　97/234 |
| 张　山 | 张山（张山顶）　张山脚　前弯脚（桐坞）［废］　136/407 |
| 派　顶 | 派顶（破顶）　山沿　178/505 |
| 殿　口 | 殿口　朱坞　223/621 |

续表

| 村委会名称 | 自然村名称（户数/人数） |
|---|---|
| 后　阳 | 后阳（后杨）　石明堂　黄塘（王塘）　上坞　234/748 |
| 三　合 | 徐坞　王塘（黄塘）　马坞　68/208 |
| 茶　山 | 茶山　石狮头　上马　长凹口［废］　192/574 |

8. **檀溪镇**（镇政府驻寺前，村 29 个，自然村 65 个，5060 户 /16585 人）

| 村委会名称 | 自然村名称（户数/人数） |
|---|---|
| 寺　前 | 寺前　惠云寺　654/2207 |
| 毛　店 | 下毛店　林家　180/642 |
| 城　头 | 城头　马墓岭头［废］　宣朱角［废］　180/557 |
| 洪　山 | 湖山　山环（山湾）　洪家　下方　下大洑　上毛宅　下毛宅　245/909 |
| 平　湖 | 平湖　石母岭下　油车　经堂［废］　299/1014 |
| 长　山 | 陈村　塘家会（塘家外）　里蓬（长车坞）［废］　中央蓬［废］　84/297 |
| 新　三 | 柘树　姚坞　毛家　113/372 |
| 下　宅 | 下宅　160/549 |
| 龙　桥 | 会龙桥　182/590 |
| 龙　山 | 山干宅　153/602 |
| 塔　头 | 塔头　71/230 |
| 齐　陈 | 齐陈（苎陈）　齐陈新村　46/180 |
| 殿　下 | 白岩殿下　车方岭脚　百家坞［废］　上脚［废］　173/562 |
| 潘　家 | 潘家　立前畈（立社畈）　226/856 |
| 周　家 | 周家（潘家和周家合称潘周家）　202/695 |
| 大　梓 | 大梓树脚（大槠树脚）　112/362 |
| 大　杨 | 杨家畈　黄大坞（王度坞）　92/298 |

续表

| 村委会名称 | 自然村名称（户数/人数） |
| --- | --- |
| 大　元 | 大元（大园）　湖塘［废］　170/598 |
| 王　灵 | 荒坞口　升舞岭脚　姚家　葛岭头　新屋　草舍　大地　121/419 |
| 小　洑 | 小洑　下余（下于）　158/523 |
| 项　丰 | 项家　岭葛（岭下）　小洑岭脚　六子坪（柳子坪）［废］　198/735 |
| 外　罗 | 外罗家（朱坑桥头）　何坞口　前山［废］　坟头屋［废］　86/330 |
| 罗　家 | 里罗家　抛坑顶（滂坑顶）　扶名坞口（无名坞口）［废］　水竹湾［废］　蟒潭顶［废］　倒山坪（刀山坪）［废］　184/589 |
| 前　溪 | 前溪滩　南坞［废］　78/267 |
| 大　坎 | 大坎头　山皇塘［废］　155/526 |
| 盘　山 | 盘山岭下　66/238 |
| 梅　溪 | 何岭头（荷岭头）　金家　何坞（荷坞）　陈家　官田后墈　159/512 |
| 前　方 | 前方　前方溪滩　48/185 |
| 黄　方 | 黄塘下　赵氏岗　经堂来（经堂）　古塘口　小古塘［废］　115/335 |

9. **潘宅镇**（镇政府驻潘宅，村 16 个，自然村 48 个，5140 户 /15095 人）

| 村委会名称 | 自然村名称（户数/人数） |
| --- | --- |
| 潘　宅 | 潘宅（潘宅市）　童店　453/1374 |
| 万　田 | 万田　61/197 |
| 湖　山 | 吴郎中　上湖山　下湖山　武书堂（大书堂）　东龙山　234/655 |
| 华　墙 | 花墙头　220/730 |
| 尼　山 | 黄泥山头　154/493 |
| 长　春 | 下杨　240/731 |
| 余　间 | 余间　131/398 |
| 黄　都 | 黄都　下邵　余大宅　前黄　411/1210 |
| 洪田畈 | 洪田畈　152/477 |

续表

| 村委会名称 | 自然村名称（户数/人数） |
| --- | --- |
| 朱　云 | 杨里　后黄　寺口　611/1650 |
| 八　村 | 中央宅　石鼓　湖塘　樟山头（张山头）　405/1274 |
| 四　村 | 桥头　胡里　新楼下　308/940 |
| 五　村 | 麻车　东陈　程村　郭店　上东陈　前门　傅店　543/1618 |
| 三　村 | 杨先生　上黄　西杨　许堆（水碓）　山头荷（山头何）　242/860 |
| 七　村 | 东许　下蔡　大店　郭村　大坞口　陈台　上陈　傅村　418/1267 |
| 丽　水 | 源口　里塘［废］　许都［废］　284/880 |

10. **七里乡**（乡政府驻七里，村19个，自然村75个，7080户/21281人）

| 村委会名称 | 自然村名称（户数/人数） |
| --- | --- |
| 七　里 | 七里　下桑园　第四房（樟树里）　下张湾　周宅（田龙周）　新岭头　937/3058 |
| 云　宫 | 云宫（银宫）　黄山（王山）　石塔下　金坑岭脚　上山　214/598 |
| 登　高 | 登高山　岩下　东殿［废］　176/488 |
| 仙　华 | 金坑塘下（塘下）　仙华山（仙姑山）　西安（西庵）　毛田　仙华新村（新楼相公殿）　溪前［废］　田畈中央［废］　许村［废］　杨山塘［废］　154/495 |
| 道　光 | 山背来　南湖塘　道观口　塘外　217/721 |
| 寺　口 | 寺口　燕窠来　下新屋　毛竹沿（毛竹园）　218/632 |
| 石　宕 | 石宕（石宕口）　毛店　登高口　227/698 |
| 方　宅 | 方宅　321/930 |
| 戴　宅 | 戴宅　333/1027 |
| 浦　北 | 赤土岭脚　板桥　上花园（上花院）　下花园（下花院）　胡司　后塘　西官畈　552/1672 |
| 曙　光 | 张店　山湾来　卢宅（芦宅）　灵岩朱（灵岩居）　下店　李宅　坦塘　堂头（塘头）　630/1873 |

续表

| 村委会名称 | 自然村名称（户数/人数） |
|---|---|
| 田畈中央 | 田畈中央　下新店　107/327 |
| 后　郎 | 后郎　塘后坤　田龙来（田垄来）　杨梅院（杨梅园）　金村　574/1719 |
| 红　旗 | 黄裳弄（黄墙弄）　周美角（周孟角）　董宅　一大塘（叶大塘）　黄角山　495/1441 |
| 天　仙 | 天仙塘　姚塘（叶塘）　东庄　派溪　352/1142 |
| 十里亭 | 十里亭［非］　仙里　蔡横塘　大店　曹村　金冠样　464/1401 |
| 五　里 | 上五里　下五里　黄宅　248/758 |
| 河　山 | 河上山头（和尚山头）　316/983 |
| 五善塘 | 五善塘　十里头　新傅村　旧傅村　小赵宅［废］　310/1016 |

**11. 治平乡**（乡政府驻治平寺，村 27 个，自然村 77 个，7612 户 /22447 人）

| 村委会名称 | 自然村名称（户数/人数） |
|---|---|
| 红　星 | 下阳畈（夏杨畈）　下宅市　郭村　银坞　治平寺［废］　486/1545 |
| 东　一 | 东塘　下吴　599/1705 |
| 彭　村 | 彭村　166/496 |
| 蒋　村 | 蒋村　172/509 |
| 宅　口 | 宅口　陈三湖（陈山坞）　蒋店　154/497 |
| 应　店 | 应店　杨店　陈官　141/386 |
| 何　村 | 何村　杨塘　234/763 |
| 八　联 | 丁塘（丁坛）　余店　大园来　白露塘（白卢塘）　下潘宅　塘沿　王家　店来　477/1368 |
| 刘　铁 | 刘铁　花园　烟塘　334/962 |
| 张　官 | 张官（张学官）　619/1894 |
| 胜　利 | 樟树下　下傅　龙田　前方　盛家　614/1865 |
| 古　塘 | 古塘　山里翁（三里翁）　东林村　310/941 |

续表

| 村委会名称 | 自然村名称（户数/人数） |
| --- | --- |
| 项　店 | 项店　任店　潘家　对店（戴店）　363/1083 |
| 四　联 | 下灰山　上灰山　后盛　长塘　261/882 |
| 六　一 | 石斛桥　石堂头（石塘头）　翁店（洪店）　541/1786 |
| 上　余 | 上余（上于）　74/196 |
| 下　湖 | 下湖（下胡）　120/360 |
| 楼　街 | 楼街　127/415 |
| 华　塘 | 华塘　122/360 |
| 坑　塘 | 坑塘　姓张里　下坑塘　149/472 |
| 风　和 | 王村　下坑　毛竹塘　安基　山塘弄　林塘　塘头　上新屋　下新屋　196/604 |
| 戚　村 | 戚村桥（尺寸桥）　185/588 |
| 松井城 | 宣井　松门　坑城（坑塍）　136/391 |
| 陈铁店 | 铁店　陈店　210/614 |
| 和　平 | 坞里山　沈坞　麻车坞　和尚楼　227/750 |
| 塘　岭 | 塘岭头　88/239 |
| 黎　明 | 中戚（戚宅）　上戚　塘坞　下坟［废］　112/314 |

**12. 前吴乡**（乡政府驻上赵，村 18 个，自然村 70 个，4887 户 /14447 人）

| 村委会名称 | 自然村名称（户数/人数） |
| --- | --- |
| 上　赵 | 上赵　塘里　152/503 |
| 塘岭金 | 塘岭金　大箬溪　木勺山　塘岭下　塘岭头　566/1699 |
| 袅　溪 | 下大地　横坞口　和尚坪　三十田　罗桐山　英坞坪（鹦鹉坪）　上新屋（里新屋）　泥宕　后坪　下新屋　宅树坞（择树坞）　上大地（大地）　山头脚　上屋　前店　407/1071 |

续表

| 村委会名称 | 自然村名称（户数/人数） |
| --- | --- |
| 毛　家 | 毛家（毛家后宅）　塘坞口　西山　大地　和尚坞　麻车　童麻车　280/824 |
| 市　目 | 古塘　183/522 |
| 寿　溪 | 寿溪　上范　552/1762 |
| 马　桥 | 马桥头（东坞山头）　里石坞［废］　桐村口［废］　228/664 |
| 塨　山 | 塨山口　杨桥头［废］　寺口［废］　下店［废］　下盛［废］　163/507 |
| 前　吴 | 前吴（寺后山）　109/297 |
| 三　丫 | 三丫桥头（三桠桥头）　西丫（西桠）　小东丫坞口（小东桠坞口）　226/634 |
| 罗　塘 | 罗塘（罗家）　童宅　新屋　242/800 |
| 通　济 | 安头（庵头）　下葛　岩下　真溪　徐店　龚坞（中坞）　359/1147 |
| 以下属朱桥办事处　驻地茅田庵脚　村 6　自然村 23　1257/3839 | |
| 朱　桥 | 朱桥头　茅田庵顶（毛田庵顶）　茅田庵脚（毛田庵脚）　仁忠坞（仁中坞）　朱思坞　下方　古塘源［农］　176/546 |
| 罗　源 | 殿下　前山　八十（八十田来）［以上合称里罗］　外罗　朱源　309/988 |
| 民　生 | 山隍殿［非］　西源　费宅　宋宅　坞坑　觉寺（高寺）　张山源（樟山园）　桐山（山脚）　毛竹坞　徐家　268/848 |
| 独　塘 | 独塘　129/345 |
| 里　黄 | 里黄　205/587 |
| 章　山 | 章山（张山）　170/525 |

**13. 花桥乡**（乡政府驻盛田畈，村 18 个，自然村 46 个，3385 户 /10035 人）

| 村委会名称 | 自然村名称（户数/人数） |
| --- | --- |
| 外黄宅 | 外黄宅　盛田畈　前坞口　265/822 |

续表

| 村委会名称 | 自然村名称（户数/人数） |
|---|---|
| 花　桥 | 花桥　双溪口　黄村　后埂　乐山庵［农］　231/678 |
| 高　塘 | 高塘　64/197 |
| 深　坑 | 深坑　80/215 |
| 民　丰 | 岭脚　三十六　平水殿［废］　148/451 |
| 童　坞 | 童坞　151/461 |
| 金　坞 | 金坞　上童山　石盘坪［废］　176/541 |
| 大　坞 | 大坞　上陈　192/505 |
| 林坞口 | 林坞口　148/452 |
| 长　畈 | 长畈　王社　富世坪（富西坪）　石塔坞［废］　230/696 |
| 王纸坊 | 王纸坊　外童　166/483 |
| 塘　波 | 塘波（塘卜）　162/571 |
| 横　山 | 横山（外横山）　里横山［废］　87/269 |
| 下宅溪 | 下宅溪　大头湾（台头湾）　西畈　王顶［废］　273/837 |
| 里黄宅 | 里黄宅　马坞　马坞口　范山　杨坞　王夜（黄燕）　白石［废］　308/1008 |
| 东　塘 | 东塘　岭头　竹窠（上东塘）　120/377 |
| 马　宅 | 马宅　长源坑　长凹（长凹来）　东官殿　乌岩坪　食饭坪（石板坪）　尖峰坞　茶坞［废］　老虎尖［废］　191/546 |
| 前　坞 | 前坞（黄前坞）　下黄　前河（前何）　287/797 |

**14. 虞宅乡**（乡政府驻虞宅上塘，村 19 个，自然村 47 个，3110 户 /9902 人）

| 村委会名称 | 自然村名称（户数/人数） |
|---|---|
| 虞　宅 | 虞宅　虞宅上塘　灰磊坪　王宅弄（黄宅弄）　西塘　寺岭脚　726/2102 |
| 卢　家 | 卢家　石大门　西毛山［废］　100/339 |

续表

| 村委会名称 | 自然村名称（户数/人数） |
|---|---|
| 马岭脚 | 马岭脚　瓦屋　89/321 |
| 桥　头 | 桥头　朱村畈　坞坑（王坞坑）　乌儿山（乌龙山）　115/413 |
| 程　丰 | 程宅畈　枫树下　新店　113/444 |
| 智　丰 | 朱宅旧屋　384/1244 |
| 新　光 | 朱宅新屋（朱宅旧屋、朱宅新屋合称朱宅，亦称廿五都朱宅）　204/603 |
| 下　湾 | 下湾　岭脚　汤台岭脚　方坞寺　牛头殿　田湾　147/450 |
| 利　民 | 海豹岭脚（海宝岭脚）　破石洞（宝轮洞、宝轮岩）［废］<br>顺坞［废］　156/478 |
| 高　山 | 高山新村　高山　前山岭头［废］　68/204 |
| 前　明 | 荷花塘　堂楼　前山畈　西山　后瞿岭脚　高坞口　王前庄<br>马坞口　海尾巴［废］　清溪殿［废］　横山［废］　乌龟尾巴［废］<br>仁山（辰山）［废］　365/1059 |
| 深　渡 | 深渡（新渡）　57/180 |
| 先　锋 | 荷叶弄（荷叶垄）　新屋来　柘林（柘岭）　62/202 |
| 外高坑 | 外高坑（外柯坑）　山岗后［废］　130/385 |
| 里高坑 | 里高坑（里柯坑）　83/228 |
| 王　村 | 王村　76/220 |
| 下张村 | 下张村　119/390 |
| 上张村 | 上张村　58/248 |
| 石台盘 | 石台盘　茶坪　52/151 |

15. **大畈乡**（乡政府驻大畈，村 15 个，自然村 63 个，3179 户 /10129 人）

| 村委会名称 | 自然村名称（户数/人数） |
|---|---|
| 夏　明 | 大畈　夏黄（下黄）　白岩山前　438/1291 |
| 三　元 | 桑园湾（三元湾）　黄坞口　大官殿　门口　鄞岩脚（城岩脚）［废］<br>59/208 |

续表

| 村委会名称 | 自然村名称（户数/人数） |
|---|---|
| 黄　丰 | 黄家　枫树坑　94/293 |
| 明　丰 | 郑家　大姑寺　大坪来　新田畈　华桃坑口　171/455 |
| 前　丰 | 叶家　平地　前黄　上前黄　柳秀坑口　小明堂　柳秀坑［废］94/320 |
| 黄　坛 | 移家（邢家）　高雪脚　大田　大地　山皇殿　新湾口（桑湾口）　龙皇岭口　十八称　黄泥宕脚　60/225 |
| 海　红 | 海母口　红火烧　田后蓬（田后篷）　廿三蓬（廿三份）　240/785 |
| 玉　山 | 玉书　里毛山（李母山）　79/260 |
| 栏　丰 | 石栏杆　131/436 |
| 山　丰 | 葛山头　上黄　鱼家坑口　东坪［废］　106/339 |
| 湃　桥 | 低畈　南山　湃桥　牛栏坪［废］　264/721 |
| 建　光 | 上河　时造（徐造）　廊家畈（郎家畈）　茅坪头（毛坪头）　474/1406 |
| 建　明 | 石井于　仓来（苍来）　新屋来　王山头下　燥丘　水口　新廊下　石梯［废］　404/1443 |
| 清　溪 | 大岭口　上马坞　长店　经耕沿（金埂堰）　方家　竹园　丁家　马村　后障　桐坞［废］　413/1303 |
| 廊　下 | 廊下　粉壁前［非］　147/498 |

16. 中余乡（乡政府驻中余，村 22 个，自然村 53 个。4247 户 /13658 人）

| 村委会名称 | 自然村名称（户数/人数） |
|---|---|
| 中　余 | 中余（钟余）　前山脚　桥头　黄古岭脚（黄牯岭脚）　塘下坞　盘里坞（盆里坞）　670/2130 |
| 王家山 | 王家山（黄家山）　西坞坑　114/376 |
| 小河畈 | 小洑畈里舍　142/456 |
| 蒲　阳 | 蒲阳　尖蓬（笕蓬）　角弄　塘沿　江山岭脚　633/1919 |

续表

| 村委会名称 | 自然村名称（户数/人数） |
|---|---|
| 普 丰 | 芝都坞（猪肚坞） 养元坑（阳元坑） 大地 后坞 许坞 蔡家 黄坞 415/1395 |
| 方 家 | 方家 富白坪（富万坪） 上湖山 石塔顶（泄塔顶） 272/904 |
| 周 宅 | 周宅 172/472 |
| 黄 毛 | 黄毛 54/164 |
| 五 星 | 新店（新宅） 大竹畈（淡竹畈） 下毛洞口（栖云洞口） 前周（前周坞） 后山坞 326/995 |
| 佛堂店 | 佛堂店 高桥头 189/557 |
| 冷 坞 | 冷坞 坪上 268/912 |
| 杨 宅 | 杨宅坞 154/473 |
| 义 村 | 义村 65/206 |
| 雅 湖 | 雅湖（下吴） 王家 泥塘 90/348 |
| 石榴坞 | 石榴坞 石墙里 107/383 |
| 塔 龙 | 塔龙（塔垄） 45/127 |
| 顾 家 | 顾家 落塘 151/510 |
| 河大元 | 大元（河大园） 94/255 |
| 思母岭脚 | 思母岭脚 栗树下 58/187 |
| 叶 岭 | 叶岭 66/176 |
| 东坞底 | 东坞底 79/258 |
| 车岭顶 | 车岭顶 46/139 |

# 后记：

## 消逝的不仅仅是村落

村落的产生和消逝，是历朝历代都有的事，或灾难战乱，或斗争株连，也有慕名和择有山有水的宝地定居的，等等。举家或独自一人和几人找相对隐蔽安全地方避难或迁居，有的还多次换地方，最后在某地安居下来，繁衍生息，成为一个自然村落。

村落，主要指大的聚落或多个聚落形成的群体，常用作现代意义上的人口集中分布的区域，包括自然村落、村庄、行政村等区域。

查《浦江县志》《光绪浦江县志稿》(1894)载有2127个自然村。1949年后，县委、县政府百废俱兴，建设新浦江。修公路、建水库等需要搬迁村落。1960年与义乌的合并，使浦江失去了梅江的蜀山、长陵、墩头、石埠、白沙5个乡镇(划给兰溪县)；1966年与义乌分开前，又失去马剑、青山2个乡(划给诸暨县)。到1986年修《浦江县地名志》时，全县自然村数为1209个。1992年撤区扩镇并乡后，全县16个乡镇统计的自然村数是1183个。至2018年撤村并村后，全县共有15个乡(镇、街道)、17个社区、227个行政村，自然村却没有一个准确的数，原因在于很多自然村仅有一个或几个老人居住，村和户籍还在，人和楼房却空了，难以统计一个准确的数据。

进入新世纪后，县委、县政府实施农村奔小康工程和落实共同富裕、美丽乡村建设等政策，下山脱贫、拆除危旧房、搬迁地质灾害村、整体改造等，使得很多地处偏远山区的村落消逝；有的虽处平地村镇和城郊，但房屋危旧影响村民生产生活质量和村容村貌的村落，实施易地搬迁或整体易地改造，自然村落在与时消逝。

从调查情况看，这种村落的消逝还与城镇化、城市化的推进，以及出生人口、集中办学等政策使得农村劳动力和就学人口急剧减少有关。在这个过程中，有的村落属于人口死亡和村民外迁自然消逝；有的是为实现致富、下山脱贫消逝；有的因地质灾害和危旧房拆除搬迁而消逝；有的是建造水库和涉及政府重点工程如工业园区建设和饮用水源保护等搬迁而消逝，等等。从形势发展情况看，随着城市化的深入和人口出生率的明显下降，加上政府对新农村建设和城中村、园中村改造的加速，自然村落的消逝还将进一步加剧。

纵观历史，浦江县村落的消逝有这样几种明显的情况：

一是20世纪50年代末和70年代末的两次大规模水利建设，即通济桥水库建设和以金坑岭水库、外胡水库为核心的西水东调工程，共搬迁村落24个。

二是从20世纪80年代末开始，在县委、县政府的重视下，坚持以人民为中心的工作导向，对一些地质灾害严重、生产生活条件差、致富困难的村实施下山或易地搬迁，如前吴乡章山村，花桥乡横山村，杭坪镇中央畈和乌浆山村，虞宅乡高山村、西山村，岩头镇石砚村、岩山村、湾来村、白岩岭村，郑宅镇金泥村等，全县共计消逝30多个村落。

三是因城市化和工业园区建设的需要，处于县城周边和园区的村落搬迁改造，拆迁原有村落，建设新的小区安置村民。如西郊的白林村、珠红村，东南郊的文溪村，东郊的金狮村、项宅村，岩头镇飞轮村，虞宅乡荷叶弄村等，涉及20多个村落。

还有一种情况是，非政府安排，村落本就不大，只有几户或十几户人家，大多数人员因外出打工经商办厂致富后在城镇购房入住的；也有因为孩子外出读书事业有成，父母跟着外出的。村中仅剩几个老人居住，且随着老人的越来越少，村落将自然消逝。

原始村落的消逝，势必会产生新的村落。社会发展的结果是，除了部分是以新的村落出现外，如大畈乡的黄坛行政村所辖9个自然村，因垃圾填埋场建设，全部易地安置到浦阳街道，村名还是黄坛村，很多消逝村落的村民则搬入了城镇新建的小区（社区），如：浦阳街道的六和小区、柴村新区，岩头镇的幸福新村等，都安置了大量来自不同村落的村民。

总体而言，新村也好，新区也罢，村民的居住环境和生活质量得到了提升。但与原居住地相比，因为建筑结构不同、村民性质（变市民）不同，村民之间的交往交流却失去了原有熟人社会的活力，这是其一。其二是原来一村同姓同宗的村民，分散各地后，家和家族（宗族）的概念随之分化和淡化，而进入新的小区或社区后，因为是陌生社会，难以形成新的小区或社区文化。上述两种情况的结果是：随着乡村熟人社会的逐步消逝和城市陌生社会社区（小区）的扩增，给基层社会治理和文化传承带来新的考验，这也是《消逝的村落》课题要思考的问题之一。从这个角度看，消逝的就不仅仅是一个个村落。

为了客观真实地反映这一历史变迁，浦江县政协将《消逝的村落》列为2024年文史课题。从立项到组织县民政局和各街道乡镇相关人员开会，确定将1949年后至今已消逝的村落，包括自然村中仅1人和数个老人居住的村，列入《消逝的村落》名单，然后组织县文联下属县作家协会、月泉学社部分会员和乡镇干部进行分工、布置任务，直至下村调查采访、查阅有关资料（图片和老照片）、组织撰写课题、拍摄照片、定点经纬度和海拔等，用了半年多时间，完成了初稿。然后，又是校对、审稿、编制地图、取舍照片等，工作量之大、范围之广，是超出之前所做课题的。加之今夏至秋后持续高温，给下村调查采写带来不少困难。在此，感谢各位编写人员付出的辛勤劳动和心血，特别是月泉学社社长江东放和他的团队，付出了更多的努力。最后是政协领导和文史委特聘成员认真校对评审，还有办公室张欣楠的校对，使这个课题取得了较为圆满的成果。

鉴于有的自然村落是原址整体改造，村落和村名皆在，只是村貌村容变了，我们没有将其列入消逝的村落，如浦阳街道的狮岩村，浦南街道文溪的毛都、下季宅村，中余乡的坪上村等。由于消逝的自然村落数难以准确地统计，加上采写人员水平不一，不足和疏漏在所难免，恳请读者和有心人士批评指正，提出宝贵意见。

浦江县政协教科卫体和文化文史学习委

2024年9月30日